D1670494

Murtensee

Isabelle Gruber
Manuela Durand-Bourjate

Murtensee

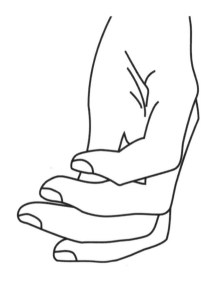

Landverlag

Murtensee

Der Ort der Handlung erstreckt sich von Bern
über Murten bis an den Neuenburgersee, wobei
alle Orte real sind. Sämtliche Personen und die
Handlung der Geschichte sind frei erfunden.

Copyright Mai 2010:
Landverlag, CH-3555 Trubschachen
Lektorat:
Sonja Brunschwiler, TEXTARBEIT, Zürich
Illustrationen, Umschlaggestaltung und Satz:
Nolwenn Tscharner, Brugg
Druck: CPI books, D-Ulm
ISBN: 978-3-9523520-5-2

www.landverlag.ch
www.kriminalroman.ch

Für
Nathaniel, Jelena, Yannick und Nolwenn

Prolog

In der Ferne zogen Schleierwolken auf. Es sah jedoch nicht danach aus, als würden sie die ersehnte Abkühlung bringen. Der Vollmond hing tief zwischen den Bäumen; gross, orange, matt.

Die junge Frau hob den Kopf und blickte zu den letzten funkelnden Sternen über ihr. Während ihre Augen langsam über den Himmel strichen, schweiften ihre Gedanken ab. Sie sah ihn vor sich, als ob es gestern gewesen wäre. Still, in sich gekehrt. Sie hatte damals oft mitbekommen, wie er auf dem Schulweg gehänselt wurde, weil er schmächtig war und ängstlich wirkte. Sie hatte beobachtet, wie sich vor diesen Angriffen in Seitengassen zu verstecken versuchte. Noch heute wich er, wenn er konnte, allen Konflikten aus. Auch den Konflikten mit ihr. Sie seufzte. An die Reling gelehnt lauschte sie in die Nacht.

Zu dem leisen Plätschern der Wellen, die gegen das Schiff schlugen, gesellten sich die ersten morgendlichen Rufe der Vögel. Der Friede und die Reinheit des erwachenden Tages standen in krassem Gegensatz zu ihrer Stimmung.

Alles hatte so gut angefangen. Der Heiratsantrag, die Pläne, das Versprechen. Wann hatte sich das geändert? Wann war die Liebe zu Gleichgültigkeit geworden, und wann hatte die Gleichgültigkeit in Hass umgeschlagen?

Einen Moment lang stand sie ganz still. Ihre Kehle brannte, der Hals schnürte sich zu. Sie wischte sich eine Träne weg. Sie wusste es nicht. Sie konnte sich nicht erklären, was geschehen war.

Eine plötzlich aufkommende kühle Brise liess sie erschaudern. Sie überlegte, ob sie eine Jacke holen sollte. Sie hielt inne. Das Boot schwankte stärker als zuvor. Sie warf einen prüfenden Blick zum Himmel. Die Wetterlage war unverändert. Sie schaute sich um, konnte aber keinen Grund für das Schaukeln erkennen. Sie hatte wohl zu viel getrunken. Fröstelnd rieb sie sich die Arme. Was tat sie hier? Warum hatte sie sich dazu überreden lassen?

Ein knarrendes Geräusch liess sie den Atem anhalten. Ihr Körper spannte sich, die Nackenhaare stellten sich auf, und ihr Herz pochte laut. Ihre Sinne schärften sich. Angespannt horchte sie in die Stille, wartete. Instinktiv spürte sie die Gefahr, konnte sie jedoch nicht orten.

Dann umfing sie kühles Nass. Schwerelos glitt sie tiefer, immer tiefer.

Sonntag, 1. Juni
Ich habe gestern die Prüfungstermine bekommen. Sie beginnen am 23. Juni und verteilen sich über zwei Wochen. Meine Post lag offen auf dem Küchentisch. Eigentlich müsste ich Bieri anzeigen. Er öffnet unbefugt meine Post. Was, wenn es etwas Persönlicheres gewesen wäre? Aber in seinen Augen bin ich wohl ein kleines Nichts und muss dankbar sein, dass ich bei ihm wohnen darf. Wenn ich mich wehre, wirft er mich raus, dann stehe ich wieder auf der Strasse. Ich fühle mich so elend. Niemand merkt, dass ich am Verzweifeln bin. Interessiert kein Schwein. Ich bin der Welt so was von egal!

Freitag, 6. Juni
Wieder einmal bin ich schweissnass aufgewacht. Immer der gleiche Traum. Sie häufen sich. Sie machen mir Angst. Meine Mutter – sie ertrinkt im See. Schreiend streckt sie die Hände aus dem Wasser und fleht mich an: „So hilf mir doch!" Ich schaue einfach zu. Bevor ihr Kopf ganz verschwindet, werfe ich ihr ein Seil zu. Sie bekommt es zu fassen und befiehlt mir, schon wieder mit herrischer Stimme: „So zieh doch endlich, mach doch einmal in deinem Leben etwas richtig."
Ich lasse das Seil fallen, und meine Mutter verschwindet im See. Oder bin ich es? Ich halte mich am Seil fest. Die Hände bluten, das Wasser weint! Ich erwache und liege in meinen Tränen. Es werden immer mehr. Das ganze Bett ist nass. Meine Mutter lacht. Sie hält sich den Bauch vor Lachen. „Mein Liebling", säuselt sie, und dann schreit sie mich plötzlich an: „So etwas gehört sich nicht! In deinem Alter ..."
Dann wache ich auf. Immer genau gleich läuft das ab. An solchen Tagen bin ich zu nichts zu gebrauchen.

Montag, 9. Juni
Habe heute einen „alten Bekannten" getroffen. Er wollte einen Gratis-fick. Mir wurde übel. Werde ich sie nie los, meine Vergangenheit? Mutter, amüsiert dich das? Wenn ich leide? Wie damals, als du sie

zu mir ins Kinderzimmer geschickt hattest und sie mit mir machen durften, was sie wollten. Diese geilen, alten, fetten … Jetzt kannst du in der Hölle schmoren. Meinen Segen hast du.

Freitag, 13. Juni
Der Tag im Büro war stressig. Nichts hat geklappt, und ich musste wieder mal alles ausbügeln. Ich weiss nicht, was er ohne mich machen würde. Sobald ich die Prüfungen bestanden habe, suche ich mir eine Stelle, bei der ich gut verdiene. Ich werde nie wieder ohne Lohn arbeiten. Mein Ziel − und dafür bin ich zu allem bereit − ist die finanzielle Unabhängigkeit. Bin froh, habe ich die nächsten zwei Tage Schule − Schule heisst Freiheit. Wenigstens tagsüber Bieri nicht zu begegnen. Atmen!

Sonntag, 15. Juni
Stress! Seit Jahren Stress. Ich schaffe es nie ganz. Immer ist einer besser. Meine Vorschlagsnote im Englisch ist um 0,2 schlechter als die des Jahrgangsbesten. Aber das hat jetzt ein Ende. Jetzt hab ich ihn. Ich erwischte ihn kiffend in der Herrentoilette. Der Geruch drang bis in den Gang. Es roch süsslich, klebrig. Ich schlich mich leise heran. Zwei Bilder habe ich geknipst, morgen hat die Schulleitung das bessere der beiden − ab morgen bin ich die Nummer eins. Wer mit Drogen erwischt wird, fliegt von der Schule. Jetzt bin ich ihn los, der Klassenbeste wird mir seinen Platz überlassen müssen. Und das so kurz vor dem Abschluss.

Dienstag, 17. Juni
Es ist dunkel, eine undurchdringliche, zähflüssige, schwarz wabernde Dunkelheit. Die Tür öffnet sich mit einem leisen ächzenden Knirschen, und ein schwarzer Schlund tut sich dahinter auf. Eine gähnend schwarze Leere umschliesst mich, und eine Hand streicht mir federleicht über den Kopf. „Mutter", flüstere ich und falle in die Leere. Bieri leuchtet mir mit einer Taschenlampe ins Gesicht. Er grinst mich lüstern an und legt sich auf mich. Sein Bauch erdrückt mich fast, sein

10

schlechter Atem steigt mir in die Nase. Es ist widerlich. „Ich habe bald Prüfungen, ich muss schlafen", keuche ich. Doch er sagt nichts, drückt seine Zunge tief in meinen Mund. Ich habe das Gefühl zu ersticken. Wenn ich nur nicht von seinem Geld abhängig wäre. Lange kann es nicht mehr so weitergehen. Ohne mein Tagebuch würde ich es nicht aushalten.

Samstag, 21. Juni
Jean musste die Schule verlassen. Die Klasse wurde in der Aula vom Direktor darüber informiert. Ich allein weiss, was wirklich geschehen ist.

Montag, 23. Juni
Nächsten Montag beginnen die Prüfungen. Bieri stresst mich. Sperrt mich ein wie ein kleines Kind, hat Angst, dass ich die Prüfungen nicht bestehe. Lernen, lernen, lernen. Ich sitze vor den Büchern. Ich tue so, als ob ich darin lesen würde, weil er es so will. Er kommt sich ja so gescheit vor. Mein Leben ist sinnlos und leer. Ich muss diese Prüfungen bestehen. Dann werde ich frei sein. Bald werde ich allein über mein Leben bestimmen.

Dienstag, 24. Juni
Es ist drei Uhr, und ich liege immer noch wach. Ich habe Angst! Was, wenn ich die Prüfungen nicht bestehe? Dann bring ich mich um! Gleich als Erstes wird Wirtschaft und Mathematik geprüft. Am Nachmittag Englisch und Kommunikation. Ich sage mir immer und immer wieder, dass ich jetzt endlich schlafen muss. Aber ich finde den Schlaf nicht. Bieri liegt bei mir und schnarcht. Er ist unruhig, ich schreibe besser später weiter.

Sonntag, 29. Juni
Die erste Prüfungswoche ist vorüber. War nicht so schlimm, wie ich mir das vorgestellt hatte. Wurde ja nur geprüft, was wir in den vergangenen Jahren alles gelernt haben. Weiss nicht mehr, wieso ich

11

solche Angst hatte. Ich bin sicher, dass ich gut abgeschnitten habe. Vermutlich wie immer am besten von allen. Bieri geht heute wieder zu seinen Eltern. Dann wird er lange wegbleiben, und ich werde zur Feier des Tages ausgehen. Obwohl er es mir verboten hat.

Nachtrag: Sonntag, 29. Juni, spätnachts:
Ich war im Club. Er war rammelvoll. Habe mich zugedröhnt und in der Nähe des süssen DJs in eine Ecke gesetzt. Eine Ewigkeit später stand ich auf. Ich musste nach Hause – Bieri! Da passierte es. Wer hätte das gedacht. Mein Herz rast jetzt noch, habe Schmetterlinge im Bauch, und meine Knie schlottern beim blossen Gedanken an ihn. Meine Hände zittern. Ich kann kaum schreiben. Das kann nicht sein, ich verliere den Verstand!
Ich bewegte mich Richtung Ausgang, da kam er, zwängte sich durch den engen Gang – als er auf meiner Höhe war, packte er meinen Kopf, küsste mich, animalisch, brutal, verlangend. Dann ging er weiter. Kein Wortwechsel – nichts. Mein Herz setzt aus, wenn ich nur daran denke. Ob er am Freitag wieder in diesen Club kommt? Ich werde auf jeden Fall hingehen und warten. Bieri geht zum Glück zu seinen Eltern. Hoffentlich kratzen die nicht zu schnell ab, damit er noch eine Weile mit ihnen beschäftigt ist.

Montag, 30. Juni
Wieder einer dieser entsetzlichen Träume! Mutter steht vor mir. Ich muss kichern, und plötzlich brodelt es aus mir heraus, und ich lache lauthals. Mutter steht da, sieht mich entsetzt an. Ihre grossen, rehbraunen Augen fallen ihr fast aus den Augenhöhlen, so sehr reisst sie sie auf. Ich schneide genussvoll weiter, bis ich kaum noch Haare auf dem Kopf habe. Jetzt wird sie mich nicht mehr an ihre Freier verkuppeln. Ich habe Bauchschmerzen. Vor Lachen. Ich stosse mir die Schere in den Unterleib. Immer und immer wieder. Dann wache ich auf.

Donnerstag, 21. Mai 2009

Kommissarin Anna Calvin fuhr im Vorfeierabendverkehr nach Hause. Die schwüle Hitze machte ihr zu schaffen. Durch ihr leichtes Übergewicht wurde die Situation auch nicht besser. Jede Hautfalte fühlte sich unangenehm heiss und klebrig an. In gereizter Ungeduld fuhr sie im Schritttempo hinter einem Servicefahrzeug der städtischen Strassenreinigung her. Jede zweite Ampel wechselte auf Rot. Anna atmete den heissen Teergeruch ein, der zusammen mit Abgasen und Strassenstaub durch die offenen Fenster ins Wageninnere drang.

‚Ich muss unbedingt die Klimaanlage reparieren lassen', dachte sie, neidvoll die Fahrer auf der Nebenspur beobachtend, die ihre Fenster geschlossen hatten. Ihrer ständigen Begleiterin, der fünfjährigen Labradorhündin Kira, machte die Hitze ebenfalls zu schaffen. Müde hechelnd lag sie im Heck des schwarzen Mazdas. Während Kira von einem schattigen Plätzchen im Garten träumte, konnte es Anna Calvin kaum erwarten, sich mit einem Glas Weisswein auf dem neuen Gartensofa zu entspannen.

Ein Paar Jahre nach dem Studium hatte Anna zusammen mit ihrem Mann Georg eine Anwaltskanzlei gegründet. Ein Jahr darauf war ihre Tochter Dagmar und zwei Jahre später Nadine zur Welt gekommen. Ein Arrangement mit den Grosseltern hatte es ihr ermöglicht, weiterhin zu arbeiten. Als sechs Jahre später die Zwillinge Hannah und Sofie zur Welt kamen, nahm Anna die Arbeiten immer häufiger nach Hause, um bei den Kindern zu sein. Sie rannte die halbe Nacht zwischen Akten und Babybetten hin und her. Georg verbrachte derweil die Abende immer häufiger in der Kanzlei. Langsam, fast unmerklich, hatten sie sich auseinandergelebt. Vor acht Jahren hatte Anna von seiner Geliebten erfahren. Sie war von Zorn und Schmerz regelrecht zerrissen worden. Der Zorn hatte jedoch ihren Selbsterhaltungstrieb gestärkt, ihr Kraft gegeben. Mit kühlem, klarem Verstand traf sie Entscheidungen und kam ihren alltäglichen Verpflichtungen nach. In der Nacht hielt der nagende Schmerz der Enttäuschung sie vom Schlafen ab und es wechselten sich Rachegefühle mit Weinkrämpfen ab.

„Mach nur weiter so, dann bist du in kurzer Zeit nur noch ein Schatten deiner selbst", hatte sie sich eines Morgens gesagt, als ihr die rot geschwollenen Augen ihres Spiegelbildes entgegenblickten.

Dann fasste sie einen Entschluss. Georg sollte ihr nicht noch mehr Energie rauben. Das war er nicht wert. Anna liess die „Illusion Georg" los, akzeptierte die Tatsachen so, wie sie waren, und konzentrierte sich auf die Kinder und die Arbeit. Die vier Mädchen brauchten ihre Mutter jetzt mehr denn je.

Mit neuem Mut nahm Anna die anstehenden Veränderungen zum Anlass für einen Berufswechsel, über den sie seit Längerem nachgedacht hatte. Sie zog sich aus der Anwaltskanzlei zurück und liess sich ihren Anteil auszahlen. Das Geld ermöglichte es ihr, eine Weile nicht zu arbeiten. Sie schrieb sich an der Universität ein und belegte die Module Kriminalistik, Kriminologie sowie Führungs- und Einsatzlehre. Nach bestandenen Prüfungen bewarb sie sich bei der Kantonspolizei Bern als Kommissarin beim Dezernat Leib und Leben.

Das war jetzt fünf Jahre her. Die neue Tätigkeit hatte Anna erfüllt. Sie war beharrlich an jedem Fall geblieben, bis er zu ihrer Zufriedenheit aufgeklärt war. Dies hatte sie einerseits ihrem ausgeprägten analytisch-kombinatorischen Denken zu verdanken, andererseits kam ihr auch ihre Fähigkeit zugute, Teammitglieder zu Höchstleistungen zu motivieren. Ihr Engagement hatte sich ausbezahlt. Vor wenigen Wochen war sie zur Leiterin des Dezernats Leib und Leben in Bern befördert worden. Obwohl sie am heutigen Tag keinen Schritt aus dem Büro gemacht und sich während Stunden mit Akten herumgequält hatte, bereute sie ihren Berufswechsel nicht. Als Anwältin hatten solche Arbeiten bedeutend häufiger zu ihrem Alltag gehört.

Anna fuhr auf die vierspurige Autobahn, wollte auf die linke Spur wechseln, was ihr wegen eines Schwertransportkonvois jedoch nicht auf Anhieb gelang.

Ein gelber BMW klebte an ihrer Heckscheibe und machte mit Lichthupen auf sich aufmerksam. Genervt über seine Ungeduld drehte Anna das Radio lauter und nahm den Fuss vom Gaspedal. Sie hasste es, wenn ihr zu nah aufgefahren wurde.

Nach der Autobahngabelung vor dem Brünnentunnel beruhigte sich der Verkehr. Anna konnte schneller fahren. Sofort drang ein angenehm kühler Wind durch das offene Fenster ins Wageninnere. Kira streckte ihre Nase schnuppernd in den Fahrtwind. Ein Lächeln huschte über Annas Gesicht, als der BMW-Fahrer den Mazda bei der ersten Gelegenheit überholte.

Das Summen des Handys übertönte das Radio. Sie warf einen kurzen Blick auf das Display. Es war Hannah. Was immer ihre Tochter wollte, es musste warten. Jetzt war sie am Fahren. Entschlossen drückte Anna auf den Abweisknopf.

Niemand hätte Hannah und Sofie für Zwillinge gehalten. Sofie war das weibliche Abbild ihres Vaters. Sie war gross und blond, ihre grauen, leicht schräg gestellten Augen blickten kritisch. Die hellen Augenbrauen hoben sich farblich kaum von ihrem Teint ab, weshalb Sofie sie immer dunkel nachzog. Es waren aber nicht nur Sofies Äusserlichkeiten, die Anna an Georg erinnerten. Da waren diese Kleinigkeiten, wie sich die Lippen öffneten und zwei Reihen regelmässiger weisser Zähne zeigten, wenn Sofie lächelte, was in letzter Zeit leider nur noch selten vorkam. Oder dieses typische Zusammenkräuseln der Oberlippe, sobald Sofie verunsichert war oder sich ertappt fühlte. Am schmerzhaftesten war die herablassende Art, wie Sofie auf ihre Mutter hinunterblicken und sich mit einem leichten Zucken der Schulter von ihr abwenden konnte, wenn sie wütend war. Genau so, wie sie es sich von ihrem Ex gewohnt war.

Obwohl Sofie sich kaum dazu überreden liess, körperlichen Aktivitäten nach zu gehen, entwickelte sie sich zu einer schlanken, langbeinigen jungen Frau, die ihre kleinen Brüste mit einem Push-up-BH zur Geltung brachte.

Die meiste Zeit, die Sofie zu Hause verbrachte, sass sie vor dem Bildschirm ihres Laptops. Anna hatte ihn ihr geschenkt. Es war eine Auflage des Gymnasiums und da Sofie wenige Wochen vor den Maturitätsprüfungen stand, verbrachte sie viel Zeit an ihrem Laptop.

Hannah, die mehr nach ihrer Mutter geriet, war kleiner und kräftiger gebaut als ihre Schwester und hatte die grossen, tiefblauen Augen von Anna. Sie trug ihr dunkles Haar kurz, denn nur so schaffte sie es, die vorwitzigen Locken unter Kontrolle zu halten. Hannah schenkte ihrer äusseren Erscheinung wenig Beachtung. Ihr waren praktische Kleider am liebsten. Ihr Drang nach Bewegung war gross, und sie hasste es, am Schreibtisch sitzen zu müssen.

Hannah, die das sonnigere Gemüt der beiden Mädchen hatte, fand stets einen Grund zu Lachen. Dabei warf sie den Kopf in den Nacken und liess tief hinten im Hals ein mitreissendes Gurgeln ertönen.

Hannah befand sich im letzten Ausbildungsjahr zur Gärtnerin und stand kurz vor den Abschlussprüfungen.

Der kleine Garten, der das Reiheneckhaus der Calvins in Muntelier umgab, war Hannahs Welt. In ihrer Freizeit hegte sie die Pflanzen und erledigte mit viel Hingabe auch alle anderen anfallenden Gartenarbeiten. Anna erfreute sich an dieser grünen Oase, die sie dank ihrer Tochter einfach nur geniessen konnte.

Zu Hause angekommen, holte sie sich ein Glas gekühlten Weisswein, klemmte den neuen Krimi, den Basil ihr empfohlen hatte, und das Handy unter den Arm und setzte sich in eine schattige Ecke des Gartens. Sie wählte Hannahs Handynummer, wurde jedoch mit der Combox verbunden.

„Hallo Liebes. Ich musste deinen Anruf abweisen, weil ich am Fahren war. Bin jetzt zu Hause, falls du mich nochmals anrufen willst." Sie legte das Handy neben sich auf den Stuhl und begann zu lesen. Es amüsierte sie immer wieder, wie verzerrt die Vorstellungen waren, die die Autoren vom Beruf der Kriminalbeamtin hatten.

Würde sie sich so verhalten wie die Helden in den Krimis, hätten die Kriminellen nur wenig zu befürchten. Trotzdem gab es hie und da Aspekte, die interessant waren und Anna dazu inspirierten, gewisse Dinge anders anzugehen. Zu ihren Füssen nagte Kira zufrieden an einem Knochen.

Basil Klee, Kommissar der Mordkommission, verliess das Büro kurz nach seiner Chefin. Er war froh, an die frische Luft zu kommen. Bauarbeiter hatten nun auch die Vorderseite des Polizeigebäudes in Plastik eingepackt; heute früh war der Eingang zum Fahrradkeller noch frei gewesen. Basil zwängte sich unter dem Plastik durch, um an die Kellertür zu gelangen. Als er mit Mühe sein Fahrrad herausgehievt hatte, öffnete er das Eisentor, trat auf die Schüttestrasse und überquerte den Waisenhausplatz. Dort bog er in die Neuengasse ein und kaufte am Blumenstand eine Sonnenblume für Pia.

Basil hatte keinen weiten Arbeitsweg, er hätte ihn gut zu Fuss zurücklegen können, doch das Fahrrad gab ihm, wie überhaupt jedes Fahrzeug auf zwei oder vier Rädern, ein Gefühl von Freiheit. Summend fuhr er die Zeughausgasse hinunter. Er freute sich auf den gemütlichen Abend mit seiner Frau. Sie würden heute zu Hause bleiben. Pia hatte ihn gebeten, das Bewässerungssystem auf der Terrasse zu installieren.

Basil überquerte den Kornhausplatz und fuhr rechts am Café „des Pyrénées" vorbei in die Rathausgasse und musste scharf bremsen, weil ein paar Jugendliche über die Strasse rannten, um den eben frei werdenden Tisch zu ergattern. Er schaute ihnen eine Weile zu, wie sie von anderen Tischen freie Stühle holten. Da sie kaum Platz fanden, stellten einige ihre Stühle neben den Bambustopf auf das Trottoir. Der kräftigste der jungen Männer rollte den Sonnenschirm zwischen anderen Gästen hindurch zu ihrem Tisch. Basil löste seinen Blick von diesem Treiben und fuhr die Rathausgasse hinunter. Beim Rathausplatz schwenkte er rechts in die Gerechtigkeitsgasse ein.

Er hatte seine Frau vor achtzehn Jahren kennengelernt. Marcel, ein Studienkollege, hatte damals ein Abschiedsfest organisiert, weil er für ein Jahr nach Amerika ging. Basil hatte sich erst recht spät entschieden, doch noch hinzugehen. Eigentlich wäre er lieber faul vor dem Fernseher sitzen geblieben. Da er nach Bremgarten radeln musste, war er erst kurz vor Mitternacht angekommen. Das Fest war noch in vollem Gange gewesen, als er in den mit Lampions, Lichterketten und Öllampen beleuchteten Garten trat, in dem sich an die fünfzig Personen in kleinen Gruppen aufhielten. Suchend hatte er sich umgesehen.

Da hatte er sie erblickt. Sie stand mit ein paar Mädchen in der Nähe des Grills und überragte ihre Freundinnen um mindestens einen Kopf. Jemand musste etwas Lustiges erzählt haben, denn sie drehte den Kopf plötzlich laut lachend zur Seite. Dabei trafen sich ihre Blicke, und sie sahen sich einen kurzen Moment in die Augen. Hastig wandte sie den Kopf ab, um ihn gleich wieder in seine Richtung zu drehen und zu lächeln.

Dieses Lächeln warf ihn aus dem Gleichgewicht. Als ihm bewusst wurde, dass er sie wie versteinert anstarrte, wandte er sich abrupt ab und machte sich auf den Weg, um Marcel zu suchen. Ziellos lief er durch Haus und Garten, grüsste links und rechts bekannte Gesichter, fand Marcel jedoch nirgends.

„Suchst du etwas, kann ich dir helfen?"

Er drehte sich um, und sie stand vor ihm, lächelnd, bezaubernd mit offenem, warmem Blick. Wie sich später herausgestellt hatte, war sie Marcels jüngere Schwester Pia.

Ein paar Japaner, die sich vor dem Gerechtigkeitsbrunnen gegenseitig fotografierten, rissen ihn aus seinen Erinnerungen. Er machte einen grossen Bogen um den Brunnen, um niemanden anzufahren. Weiter unten war die Gasse weniger belebt, und Basil bog beim Hotel „Nydegg" in die Junkerngasse ein.

Er bewohnte mit Pia eine wunderschöne Viereinhalb-Zimmer-Dachwohnung. Zu dieser Wohnung gehörte eine der grössten Terrassen der Gasse mit Blick auf Aare und Alpen.

Basil öffnete die Haustür und stellte das Fahrrad unter die Treppe. Mit der Sonnenblume in der einen Hand und dem von Pia unten bei der Treppe hingestellten

Sechserpack Mineralwasser in der anderen nahm er die hundertzweiundzwanzig Stufen in Angriff. Er war etwas ausser Atem, als er oben ankam.

Pia stand am Herd und hörte die Radiosendung „Echo der Zeit". Es war demnach bereits nach sechs Uhr. Basil küsste seine Frau auf den Hals. Sie machte ihm ein Zeichen, leise zu sein, und küsste ihn flüchtig auf den Mund. Als er die Blume hinter seinem Rücken hervorzog, hatte sie sich schon wieder dem Herd zugewandt. Er suchte eine Vase und stellte die Sonnenblume in heisses Wasser, damit sich die Poren schlossen. Danach holte er zwei Schweppes aus dem Kühlschrank und goss zwei Gin Tonic ein. Er reichte ihr eines der Gläser, setzte sich an den Küchentisch und schaute ihr beim Kochen zu.

Kurz darauf drehte Pia das Radio aus.

„Hallo Liebling, danke für den Drink … und die Blume! Hattest du einen guten Tag?"

Er nickte bestätigend, während sie ihn liebevoll küsste.

„Ich wage mich an ein neues Rezept, das sie im Radio besprochen haben. Gefüllte Ravioli auf feinem Gemüsebeet. Ich habe sicher noch eine Stunde zu tun. Du hast alle Zeit der Welt und kannst den Schlauch noch vor dem Essen verlegen. Ich habe dir hier alles vorbereitet."

Basil zog sich um, nahm vom Küchentisch die Schlauchrollen, seine Werkzeugkiste, den Papiersack mit den verschiedenen Düsen, Verbindungsstücken und Ventilen und betrat die Terrasse. Sie war u-förmig angelegt und konnte von der Küche, vom Schlafzimmer und vom Wohnzimmer aus betreten werden. Sie hatten entlang der Ostfassade ein erhöhtes Blumenbeet gemauert, mit indischem Sandstein eingefasst und die Ecken abgerundet. Das Beet war unterschiedlich breit und verlief wellenförmig nach hinten. Dadurch entstanden kleine Nischen, in denen verschiedene Skulpturen standen. Basil wollte hier die automatische

Bewässerungsanlage montieren, damit Pia und er trotz der Pflanzen in die Ferien fahren konnten. Umgeben von vielen Kräutern wuchsen hier unter anderem ein Oliven- und ein Lorbeerbaum, die Pia viel bedeuteten.

Basil machte sich an die Arbeit. Die Armesünderglocke des Münsters schlug sieben Mal, als Pia auf die Terrasse trat und den Tisch zu decken begann. Sie hielt inne und sah ihm eine Weile zu.

„Ist es in Ordnung, wenn wir in einer Viertelstunde essen?"

Basil betrachtete sein bisheriges Werk. „Ich denke schon." Als er die automatische Bewässerungsanlage in Betrieb setzte, stellte Pia eine verführerisch duftende Schüssel auf den Tisch.

„Essen!", rief sie. Er liess sich nicht zweimal bitten.

Lisa lag mit geschlossenen Augen auf ihrem Badetuch und genoss es, die letzten Sonnenstrahlen des Tages in sich aufzunehmen. Neben sich spürte sie Christofs Körper. Seinen regelmässigen Atemzügen nach war er eingeschlafen. Dieser Tag erhielt auf ihrer Werteskala eine Zehn plus. Sie war noch nie zuvor auf einem Motorboot gewesen. Die Fahrt über den Murtensee war ihre erste Bootsfahrt überhaupt, und sie hatte sich sofort in das schnittige Motorboot verliebt. Es gehörte Adrians Vater. Adrian war schon öfters mit Myrtha hinausgefahren, und ihre Freundin hatte ihr immer wieder vorgeschwärmt, wie toll das sei. Daher hatte sie sich sehr gefreut, als Adrian sie und Christof einlud. Ihre Freundin hatte nicht übertrieben. Sie lag am Sandstrand von Salavaux und war restlos glücklich. Wenn sie die Zeit schon nicht anhalten konnte, so wollte sie diesen Ausflug bis zur letzten Sekunde auskosten.

Zwei verwaiste Kartoffeln lagen noch in der verlöschenden Glut, als sie Adrian etwas wehmütig sagen hörte:

„Es wird Zeit, Leute, wir sollten aufbrechen." Um seinen Worten mehr Gewicht zu verleihen, stand er auf und stiess Christof an. „Komm, hilf mir, das Boot startklar zu machen."

Christof öffnete ein Auge und sah seinen Freund ungläubig an. Er war eben dabei gewesen, sich von einem reichhaltigen Dessertbuffet die feinsten Leckereien auf einen Teller zu schöpfen. Schweren Herzens öffnete er auch das zweite Lid, und der gefüllte Teller verschwand vor seinem inneren Auge. Brummend drehte er sich auf die Seite und rappelte sich ächzend hoch.

„Wir müssten viel häufiger gemeinsam raus", stellte Lisa fest und erhob sich. „Myrtha, hast du mein Handy gesehen? Hat mal jemand eine Taschenlampe? In der Dämmerung finde ich jetzt gar nichts mehr."

„Ich habe vorhin bereits alles zusammengesucht und gepackt. Dein Handy liegt auf dem Tisch. Hilf mir bitte, die Taschen runterzutragen." Myrtha hängte sich eine Tasche um, hob das Badetuch auf, das Lisa als Unterlage gedient hatte, und schüttelte den Sand raus. „Beeilt euch, Jungs. Es ist fast schon dunkel, ich will noch einmal ins Wasser, sobald wir draussen sind."

Christof löste die Anmacherleinen, doch das Boot liess sich nicht bewegen. Es hatte sich im Sand festgesetzt.

„Scheisse!", fluchte Adrian.

„Komm, Christof, auf drei stossen wir. Eins, zwei, drei …"

Das Boot machte keinen Wank.

„Hei, Mädels, ihr müsst uns helfen, wir schaffen es nicht alleine."

„Ihr macht das falsch", mischte sich eine Frau ein, die einige Meter entfernt stand und ihnen zugeschaut hatte. „Ihr müsst die …"

„Ach, was wissen Sie denn?", fauchte Adrian sie an. Das fehlte ihm gerade noch. Jemand, der ihm sagte, was er zu tun hatte.

„Ich weiss recht viel, schliesslich führe ich hier die Segelschule. Freilich, wenn ihr meine Hilfe nicht wollt, ich dränge mich nicht auf." Damit wandte sich die Frau ab und ging hinüber zum Restaurant.

„Du hättest dir zumindest anhören können, was sie sagen wollte", schimpfte Myrtha. „Vielleicht hätte sie uns einen guten Tipp gegeben."

Mit vereinten Kräften gelang es ihnen nach mehreren Versuchen, das Boot frei zu bekommen. Adrian war froh, als es wieder im Wasser lag. Glücklicherweise hatten sie in Murten einen Wasserplatz. So dürfte sein Vater die Kratzer erst bemerken, wenn das Boot Ende Saison aus dem Wasser geholt würde. Der Heimreise stand nun nichts mehr im Weg, und die gute Laune kehrte zurück. Sorgfältig steuerte Adrian das Boot vom Ufer weg. Doch der Wellengang drängte es immer näher an das Gebüsch. „Christof, du musst mir helfen, sonst prallen wir an den Steg."

„Ich steige aus und stosse uns hinaus. Das Wasser kann hier ja noch nicht tief sein." Christof sprang über Bord. Doch anstatt zu schieben, blieb er wie versteinert stehen und gab eigenartige, unverständliche Geräusche von sich. Adrian griff nach der Taschenlampe und leuchtete in Christofs Richtung. Dann schrien die beiden jungen Frauen gleichzeitig los. Die Schreie erlösten Christof aus seiner Erstarrung, und auch er begann zu schreien.

Kiras Knurren weckte Anna aus dem Halbschlaf. Finn, der Kater, balancierte auf der Rückenlehne des Stuhls und machte Anstalten, Kira vor die Nase zu springen.

„Ach Finn, musst du Kira ärgern?" Anna strich dem Kater, der augenblicklich zu schnurren begann, über den Rücken. Anschliessend beruhigte sie die Hündin und schaute auf die Uhr. Es war bereits halb sieben. Sie musste eingeschlafen sein. Mit einer Hand streichelte sie den Kater weiter, während die andere nach dem Handy griff. Dann erhob sie sich und ging ins Haus, beide Tiere folgten ihr. Laut miauend forderte Finn sein Futter, während Kira wedelnd der Dinge harrte, die da kommen würden.

Sie fütterte die Tiere und stellte das Radio ein, suchte „DRS Musikwelle" und liess sich von der „Fiirabigmusig" beim Kochen berieseln. Sie setzte Wasser auf, wärmte die Tomatensauce des Vortages auf kleinem Feuer und begann, Salat zu rüsten. Wieso waren die Mädchen eigentlich noch nicht da? War heute etwas Spezielles los? Sie konnte sich nicht an eine entsprechende Information erinnern.

Kurz vor sieben kam Hannah zur Gartentür herein. Wie so oft waren ihre Hände voller Erde. Obwohl sie die Schuhe ausgezogen hatte, schaffte sie es, eine braune Spur bis in die Küche zu ziehen.

„Hey Mam." Anna bekam einen flüchtigen Kuss auf die Wange.

„Ich musste noch das Loch für das Brunnenbecken fertig graben. Morgen soll das Fundament gegossen werden. Als ich heimkam, hattest du so friedlich gedöst, da wollte ich dich nicht wecken."

Im Vorbeigehen warf sie einen Blick in die Pfannen und roch an der Sauce.

„Mmmh, das riecht gut. Ich habe einen Bärenhunger."

Sie drehte den Wasserhahn auf und machte sich mit der Nagelbürste an ihren Händen zu schaffen.

„Hallo Liebes. Du hast mich angerufen, was wolltest du?", begrüsste Anna ihre Tochter.

„In der Berufsschule haben sie uns zu Beginn des Semesters Bücher gegeben. Der Lehrer meinte heute, noch nicht alle hätten die Rechnung bezahlt. Weisst du, er hat mich bereits vor dem Praktikum einmal daran erinnert, ich habe es jedoch wieder vergessen. Jetzt gibt er mir noch bis Mitte nächster Woche Zeit. Tut mir leid, Mam, die Rechnung ist zwischen die Hefte gerutscht, und ich habe sie ganz vergessen. Ich wollte dich fragen, ob du mir hundertachtzig Franken mitbringen könntest, damit er endlich sein Geld bekommt. Ausserdem brauche ich dringend Geld für den Brunnen."

Sie warf ihrer Mutter ein strahlendes Lächeln zu, dann blickte sie wieder auf ihre Hände: „Die werde ich nie wieder ganz sauber bekommen. Mam, du erinnerst dich doch an meine praktische Abschlussarbeit, ich habe den alten Springbrunnen fast fertig repariert und will ihn jetzt im Garten installieren. Dazu brauche ich Material. Vielleicht reichen hundertfünfzig Franken nicht, aber sie wären ein Anfang."

Ein letzter Blick auf die Nägel, dann stellte sie das Wasser ab. Sie trocknete die Hände flüchtig am Handtuch und begann, den Tisch zu decken. Eine Weile ging sie zwischen Geschirrschrank und Tisch hin und her. Dann blieb sie neben der Mutter stehen.

„Und, bevor ich es vergesse, Mam, die Arbeit muss schriftlich dokumentiert werden. Dazu brauche ich einen Laptop. Ich werde mir also deinen jetzt öfter mal ausleihen."

Sie wartete einen Moment, doch Anna reagierte nicht. Das war wieder einmal typisch für ihre Mutter: Sie schwieg, und keiner wusste, was sie wirklich dachte.

„Hast du mich gehört, Mam?", fragte sie leicht genervt.

„Ja, Hannah. Geh vorsichtig damit um, es sind viele Daten und Erinnerungen darauf, die ich nicht verlieren möchte."

„Machst du denn kein Back-up?"

„Was denkst du denn, Hannah, selbstverständlich mache

ich Sicherungskopien. Ich wäre trotzdem froh, wenn mein MacBook nachher noch funktioniert."

„Wenn du mir zu Weihnachten ein eigenes MacBook geschenkt hättest, müsste ich jetzt nicht auf deinem arbeiten." Hannah schaute ihre Mutter vorwurfsvoll an. „Sofie hat ja auch eins bekommen."

„Sofie braucht es für ihre Ausbildung. Wie stellst du dir das vor? Woher soll ich denn das Geld nehmen. Wie wäre es, wenn du deinen Lohn sparst und dir selber eins kaufst?" Gereizt rührte Anna in den Teigwaren, das heisse Wasser spritzte auf.

Das laute Zuschlagen der Haustüre kündigte Sofie an, die immer noch nicht gelernt hatte, wie man mit Türen umging. Anna verkniff es sich, ihre Tochter zu rügen. Sofie war in letzter Zeit etwas seltsam, verhielt sich immer häufiger unberechenbar. Sie stellte das Radio aus und brachte das Essen zum Tisch.

Sie freute sich auf das gemeinsame Abendessen und wollte nicht von Anfang an eine schlechte Stimmung herauf beschwören. Es war die Zeit des Tages, die der Familie gehörte. Deshalb duldete sie auch keine Handys am Tisch oder laufende Radios, Computer und Fernseher. Sie setzte sich zu ihren Töchtern und überlegte sich, welchen Höhepunkt und welche Enttäuschung sie in der heutigen Top- und Floprunde erzählen wollte.

Ein paar Minuten assen sie schweigend. Nachdem Hannah den halben Teller leer hatte, legte sie die Gabel hin und sah ihre Schwester und Mutter abwechslungsweise an.

„Mein Flop heute ist entsetzlich. Vielleicht sollte ich es euch erst nach dem Essen erzählen. – Ach nein, ihr ertragt das schon: Ich habe vorhin im Garten einen toten Frosch gefunden. Bis auf ein Hinterbein und ein bisschen Körper muss Finn alles aufgefressen haben."

„Sei nicht so fies. Finn würde so etwas nie machen", unterbrach Sofie sie mit vollem Mund.

„Schluck bitte runter, bevor du sprichst", wies Anna ihre Tochter zurecht.

„Ist doch egal, ob der Frosch von Finn oder nicht von Finn getötet wurde. Ich finde es traurig, ist einer der Frösche im Brunnen tot."

„Ja, das ist traurig", sagte Anna.

„Ich habe ihn noch nicht weggeräumt, wollt ihr ihn sehen?" Hannah machte Anstalten aufzustehen.

„Nein, das ist nicht nötig", stoppte die Mutter sie. „Ich kann es mir auch so lebhaft vorstellen."

Sofie tippte sich an die Stirn: „Spinnst du? Ich will doch keine angefressenen Frösche sehen."

Anna, sensibilisiert für potenzielle Streitsituationen unter den Zwillingen, unterbrach die beiden: „Fertig. Ich will jetzt nichts mehr von diesem Frosch hören. Sofie, du bist nachher an der Reihe. Jetzt erzähl doch mal dein Top, Hannah."

„Heute, im Zug, hat im Nebenabteil ein Mann einem anderen einen Witz erzählt. Ich fand ihn ganz lustig. Wollt ihr ihn hören?"

„Wenns sein muss." Sofie verdrehte die Augen.

Hannah, die sich extra langsam eine weitere Gabel Teigwaren in den Mund schob, genoss die sich aufbauende Spannung.

„So erzähl endlich!", befahl Sofie ungeduldig.

„Eine Ehe", begann Hannah und machte eine Kunstpause, um die Spannung voll auszukosten. „Nach zehn Jahren: Guten Tag, das ist meine Frau. Darf ich sie Ihnen vorstellen? Nach zwanzig Jahren: Guten Tag, das ist meine Frau. Können Sie sich das vorstellen? Nach dreissig Jahren: Guten Tag, das ist meine Frau. Können Sie sich bitte davorstellen?"

Einen Moment lang war es still. Dann prusteten die drei Frauen los. Anna konnte sich kaum erholen. Tränen liefen ihr über die Wangen, immer wieder befiel sie eine Kicherattacke.

„Toll, Hannah, der ist wirklich witzig!" Sie lachte erneut.

„Endlich ein Witz, bei dem beide Geschlechter aufs Korn genommen werden."

„Wie meinst du das?"

„Pantoffelheld und Drachen. Das alte Klischee, sprachlich gekonnt umgesetzt."

„So, das reicht." Sofies Stimme klang gereizt. „Jetzt bin ich an der Reihe. Ich habe in Chemie die beste Prüfung geschrieben. Meinen Flop verdanke ich meinem Physiklehrer, Herr Müller. Er hat mich dazu verbrummt, die Projektarbeit mit Lucy und Matthias zu machen."

„Was ist daran so schlimm?", wollte Anna wissen. Das war die falsche Frage gewesen, sie wusste es sofort.

„Ach, du verstehst das nicht. War auch nicht anders zu erwarten. Vergiss es wieder." Sofie warf ihrer Mutter einen bösen Blick zu. Die Stimmung war gekippt.

„Sofie, ich habe es nicht so gemeint. Ich wollte eigentlich wissen, wieso das schlimm für dich ist. Es tut mir leid, die Frage war ungeschickt formuliert." Es war zu spät. Sofie hatte keine Lust mehr, mit ihrer Mutter über Tops und Flops zu reden.

„Kann ich vom Tisch gehen? Meine Hausaufgaben warten." Sofie stand auf, stellte ihren Teller in die Küche und machte Anstalten, nach oben zu gehen.

„Komm, Sofie, setz dich wieder an den Tisch, ich habe auch zwei Beiträge für unsere Top- und Floprunde." Widerwillig setzte sich Sofie hin.

„Mein Top", begann Anna, „ist das schöne Wetter, das für dieses Wochenende angesagt ist. Ich freue mich für dich, Sofie. Ein Open-Air bei schönem Wetter ist sicher angenehmer als bei schlechtem. Mein Flop ist die miese Stimmung, die sich hier gerade ausgebreitet hat. Wieso schaffen wir es nicht mehr, friedlich zusammen zu essen?" Sofie stand auf. „Du hast ja keine Ahnung. Bei schlechtem Wetter ist ein Open-Air-Festival genauso schön. Und jetzt gehe ich auf mein Zimmer, damit du nicht immer daran erinnert wirst, wer dir die Stimmung vermiest hat." Sofie stapfte die Treppe hinauf und schlug die Tür zu ihrem Zimmer zu.

Um halb zehn löschte Anna das Licht in ihrem Schlafzimmer. Sie lag noch eine Weile mit offenen Augen da und versuchte, in der Dunkelheit den Raum zu erfassen. Immer deutlicher schälten sich die Konturen der Truhe und die darüber hängenden Bilder aus dem Dunkeln. Sie hatte ein grosses Poster mit vielen kleinen Quadraten zerschnitten. Nun hing jedes Quadrat einzeln gerahmt an der Wand. Auf diese Weise kamen die Strukturen und Farbeffekte viel besser zur Geltung. Der Mond warf einen Lichtschein durch die halb offene Badezimmertür, und die Schatten der Quadrate fielen lang und dünn an die Wand. Ein Lichtstrahl erhellte kurz den Raum. Wie zur Bestätigung drang das Motorengeräusch eines vorbeifahrenden Wagens an ihr Ohr.

Anna drehte sich zur Seite. Ihre Gedanken schweiften zu Hannah, die sie um Geld gebeten hatte. Sie entschied, das Geld vom Ferienkonto zu nehmen. Ein Blick an die Decke, wohin der Wecker die Digitalanzeige projizierte, zeigte 21:43. Anna schloss die Augen.

Traurigkeit überkam sie. Wieso fand sie keinen Zugang zu Sofie? Sie liess die Auseinandersetzung beim Abendessen Revue passieren. Nein, nicht nur Sofie war gereizter in letzter Zeit; sie selbst war es auch. Sie war innerlich zerrissen. Sie hatte den Wunsch, Sofie nahe zu sein, für sie da zu sein, ihr zu helfen. Doch lange hielt dieser Wunsch nie an. Wenn Sofie sich ablehnend verhielt, verspürte Anna nur noch den Wunsch, ihre Tochter zum Teufel zu jagen. Wieso wollte Sofie ihre Hilfe nicht annehmen? Anna konnte machen, was sie wollte, es war nie recht. In einem Anflug von Einsamkeit und Hilflosigkeit gab sie sich ganz ihrer Traurigkeit hin, war voller Selbstmitleid. Nach einer Weile reichte es ihr, und sie drehte sich zur andern Seite. Damit änderten sich ihre Gefühle. Ihre selbstkritische Haltung kehrte zurück. Sofie war unter Stress, stand kurz vor den Abschlussprüfungen und wusste nicht, was sie nach der Schule studieren sollte. Die vielen Fragen mussten einen jungen Menschen ja durcheinanderbringen. Wie konnte sie als Mutter nur so selbstgerecht sein und vor Selbstmitleid zerfliessen? Anna fühlte sich schuldig. Am liebsten wäre sie in Sofies Zimmer gegangen, um ihr zu sagen, wie sehr sie sie verstand und liebte. Doch diesem Impuls nachzugeben wäre töricht, das war ihr klar. Besser, sie gab sich morgen mehr Mühe, ihrer Tochter zuzuhören und ihr gegenüber offen zu bleiben. Mit diesem guten Vorsatz schlief Anna endlich ein.

Sie träumte gerade von einem grossmäuligen, hämisch grinsenden Schüttelbecher, der sie verschlucken wollte, als sie gerettet wurde. Hannah rüttelte sie mit beiden Händen am Arm.

„Mam, Mam, wach auf!" Wie durch Watte drang die gereizte Stimme Hannahs an ihr Ohr. „Da ist eine Frau am Telefon! Sie will dich dringend sprechen." Anna streckte ihre Hand in die Dunkelheit, nahm den Hörer entgegen und hielt ihn ans linke Ohr, während das rechte wieder ins Kissen sank. An der Decke erhaschte sie kurz die vom Digitalwecker projizierte Zahl: 22:05.

Mit geschlossenen Augen hörte sie der jungen Beamtin des Bereitschaftsdienstes zu. „Ein paar Studenten haben am Sandstrand von Salavaux eine Leiche gefunden. Ich habe den Auftrag, Sie zu bitten, hinzufahren und die Ermittlungen aufzunehmen. Die diensthabenden Polizisten sind bereits auf dem Weg zum Fundort."

Anna bedankte sich mit verschlafener Stimme und bat die Beamtin, auch die Spurensicherung, den Rechtsmediziner und Kommissar Klee zu benachrichtigen, falls sie es nicht schon getan habe.

„Ich werde in einer halben Stunde am Tatort sein", versprach sie und legte auf.

Um richtig wach zu werden, duschte Anna abwechslungsweise heiss und kalt. Wobei heiss nicht zu heiss und kalt nicht zu kalt zu sein brauchte. Bereits kleine Temperaturunterschiede brachten ihren Kreislauf in Schwung. Sie beugte sich vor und versuchte, sich das Handtuch durch die halb geschlossene Schiebetüre vom Haken zu angeln. Dabei verlor sie das Gleichgewicht und schlug mit dem Ellbogen gegen den Seifenhalter. Fluchend rieb sie sich die schmerzende Stelle und war jetzt endgültig wach.

Während sie sich die Zähne putzte, schlurfte Anna zurück ins Schlafzimmer und schaute aus dem Fenster. Am Himmel leuchteten unzählige Sterne, in der Siedlung brannten nur noch vereinzelt Lichter. Die Kommissarin entschied, noch einmal die Kleider anzuziehen, die sie vor einer Stunde ausgezogen hatte. Ein letzter, prüfender Blick auf die Frau im Spiegel, dann machte sich Anna auf den Weg nach unten. Über eine Halbkreistreppe erreichte sie die mittlere Etage, auf der die Schlafzimmer von Hannah und Sofie lagen. Im Vorbeigehen warf sie einen Blick in die Zimmer der Mädchen. Sie wollte nachts nicht aus dem Haus, ohne sich vorher vergewissert zu haben, dass bei den Zwillingen alles in Ordnung war.

Bei Hannah war alles ruhig. Finn, der es sich auf ihrem Kopfkissen bequem gemacht hatte, hob leicht den Kopf und begann zu schnurren, als Anna die Tür öffnete. Hannah schlief wieder tief und fest. Links vom Bett stand ein Schreibtisch, auf dem sich Gartenhefte stapelten. Auf dem Stuhl unter dem geöffneten Fenster lagen verschiedene Kleidungsstücke. Ansonsten wirkte das Zimmer fast unbewohnt. Die Hausschuhe und der Wecker neben dem Bett waren alles, was Anna auf dem Boden sehen konnte. Die Wände waren leer. Anna nahm sich vor, Hannah ein oder zwei Pflanzenposter zu schenken. Leise schloss sie die Tür und ging am Badezimmer vorbei zu Sofies Zimmer.

Sophie schnarchte leise. Neben ihrem Kopf lag ihr Kopfhörer. Die Musik war so laut eingestellt, dass Anna den rhythmischen Bass hören konnte. Die Luft war verbraucht. Es roch süsslich. Obwohl sich Anna beeilen musste, nahm sie sich die Zeit, das Fenster zu öffnen und Sofies iPod auszuschalten. Sie musste achtgeben, dass sie nicht auf die vielen herumliegenden Gegenstände trat. Es war Anna ein Rätsel, wie Sofie in diesem Durcheinander hausen konnte. Der Kleiderschrank und die Kommode unter dem Fenster mussten leer sein. Woher sonst kamen all die Sachen, die zerstreut auf dem Boden lagen?

„Sofie, ich muss weg, schlaf nur weiter", sagte sie, da die eingetretene Ruhe aus dem Kopfhörer Sofie dazu veranlasst hatte, die Augen zu öffnen. Murmelnd drehte sich das Mädchen zur Seite und schlief weiter.

Im Hinausgehen nahm Anna die halb leere Colaflasche und den Teller mit Essensresten mit.

In der Küche setzte sie Wasser auf und schüttete Nescafé-Pulver in ihren Thermobecher. Dann schrieb die Kommissarin eine Notiz für die Kinder und legte diese möglichst sichtbar auf die Küchenablage. Damit das möglich war, mussten zuerst einige schmutzige Teller ins Spülbecken und die herumstehenden Gewürzgläser mit Deckel versehen und in die Halterung gestellt werden. Sie goss das Wasser in den Becher, schraubte den Deckel fest, hängte sich den Koffer mit ihren Utensilien um und nahm die Schlüssel vom Brett beim Eingang. Kira stand schon bei der Haustür und schaute erwartungsvoll zu ihr auf.

„Ja, komm, die Arbeit ruft", flüsterte Anna, während sie versuchte, die Tür leise zu öffnen. Sie musste unbedingt daran denken, die Türangeln zu ölen. Jedes Mal, wenn sie spät aus dem Haus ging, nahm sie sich vor, sich gleich am nächsten Tag darum zu kümmern. Mit der gleichen Regelmässigkeit vergass Anna spätestens im Auto den guten Vorsatz wieder.

Draussen war es doch kühler, als Anna gedacht hatte. Sollte sie noch einmal ins Haus gehen und die olivefarbene Jacke holen? Ein Blick auf die Armbanduhr hielt sie davon ab. Die Kommissarin lockte Kira mit Handbewegungen und Klopfgeräuschen ins Heck des Wagens und fuhr los.

Es waren nicht mehr viele Autos unterwegs, sie kam gut voran. Anna blickte auf die Uhr. Fünfzehn Minuten waren vergangen, seit die Beamtin angerufen hatte. Wollte sie es in einer halben Stunde schaffen, blieb ihr eine Viertelstunde für die Fahrt von Muntelier nach Salavaux. Sie musste Gas geben. Im Kreisverkehr entschied sie sich, nicht die Autobahn, sondern die kleine, aber direktere Route über Greng und Faoug zu wählen.

Sie dachte an Basil, der inzwischen sicher auch auf dem Weg war. Bestimmt brauste er bereits über die A1 bis Avenches, um über de Villars-Le-Grand nach Salavaux zu gelangen. Vor ihrem geistigen Auge sah sie, wie er sich mit seiner Maschine gekonnt in die Kurven legte und dabei die Geschwindigkeitsbegrenzung vergass. Hoffentlich wartete nicht die Verkehrspolizei hinter dem Tunnel von Les Vignes.

Als Anna am Tatort eintraf, waren nebst der Spurensicherung auch einige Schaulustige zugegen. Sie standen nahe am Absperrband, das von der Spurensicherung geschickt gezogen worden war: Von hier aus war der Leichnam nicht zu sehen.

„Guten Abend, Frau Kommissarin", begrüsste der diensthabende Polizist seine Vorgesetzte. „Wenn Sie wünschen, kann ich Sie zum Fundort begleiten."

„Danke, Herr Mäder, ich warte noch auf meinen Partner Kommissar Klee. Schicken Sie bitte diese Leute fort; sie könnten die Spuren verwischen."

„Ich habe es versucht, aber sie bewegen sich nicht vom Fleck." Als wollte er Polizist Mäders Aussage bestätigen, trat ein älterer Mann in kurzen Hosen und einer Tweedjacke auf Anna zu und fragte neugierig, was denn los sei.

Anna führte ihn zurück zu den anderen Zuschauern.

„Guten Abend, meine Damen und Herren, ich bin Kommissarin Calvin", stellte sie sich vor. „Falls jemand von Ihnen etwas Ungewöhnliches beobachtet hat, bitte ich Sie, dies dem Beamten hier zu Protokoll zu geben." Sie zeigte auf Polizist Mäder, der beim Holztisch stand und einen Papierblock aus dem Koffer nahm. „Alle anderen", fuhr sie fort, „muss ich auffordern, das Gelände zu verlassen, um uns nicht bei der Arbeit zu behindern."

Kurz darauf brauste Klee auf seiner Suzuki heran. Anna wusste um die Leidenschaft ihres Partners. Bis vor Kurzem hatte er die kleine Fundura von BMW gefahren. Da sich jedoch in seiner Nähe keine BMW-Vertragswerkstatt befand und die F650 Spezialwerkzeuge erforderte, wurden ihm die anfallenden Reparaturkosten zu hoch. Schweren Herzens hatte er sich dazu entschlossen, die Fundura zu verkaufen. Zuerst versuchte er, Anna zu begeistern, doch sie fühlte sich zu alt für dieses Hobby. Dank einer spezialisierten Internetseite hatte Basil schliesslich einen Käufer gefunden. Seit einigen Wochen war er nun mit einer Suzuki unterwegs. Wollte man ihm glauben, vereinte die Suzuki GSF1200S die Vorzüge verschiedener Modelle in sich.

Basil hielt neben der Grillstelle. Die Polizei hatte diverses Untersuchungsmaterial auf dem Holztisch daneben ausgebreitet. Basil nahm den Helm ab. Es störte ihn offensichtlich nicht, so spät an einen Fundort gerufen zu werden. Die Köpfe einiger Schaulustiger drehten sich ihm zu, und zwei Teenager näherten sich anerkennend dem Motorrad, um es genauer zu inspizieren. Basil zog den Schlüssel aus der Zündung und legte den Helm auf die Holzbank. Kira begrüsste ihn freudig wedelnd.

Anna beobachtete, wie er dem Hund übers Fell strich und sich gleichzeitig suchend umblickte. Als der Kommissar Anna erblickte, erwiderte er ihr Nicken, und gemeinsam gingen sie unter der Absperrung durch zu der Stelle, an der die Leiche gefunden worden war.

Anna hatte im Laufe ihrer Dienstjahre viel gesehen. Bis heute hatte sie sich aber nicht an den Anblick einer Leiche gewöhnen können. Sie konnte einen Tatort nicht entspannt betreten. Mit jedem Schritt wurden ihre Beine unsicherer, und das flaue Gefühl in der Magengegend stieg an.

Sie blieb einen Moment stehen und schaute auf den Murtensee hinaus. Auf der rechten Uferseite erkannte sie den Hafen von Murten mit seinen Lichtern. Etwas weiter hinten konnte sie ihre Wohnsiedlung ausmachen. Geradeaus war es finster. Der Campingplatz Löwenberg lag im Dunkeln. Dagegen waren die Dörfer am Fusse des Mont Vully auf der linken Uferseite noch beleuchtet. Der Mond stand hoch, sein Spiegelbild bewegte sich sanft in den Wellen. Der Ausblick war wunderschön. Anna wäre gerne unter anderen Bedingungen hier gestanden. Mit seiner Taschenlampe leuchtete Basil ihr den Weg. Die Spurensicherung war dabei, grosse Scheinwerfer zu installieren. Es würde noch etwas dauern, bis sie Strom vom Restaurant herübergezogen hätten.

Im Lichtschein der Taschenlampe sah Anna einen Arm und ein Bein. Der Rest des Körpers wurde von den ins Wasser reichenden Ästen verdeckt. Ohne den gesamten Körper gesehen zu haben, wusste sie, dass vor ihr eine Frau im Wasser lag. Diese zarten Glieder konnten unmöglich einem Mann gehören.

„Wo bleibt Dr. Roth?", erkundigte sich Anna mit leisem Ärger in der Stimme bei Basil. Sie stand am Ufer, keine zehn Meter von der Leiche entfernt. Basil suchte mit dem Schein der Taschenlampe den Strand ab.

„Noch sehe ich ihn nirgends", sagte er. „Soll ich anrufen und nachfragen?"

„Nein, das war mehr eine rhetorische Frage. Er wird sicher so schnell kommen, wie er kann. Ich mache ein paar Aufnahmen, kannst du mir dabei helfen?" Basil mochte den Rechtsmediziner nicht besonders. Otmar Roths Auftreten war ihm irgendwie zu steif, zu vorhersehbar. Er war mit diesen Gefühlen jedoch nicht allein, die Antipathie beruhte auf Gegenseitigkeit. Basil Klee und Otmar Roth begegneten sich mit übertrieben korrekter Höflichkeit. Mit kühler Distanz überspielten sie, was sie wirklich empfanden.

Anna hatte inzwischen zwei Digitalkameras aus ihrer Tasche gezogen, reichte Basil eine und machte einige

Aufnahmen, die jene der Spurensicherung ergänzen würden. Basil nahm derweil einige Fotos vom Steg aus auf. Dann traf endlich der Rechtsmediziner ein. Sie hörte die tiefe, sonore Stimme von Dr. Roth. Er trug einen eleganten Abendanzug.

„Warum muss diese Drecksarbeit immer an mir hängen bleiben?", schimpfte er, nicht erfreut darüber, ins Wasser steigen zu müssen. Da die Leiche nicht bewegt werden durfte, blieb ihm nichts anderes übrig, als in die von der Polizei bereitgestellten Fischerstiefel zu steigen.

„Hallo Otmar", sagte Anna, „wie ich sehe, wurdest du bei einer angenehmen Beschäftigung gestört?"

„Guten Abend, Anna. Der Anruf erreichte mich, als ich mit meiner Frau und ein paar Freunden auf der Terrasse des ‚Bellevues' den Abend ausklingen liess. Zuvor hatten wir die Premiere von ‚Valsa del Sol' genossen. Irina Danitus sang die Maria. Du ahnst ja nicht, wie ich ihre Stimme liebe." Vorsichtig watete Dr. Roth tiefer ins Wasser und näherte sich der Leiche, während er sich die weissen Gummihandschuhe überstreifte.

Er beugte sich über den leblosen Körper und inspizierte Haut und Nägel der Hand, die vor ihm im Wasser lag. Dann näherte der Rechtsmediziner sich dem Hinterkopf, um auch diesen in Augenschein zu nehmen.

„Neben der Identität interessiert mich der Todeszeitpunkt am meisten", hörte er hinter sich Anna sagen, noch bevor er die Leiche umdrehen konnte.

Dr. Roth richtete sich auf und sah die Kommissarin an.

„Langsam, langsam. Nimm dir ein Paar Handschuhe, und komm her, dann kann ich dir meine Gedanken fortlaufend mitteilen."

Nicht erfreut über diese Einladung, doch neugierig genug, ihr zu folgen, nahm Anna Handschuhe und Stiefel, die ihr Basil zuvorkommend entgegenhielt.

„Wenn es dir recht ist, werde ich mich unterdessen um die Zeugen kümmern", sagte er. Die Vorstellung, sie begleiten zu müssen, missfiel ihm zutiefst. Sie nickte und machte einige grosse Schritte durch das Wasser, um sich neben Dr. Roth zu stellen. Basil, erleichtert von diesem Hilfsdienst befreit zu sein, verliess den gruseligen Schauplatz.

„Sieh dir die Hand an", sagte Dr. Roth, als Anna neben ihm stand. „Sie ist aufgequollen, vermutlich lässt sich die Oberhaut bereits handschuhartig abziehen. Ich sehe jedoch keinen Algenbewuchs, zumindest nicht in diesem schwachen Licht. Ich muss mir das zuerst unter dem Mikroskop ansehen. Erst dann kann ich einen genauen Todeszeitpunkt festlegen." Er drehte die Hand um. „Sie ist unverletzt. Daher kann die Leiche kaum in fliessendem Wasser getrieben sein." Er blickte zu Anna. „Hilf mir bitte, den Körper etwas abzudrehen, damit wir überprüfen können, ob die Knie oder Füsse verletzt sind." Anna fasste mit an und half Dr. Roth, den Leichnam zur Seite zu kippen. Aber das kurze Kleid, das den toten Körper kaum mehr bedeckte, hatte sich in den Ästen verfangen. Otmar Roth musste einiges Gezweig abbrechen, damit sie den Körper endlich drehen konnten. Die nackten Beine waren unversehrt.

„Nein, keine Verletzungen an den Gliedern. Habe ich auch nicht anders erwartet", murmelte er halblaut vor sich hin. „Im Wasser verläuft der Verwesungsprozess grundsätzlich schneller als an Land. Bei den aktuell hohen Wassertemperaturen wird dieser Prozess entsprechend vorangetrieben worden sein." Er richtete den Strahl der Taschenlampe auf den Arm und hob diesen etwas aus dem Wasser. „Siehst du die Fettwachsbildung hier entlang des Innenarms? Nach ihr zu urteilen, liegt die Tote bereits mehrere Wochen im Wasser." Dr. Roth senkte die Taschenlampe und liess den Arm ins Wasser zurückgleiten. Danach machte er wieder einen Schritt Richtung Kopf der Frau. Er drehte ihn nach oben. Im selben Moment gingen die Scheinwerfer der Spurensicherung an – Anna blickte unvorbereitet in das hell beleuchtete Gesicht oder was davon übrig war. Sie spürte, wie ihr Magen sich selbstständig machte, wandte sich schnell ab und übergab sich ins Wasser.

„Ja, das sieht nicht gut aus", bestätigte Dr. Roth leise. Anna fühlte sich auf eigenartige Weise mit ihm verbunden. „Anhand des Gesichts werden wir sie nicht mehr identifizieren können."

Das Gesicht war stark entstellt, die Lippen aufgedunsen, das sich zersetzende Blut färbte die Haut fast schwarz. Ein Teil der Kopfhaut und die dunklen, fast schwarzen Haare hatten sich auf der linken Seite zum Teil abgelöst und trieben neben der Leiche, als wären sie Accessoires. Der Hals war ebenfalls blau-schwarz verfärbt. Unter dem dünnen, ärmellosen Sommerkleid wölbte sich der aufgedunsene Bauch. Man hätte denken können, die Frau sei schwanger gewesen.

Als hätte Dr. Roth Annas Gedanken gehört, erklärte er: „Durch die vorangeschrittene Fäulnis hat sich in den Eingeweiden ein beträchtliches Gasvolumen entwickelt. Deshalb ist der Bauchraum stark gebläht. Das wird der Grund sein, warum der Körper an die Wasseroberfläche kam und hier an Land geschwemmt wurde. Er liegt mit grosser Wahrscheinlichkeit seit drei Wochen im Wasser. Genaues kann ich dir erst nach Abschluss der Untersuchung sagen. Wie bereits erwähnt: Die extrem hohen Luft- und Wassertemperaturen in diesem Jahr haben den Verwesungsprozess beschleunigt. Also liegt sie vielleicht noch nicht so lange im Wasser, wie der erste Eindruck vermuten lässt."

Dr. Roth winkte einen in der Nähe stehenden Polizisten herbei und ordnete an, die Leiche zu bergen. Er zog die Handschuhe aus und drehte sich Anna zu, die fröstelnd im Wasser stand. Der Rechtsmediziner zog seine Jacke aus und legte sie ihr um die Schultern. Dankbar zog Anna sie enger um sich. Nebeneinander wateten sie zurück an den Strand. Dr. Roth arbeitete nicht zum ersten Mal mit Anna. Er schätzte ihren scharfen Verstand, konnte jedoch nicht verstehen, warum ihr Hund immer dabei sein musste. Zudem vertrat er die Meinung, eine Frau mit Kindern sollte ihrer Aufgabe als Mutter nachkommen. Soviel er wusste, hatte Anna vier Töchter.

Er selber bewohnte mit seiner Frau ein grosses Anwesen, das sie von ihren Eltern geerbt hatte. Sie zeigte zum Glück keine andere Ambition, als für sein Wohlergehen sorgen zu wollen. Und für ihre gemeinsame Tochter, die er sehr liebte. Doch hätte er auch gerne einen Sohn gehabt. Leider war ihm dieses Glück nicht beschieden, seine Frau konnte keine weiteren Kinder bekommen.

Er atmete erleichtert auf, als er dem Wasser entstieg und durch den knirschenden Sand auf die Absperrung zuging. Als Kavalier der alten Schule hob der Rechtsmediziner das Absperrband, damit Anna unten durchgehen konnte. Als eine junge Polizistin ihr eine Wolldecke brachte, nahm Roth seine Jacke wieder an sich.

„Ich werde mich bei dir melden, sobald ich Genaueres weiss." Er reichte ihr zum Abschied die Hand und ging zu seinem Wagen.

„Die vier jungen Erwachsenen, die die Leiche gefunden haben, warten in der Segelschule darauf, vernommen zu werden", informierte einer der diensthabenden Beamten Basil. Basil blickte auf das Gebäude neben dem Restaurant. Anna überliess ihm die meisten Befragungen, weil sie von seiner Verhörtaktik überzeugt war. Sie war der

Meinung, Basil sei diesbezüglich besonders einfühlsam. Doch jedes Verhör kostete ihn viel Kraft. Er brauchte Zeit, um sich innerlich auf die Situation einstellen zu können, um sich in die Menschen einzufühlen, denen er gleich gegenübersitzen würde.

Langsam, sehr langsam überwand er die kurze Distanz zum Haus. Dabei dachte er an die vier jungen Menschen, die alle um die zwanzig waren und jeder auf seine Art mit dem schrecklichen Erlebnis fertig werden musste. Er versuchte sich an die Zeit zu erinnern, als er so jung gewesen war. Damals hatte er Pia kennengelernt. Obwohl verletzlich, unsicher, ängstlich und leicht aus der Bahn zu werfen, hatte er sich nach aussen hin cool gegeben. Um keinen Preis hätte er sich damals Angst oder Betroffenheit anmerken lassen.

Bei der Segelschule angekommen, öffnete ihm eine junge Beamtin die Tür.

„Danke, Sie können am Strand unten helfen. Ich brauche Sie hier nicht länger", sagte Basil mit einem Kopfnicken. Während er die Tür schloss, versuchte er, die Situation und die Stimmung zu erfassen.

Zwei junge Frauen sassen auf der Couch mitten im Raum und hielten sich an den Händen. Der einen Frau liefen Tränen über die Wangen. Die andere sprach leise auf sie ein. Sie nahmen nichts um sich herum wahr, auch nicht das Eintreten des Kommissars. Die jungen Männer sassen in den beiden Sesseln beidseits des Tisches und drehten, als Basil eintrat, den Kopf in dessen Richtung. Der Kleinere der beiden wandte sich sofort wieder ab und fuhr fort, einen Löffel zwischen den Fingern hin- und herzurollen. Er blickte starr vor sich hin. Basil spürte den bohrenden Blick des zweiten jungen Mannes. Auf dem Tisch standen vier Tassen, deren heisser Dampf nach Minze roch. Zudem nahm Basil den süsslichen Duft

41

von Alkohol wahr. Vermutlich hatten die jungen Leute, zumindest einige von ihnen, getrunken.

Eine dritte Frau, älter als die anderen, stand etwas abseits beim Fenster. Sie hielt eine Tasse in der Hand. Als sie ihn erblickte, stellte sie die Tasse auf den Schreibtisch und kam auf ihn zu.

„Guten Abend", sagte Basil mit erhobener Stimme, sodass ihn alle Personen im Raum hören konnten. „Ich bin Kommissar Klee und ermittle im Fall der toten Frau, die Sie heute Abend gefunden haben." Alle Augenpaare richteten sich auf ihn, und fünf Köpfe nickten leicht.

„Guten Tag, Herr Kommissar. Ich bin Ilona Santos, die Segellehrerin", erklärte die älteste der drei Frauen, während sie ihm die Hand reichte. „Das hier sind die vier jungen Leute, die die Leiche entdeckt haben."

„Guten Tag, Frau Santos, freut mich, Sie kennenzulernen. Es war nett von Ihnen, sich um die Zeugen zu kümmern. Ich werde zuerst die jungen Leute befragen, danach würde ich mich gerne mit Ihnen unterhalten. Sind Sie in einer Stunde noch hier?"

„Ja, sicher. Darf ich Ihnen einen Tee anbieten?"

Basil lehnte dankend ab. Er wandte sich zum Tisch und reichte seine Hand zuerst den beiden jungen Frauen, die sich mit Lisa und Myrtha vorstellten. Lisa rannen die Tränen noch immer übers Gesicht.

„Ich bin Adrian, das ist mein Freund Christof", stellte sich der junge Mann vor, der ihn die ganze Zeit nicht aus den Augen gelassen hatte, und stand auf.

„Bitte setzen Sie sich auf meinen Platz", bot er Basil an, nachdem er ihn begrüsst hatte. Er selbst setzte sich neben Lisa auf die Lehne der Couch und legte die Hand auf ihre Schulter. Die körperliche Berührung löste ein erneutes Schluchzen bei ihr aus. Basil reichte zuletzt Christof die Hand, der immer noch wie versteinert in seinem Sessel hockte. Ilona holte ihre Teetasse und zog sich mit einem Stuhl in die Nähe des Fensters zurück.

„Sie haben heute Abend etwas Schreckliches erlebt. Ich möchte Ihnen zu Ihrer Geistesgegenwart gratulieren. Sie haben gut reagiert: Die Polizei anzurufen, war das einzig Richtige." Die vier blieben still. „Wie ich gehört habe, haben Sie einen Ausflug gemacht und den Nachmittag und Abend am Strand verbracht. Sind Ihre Eltern bereits informiert?" Alle nickten.

„Ja, wir haben angerufen und erzählt, was passiert ist", ergriff Myrtha das Wort. „Ich habe meinen Eltern gesagt, es werde spät, weil wir noch verhört werden."

„Werden Ihre Eltern herkommen?"

„Nein, das ist nicht nötig. Ich meine, wir sind schliesslich alle über zwanzig. Wir sind keine Babys mehr, auch wenn der Fund wirklich ganz schrecklich war."

„Ja, Sie haben recht", sagte er, an alle gerichtet. „Der Fund, den Sie da gemacht haben, ist mehr als nur schrecklich. Ich arbeite seit vielen Jahren bei der Mordkommission und habe schon etliche Leichen gesehen, und trotzdem nimmt es mich jedes Mal sehr mit. Falls jemand von Ihnen sich nicht imstande fühlt, auf meine Fragen zu antworten, kann ich das verstehen. Dann werde ich die Befragung verschieben." Wieder schaute er in die Runde, doch alle vier blickten ihn nur schweigend an. Basil nickte.

„Gut. Dann mache ich weiter. Für unsere Arbeit ist es wichtig, alles zu erfahren, was Sie wissen. Ihre Eindrücke und Beobachtungen enthalten womöglich entscheidende Hinweise, die uns helfen, den Fall zu klären." Er sah wieder von einem zum anderen. „Schildern Sie mir bitte, was sich zugetragen hat."

Es war wieder Myrtha, die das Wort ergriff.

„Vor wenigen Stunden noch bin ich in diesem Wasser geschwommen, so nah bei dieser toten Frau, das ist krass."

„Und ich", erwachte plötzlich Christof aus seiner Erstarrung, „ich stand daneben. Ich bin ja so etwas von erschrocken. Ist ganz was anderes, als im Fernsehen eine Leiche zu sehen ..."

Adrian unterbrach ihn: „Unsere Kollegen werden uns beneiden, wenn wir ihnen das erzählen."

„Jetzt komm mal wieder runter, Adrian", fuhr Myrtha ihn an, und Lisa, die sich ein wenig beruhigt hatte, pflichtete ihr bei: „Immerhin ist da jemand tot. Du wirst doch nicht damit ..." Sie brach ab und schauderte. Fragend sah sie Basil an. „Weiss man bereits, wer es ist? War es ein Mord oder ein Unfall?"

„Nein, wir wissen noch nichts", beantwortete dieser ihre Fragen. „Wie ich sehe, meistern Sie alle die Situation gut. Mich würde interessieren, wie Sie die Leiche gefunden haben?"

„Ich habe sie zuerst gesehen", begann Christof. „Ich musste ins Wasser, um das Boot vom Gebüsch wegzustossen, weil es dorthin abzutreiben drohte. Beim Hinausspringen schaute ich Richtung Gebüsch, und da lag etwas im Wasser. Es herrschte ja Dämmerung, aber ich sah trotzdem Fische. Fische, die nicht wegschwammen. Plötzlich erkannte ich: Es waren keine Fische, es waren ein Fuss und eine Hand. Das war echt krass. Keine dreissig Zentimeter von meinem Bein entfernt." Er schauderte leicht, als erlebe er beim Erzählen, alles noch einmal.

„Was haben Sie danach gemacht?", fragte Basil, und Lisa ergriff das Wort: „Christof blieb wie angewurzelt stehen. Zuerst dachte ich, er wolle uns zum Narren halten. Doch etwas stimmte nicht, er gab so komische Laute von sich."

„Ich nahm die Taschenlampe", fuhr Adrian fort, „und beleuchtete die gruselige Szene. Zuerst haben wir alle geschrien. Sie können sich nicht vorstellen, wie erschrocken wir waren."

„Dann haben wir das Boot an Land gezogen", sagte Myrtha, weil Adrian schwieg. „Und Lisa rief mit ihrem Handy
den Notruf an."

„Das war klug von Ihnen, Lisa." Basil lächelte ihr aufmunternd zu. „Bitte denken Sie nach", wandte er sich wieder
an alle, „Sie haben ja zuvor einige Stunden lang am Strand
verbracht. Ist Ihnen etwas aufgefallen, das von Bedeutung
sein könnte?"

Die vier überlegten eine Weile.

„Nein." Christof sprach sehr bestimmt. „Es gab da nichts
Ungewöhnliches, abgesehen von der Leiche. Ich glaube,
wir waren nach dem Fund alle recht durcheinander. Bis zu
diesem Moment war es ein ganz normaler Ausflug gewesen. Wenn das Boot nicht abgetrieben wäre, wären wir an
der Leiche vorbeigefahren, ohne sie zu sehen."

Basil erhob sich. Die jungen Menschen sahen müde aus,
viel mehr würde er heute nicht mehr erfahren.

„Ich danke Ihnen für Ihre Bereitschaft, die Fragen zu beantworten. Sie können jetzt nach Hause gehen. Doch vorher sollten Sie noch diese Formulare ausfüllen, einzeln."
Er riss vier Formulare aus einem Block und verteilte sie.

„Könnte ich zwei Kugelschreiber ausleihen?", bat er die
Segellehrerin. „Ich habe nur zwei bei mir." Ilona stand auf
und holte zwei weitere Stifte, die sie auf den Tisch legte.
Er wartete, bis die jungen Leute ihre Formulare ausgefüllt
hatten. Dann sammelte er die Blätter ein.

„Danke. Nun müssen wir nur noch klären, wie Sie nach
Hause kommen. So, wie ich das sehe, haben Sie alle Alkohol getrunken, daher kann ich Ihnen nicht erlauben, mit
dem Boot über den See zu fahren."

Die jungen Leute sahen sich an, als wollten sie sich ohne
Worte absprechen.

„Unabhängig davon, ob alle getrunken haben oder nicht,
es ist besser, wenn sie nicht fahren", sprach er weiter, ohne

eine Antwort abzuwarten. „Nach dem, was heute Abend vorgefallen ist, ist bestimmt niemand von Ihnen mehr in der Verfassung dazu. Inzwischen ist es auch spät. Wir helfen Ihnen gerne dabei, Ihre Heimreise zu organisieren. Entweder holt sie jemand ab, oder der Dienstwagen bringt Sie alle nach Hause." Die jungen Leute warfen sich erschrockene Blicke zu.

„Das geht nicht", sagte Adrian. „Mein Vater hat mich gefragt, ob er kommen soll. Ich habe verneint. Wird er jetzt trotzdem geweckt, gäbe das später nur Vorwürfe." Die anderen nickten bestätigend. Auch sie hatten die Hilfe der Eltern abgelehnt.

„Wenn wir in einem Polizeiauto mitten in der Nacht nach Hause gebracht werden, reden sich die Leute im Dorf morgen den Mund fuselig", sagte Myrtha. „Das brauche ich echt nicht." Man sah ihr an, wie diese Vorstellung sie abschreckte. „Dann nehme ich lieber ein Taxi."

„Ein Taxi löst das Problem auch nicht. Ich will das Boot nicht hier stehen lassen", unterbrach Adrian sie. „Ich musste meinem Vater versprechen, es zurückzubringen. Sonst leiht er es mir nie wieder. Wir haben ja nichts verbrochen, uns nichts zuschulden kommen lassen, wieso sollten wir jetzt bestraft werden?"

„Niemand will Sie bestrafen", beruhigte ihn Basil. „Unter den gegebenen Umständen wird Ihr Vater sicher Verständnis haben, wenn das Boot erst morgen nach Murten gefahren wird."

Ilona hatte still auf ihrem Stuhl gesessen und das Gespräch verfolgt. Nun mischte sie sich ein. „Ich könnte die jungen Leute im Boot begleiten, falls Sie einverstanden sind. So müssen die Eltern nicht bemüht werden. Ich wäre aber darauf angewiesen, dass mich jemand in Murten abholt und wieder hierher zurückfährt." Die jungen Erwachsenen sahen sie dankbar an.

„Das ist sehr freundlich", sagte Basil zu Ilona. „Ich werde Sie in Murten abholen und nach Hause fahren."

Sie klärten kurz, wann und wo er warten würde. Dann verabschiedete sich Basil und kehrte zum Strand zurück.

Anna zog die Wolldecke etwas enger um sich. Sie nahm ihr Diktafon und sprach einige Gedanken und Anweisungen darauf. Die Spurensicherung hatte ihre Arbeit getan. Anna beobachtete, wie die Leiche eingepackt und in die Leichenhalle nach Bern abtransportiert wurde.

Sie setzte sich in ihr Auto. Dort schrieb sie Basil, der noch nicht zurück war, eine SMS. „Bitte kläre morgen als Erstes, ob eine Vermisstmeldung eingegangen ist, die auf unsere Leiche zutrifft. Ich gehe noch zu Moser. Treffe dich wie gewohnt. Danke. Gruss Anna"

Dann fuhr sie mit offenen Fenstern nach Hause. Der Wind strich über ihre Haut und spielte mit ihrem Haar. Sonst störte es Anna jeweils, wenn ihr die Haare vor den Augen flatterten, doch jetzt nahm sie es kaum wahr. Der kühle Nachtwind glättete die Wogen ihrer aufgewühlten Seele. Die Stille, die von den menschenleeren Strassen ausging, tat gut. Sie dachte an die junge Frau, die so früh ihr Leben verloren hatte.

„Was denkst du, Kira?", fragte sie mit einem Blick in den Rückspiegel. „Unfall, Mord oder Selbstmord?" Kira lauschte aufmerksam, wie immer, wenn Anna mit ihr sprach.

„Meinst du, die Frau war eine treulose Herzensbrecherin, die das Opfer einer unglücklichen Liebe geworden ist? Oder eine reiche junge Erbin, deren Vermögen jemanden zu sehr gereizt hatte? Das Kleid, soweit ich das beurteilen kann, sah nicht danach aus, als käme es von der Stange.

Schmuck trug sie keinen. Jedenfalls habe ich keinen gesehen." Plötzlich war Anna sich nicht mehr sicher und nahm sich vor, Dr. Roth danach zu fragen.

„Ach Kira, vielleicht war die arme Frau schwer krank und sah keinen anderen Ausweg, als ins Wasser zu gehen."

Kira, die ihren Namen hörte, bellte leise.

„Ist gut, warten wir ab, bis wir den rechtsmedizinischen Bericht haben. Sagst du mir, was du so alles erschnüffelt hast? Hast du etwas bemerkt, das mir entgangen ist?" Kira drehte den Kopf zum Fenster und schaute hinaus. Das machte den Anschein, als wolle sie ihre Geheimnisse nicht preisgeben, und Anna fuhr den Rest des Weges schweigend. Um nicht wegzudämmern, drehte sie das Radio an. Da auf keinem Sender etwas lief, das ihren Bedürfnissen entsprach, schob sie die CD 3 ihres Hörkrimis in das Gerät. Zu Hause angekommen, duschte sie erst einmal heiss, um den Geruch nach Verfaultem loszuwerden, der ihr noch tief in der Nase steckte. Danach legte sie sich ins Bett, um doch noch ein wenig Schlaf zu bekommen.

Ilona war überrascht gewesen, Basil Klee mit einer Suzuki am Hafen von Murten warten zu sehen.

„Sie haben versäumt, mir zu sagen, womit Sie unterwegs sind", sagte sie lachend und nahm die Suzuki in Augenschein.

„Ist das ein Problem?", fragte er erstaunt.

„Nein, überhaupt nicht. Es ist nur lange her, seit ich das letzte Mal auf einer solchen Maschine gesessen bin."

„Ich habe von der Wirtin einen Helm ausgeliehen. Ich hoffe, er passt Ihnen." Er reichte ihr einen knallroten Helm, den sie mit Sicherheit nie freiwillig angezogen hätte. Wie konnten Menschen etwas so Geschmackloses tragen und auch noch Geld dafür bezahlen? Ilona nahm ihn entgegen, hielt ihn auf Armeslänge von sich und betrachtete ihn kritisch. Dann streifte sie ihn über den Kopf. Sie setzte sich hinter Kommissar Klee und umfasste seinen in Leder gepackten Bauch mit den Armen. Langsam fuhr Basil den schmalen kurvigen Weg zur Hauptstrasse hinauf. Die Maschine unter sich spürend, tauchten alte Erinnerungen in Ilona auf.

Nachdem sie damals ihr Psychologiestudium erfolgreich abgeschlossen hatte, bewarb sie sich an verschiedenen Orten. Von den drei Angeboten, die in der darauf folgenden Woche eingetroffen waren, hatte sie am meisten die Stelle in einer therapeutischen Wohngemeinschaft interessiert. Ilona hatte die Leitung der Akutstation übernommen. Die Arbeit gefiel ihr sehr gut. Als sie kurz darauf Petra kennenlernte und sich verliebte, war die Welt in Ordnung. Das war nicht immer so gewesen. Ilona hatte sich, so weit sie zurückdenken konnte, schon immer zu Frauen hingezogen gefühlt. Sie hatte Zeit gebraucht, damit klarzukommen. Während der Pubertät war es ihr ein starkes Bedürfnis gewesen, so zu sein wie die anderen Mädchen, daher hatte sie sich verschiedentlich auch mit Jungs verabredet. Doch die Erfahrungen hatten jeweils nur bestätigt, was Ilona ohnehin wusste. Als sie gelernt hatte, sich zu akzeptieren, kam ihr lebenslustiges und fröhliches Naturell wieder zum Vorschein.

Petra hatte als Köchin in derselben Institution gearbeitet und Ilona mit kulinarischen Leckerbissen verwöhnt. Bald waren die beiden ein Paar geworden. Wenn es das Wetter erlaubt hatte, war Ilona an ihren gemeinsamen freien Tagen jeweils hinter Petra auf dem Motorrad gesessen, hatte die Arme um ihre Freundin geschlungen und es genossen, mit ihr über die Landstrasse zu donnern. Mit einem ganz leisen Schmerz erinnerte die Segellehrerin sich nun daran zurück. Die Beziehung hatte genau ein Jahr gedauert. Dann hatte sich Petra in eine andere Frau verliebt und Ilona verlassen. Für Ilona war eine Welt zusammengebrochen. Um nicht mehr in Petras Nähe sein zu müssen, hatte sie die Stelle gekündigt und kurze Zeit später eine Anstellung in der Psychiatrischen Klinik gefunden. Obwohl es ihr an dieser neuen Stelle nicht gefallen hatte, war sie fünf Jahre dort geblieben. Im fünften Jahr hatte ihr ihre Arbeitskollegin Vanessa das Segeln beigebracht. Dieser Sport zog Ilona in seinen Bann. Sie hatte ihre Bestimmung gefunden, hatte gekündigt und war nach Frankreich gegangen, um sich dort zur Segellehrerin ausbilden zu lassen. Vanessa war noch heute eine gute Freundin.

Ilona war es wichtig, ihre Unabhängigkeit zu behalten. Die schmerzhafte Erfahrung mit Petra verstärkte dieses Bedürfnis noch. Sie war nicht bereit, mit jemandem zusammenzuleben. Zu viel Nähe machte ihr noch immer Mühe. Sie musste sich zurückziehen und das Alleinsein geniessen können, wann immer ihr danach war. Um falsche Hoffnungen zu vermeiden, mietete sie sich keine Wohnung, sondern lebte auf ihrer Jacht und hatte für Ausnahmesituationen ein Notfallbett in ihrem Büro stehen.

Basil legte sich in die Kurven, und Ilona musste sich stärker festhalten. Ihre Gedanken kehrten zur Befragung zurück. Dieser Kommissar hatte es auffallend gut geschafft, das Vertrauen der jungen Leute zu gewinnen und sie in ihren Realitäten abzuholen.

Basil stoppte vor dem Eingang der Segelschule, und Ilona stieg ab. Sie übergab ihm den Helm und bedankte sich.

„Da es spät ist, verschieben wir Ihre Befragung besser auf morgen. Wenn es Ihnen recht ist, werde ich morgen mit Kommissarin Calvin vorbeikommen", schlug er vor.

Ilona versuchte sich vorzustellen, was diese Kommissarin wohl für eine Frau war.

„Ist es Ihnen recht, wenn ich mit Kommissarin Calvin morgen vorbeikomme?", wiederholte Basil seine Frage, da Ilona nicht reagiert hatte.

„Natürlich", beeilte sie sich, ihm zu antworten. „Am liebsten wäre es mir so gegen neun. Ich habe um zehn Unterricht. Sonst muss ich die Termine verschieben."

„Gut, das wird sich sicher einrichten lassen", versicherte Basil und wünschte ihr eine gute Nacht. Er brauste davon, eine stinkende Abgaswolke hinterlassend.

Juli 2008

Dienstag, 1. Juli
Den ganzen Tag musste ich hinter den Schulbüchern sitzen. Bieri sass
mit einer Zeitung in der Nähe und beobachtete mich – es scheint sein
Hobby zu sein, mich zu quälen. Ich starre ins Buch und denke an
den Kuss, denke an den Unbekannten und höre Musik aus dem iPod.
Am Donnerstag sind die Prüfungen vorbei. Dann kann mich der Alte
mal!

Donnerstag, 3. Juli
Die Prüfung heute ging voll in die Hose. Ausgerechnet Finanzbuch-
haltung! Ich bekam eine Panikattacke, konnte kaum noch atmen. Alles
weg, ich wusste nichts mehr. Dabei ist es eines meiner Lieblingsfächer.
Links und rechts haben sie emsig geschrieben, die kleinen Scheisser-
chen, und ich habe gewartet, bis mir eine Lösung einfällt. Aber es
funktionierte nicht. Wie konnte mir das nur passieren? Ausgerechnet
in Finanzbuchhaltung! Habe das Blatt leer abgegeben. Bin über den
Lehrerparkplatz gegangen, habe den Wagen des Lehrers zerkratzt.
Und die Scheibenwischer verbogen. Wird teuer werden, wenn er das
reparieren will. Es soll ihm eine Lehre sein! Wie konnte er nur eine so
unfaire Prüfung vorbereiten? Zu allem Überfluss kam dann auch noch
Bieri in der Nacht.

Sonntag, 6. Juli
Ich fühle ihn in mir und um mich, rieche seinen Schweiss, seine
Männlichkeit. Ich werde mich die ganze Woche nicht waschen, da-
mit ich ihn riechen kann, seine Spuren auf und in mir kleben fühle.
Wenn einer meine Gedanken lesen könnte, er würde denken, ich sei
pervers. Aber das bin ich nicht, ich bin nur verliebt, und diese Spuren
sind alles, was ich von ihm habe ausser den Erinnerungen. Vielleicht
stosse ich Bieri ab, wenn ich nach einem anderen rieche – und er geht
unverrichteter Dinge wieder, ohne mich zu beschmutzen. Ich fühle
mich wie ein Hund, der sich im Kot des Fuchses gewälzt hat und

nun keine eigene Identität mehr hat. Hatte ich je eine? Bin ich Hund?
Oder Fuchs?

Montag, 7. Juli
Ach Mutter, ob du meine Gedanken jetzt hören kannst? Gibt es in
der Hölle kleine Guckfenster zwischen lodernden Flammen? Hallo
Muttchen, siehst du mich? Weisst du noch, wie du mich jeweils hin-
ausgeschickt hast? Es war dir egal, ob es kalt war oder regnete. Bevor
ich nicht mindestens drei Freier bedient hatte, durfte ich nicht wieder
rein. Weisst du noch? Schade, kannst du mich jetzt nicht sehen, wie
ich glücklich bin. Hattest du je einen so guten Fick? Wurdest du je so
befriedigt? Weisst du überhaupt, wie sich befriedigender Sex anfühlt?
Ha!

Samstag, 12. Juli
Ich drehe durch. Wo hat Bieri die Medikamente versteckt? Gestern
waren sie noch da. Ich brauche etwas zur Beruhigung! Er kam gestern
nicht in den Club! Werde ich ihn je wiedersehen? Ich verzweifle, mein
Herz brennt. Ich muss Dampf ablassen. Sonst halte ich das nicht
aus.

Sonntag, 13. Juli
Bin gestern noch rausgegangen. Runter ins Milieu. Habe mich ficken
lassen, ungeschützt − gibt mehr Geld. Was solls, wieso soll ich mich
schützen? Das Leben ist so oder so scheisse! Besser, es geht schnell
vorbei. Jetzt fühle ich mich schmutzig. Heule die ganze Zeit. Habe
ein paar von Bieris Beruhigungspillen geschluckt. Merke aber nichts.
Es ist drei Uhr in der Früh, und ich liege immer noch wach. Es
gibt Erinnerungen, die immer und immer wieder kommen. Sie sind
schuld, dass ich nicht einschlafen kann. Ich sehe mich in der Dun-
kelheit. Ich stehe im Schutz der Bäume. Jemand schleicht sich an
mich heran. Ich schaue über meine Schulter, warte. Ich weiss, wo die
Gefahr wirklich lauert. Es sind nicht die Freier, es ist die Konkurrenz.
Sie wird immer jünger, immer frecher. Das Leben auf dem Strich

... Ich habe es so satt. Die Augen irren ständig umher. Die Angst, gesehen zu werden, erkannt zu werden. Wie ich es hasse, immer zu Diensten zu stehen.

Freitag, 18. Juli
Ich schwänzte die Schule. Ich kann mich sowieso nicht konzentrieren, und die Prüfungen sind vorbei. Was bringt es noch, dort aufzukreuzen. Ich bin aufgeregt. Heute Abend werde ich ihn vielleicht sehen. Stunden habe ich vor dem Spiegel gestanden und überlegt, was ich anziehen soll, ob ich die Haare mit oder ohne Gel frisiere und welches Parfüm ich benutzen will. Ach, manchmal ist das Leben so schwer. Ich will ihm unbedingt gefallen. Er darf das Interesse an mir nicht verlieren. Die Zeit will nicht vergehen.

Nachtrag 19. Juli: Ich war gestern auf dem Bett eingedöst, und als ich aufwachte und auf die Uhr sah, war es fast zu spät. Ich musste mich beeilen. Daher konnte ich nichts mehr schreiben. Ich rannte hinüber zum Club. Er hatte bereits gewartet, kam auf mich zu, nahm mich wortlos an der Hand und zerrt mich auf die Tanzfläche. Wir tanzten, sahen uns in die Augen. Was für Augen! Worte waren überflüssig. Nach dem Tanzen nahm er mich wieder an der Hand und führte mich nach hinten - zu den Toiletten. Er riss mir die Kleider vom Leib und fickte mich stehend neben einem schmutzigen Klo. Ein Perverser stand daneben, schaute uns zu. Mir war es egal. Der Sex mit ihm ist wild, schmerz- und lustvoll. Jetzt kenne ich ihn seit einundzwanzig Tagen. Das sind drei Wochen - eine Ewigkeit voller Glück und Leid, und ich weiss noch nicht einmal, wie er heisst.

Montag, 21. Juli
Habe den Einkauf für Bieri vergessen. Er hat mich ganz komisch angesehen. Kein Ton des Vorwurfs. Überhaupt ist er in letzter Zeit so schweigsam. Was er wohl hat? Während der Arbeit kommt er kaum rüber ins Büro, kontrolliert nicht, ob ich wirklich arbeite ... Er war seit dem 3. Juli nicht mehr in meinem Zimmer. Herrlich.

Samstag, 26. Juli

Ich warte auf meine Prüfungsergebnisse. Mit Sicherheit habe ich bestanden, und doch melden sich leise Zweifel in mir. Eine Stimme wispert pausenlos: „Bist du dir wirklich so sicher?“, oder sie sagt: „Und wenn du nicht bestanden hast, was wirst du tun? Dein elendes Leben weiterleben?“ Ich muss einfach bestanden haben. Die Angst holt mich wieder ein. Meine Nerven laufen Amok. Habe heute einige Fenster eingeschlagen. Hat Spass gemacht. Stand im Schutz von Bäumen und habe Steine geworfen. Ein Wettspiel mit mir selber. Von zehn Steinen haben sechs eine Scheibe getroffen. Keiner hat reagiert. Vermutlich waren es Büroräume. Mal schauen, vielleicht steht morgen etwas im Regionalteil der „20 Minuten“-Zeitung. „Unbekannter Täter zerschlug ein halbes Dutzend Fensterscheiben.“ Das wäre sogar was für den „Blick“.

Sonntag, 27. Juli

Bieri stieg besoffen in mein Bett und wollte wieder Sex. Sein altes weisses Fleisch, der dicke Bauch, der schlaffe Schwanz – eklig. Habe ihm gesagt, dass ich ab sofort alleine in der kleinen Kammer schlafen wolle! Er wurde ganz furios, peitschte mich wie von Sinnen aus und drohte, mich aus der Wohnung zu werfen. Habe den ganzen Körper voller Striemen. So kann ich am Freitag nicht zu meinem Lover. Bin lange einfach nur dagesessen, habe geweint und Rachepläne geschmiedet. Aber es wird wohl bei den Plänen bleiben. Ich bin finanziell immer noch von dieser Sau abhängig. Nur: Mich so behandeln zu lassen und zu riskieren, dass ich meinen Lover verliere – das geht nicht. Ich muss hier raus!

Freitag, 22. Mai 2009

Kaum hatte sich Anna hingelegt, klingelte der Wecker laut und aufdringlich. Schlaftrunken erhob sie sich, taumelte ins Bad und duschte ausgiebig. Mit dem Erwachen kamen die Erinnerungen an ihren nächtlichen Arbeitseinsatz. Sie beobachtete das Wasser, das über ihre Arme und Hände floss. Wenn sie weiterhin so oft duschte, würde sie einen Waschzwang entwickeln. Ihr fiel das Gespräch mit dem Rechtsmediziner wieder ein, und die Bilder der Untersuchung liefen wie ein Film vor ihrem inneren Auge ab. Anna liess das Wasser über ihr Gesicht laufen, zwang die Bilder, mit den Tropfen wegzufliessen, und verbannte die Erinnerungen an die letzte Nacht in eine Warteschlaufe.

Die ersten zehn Minuten des Tages waren privat. Das galt auch für das, was sich in ihrem Kopf abspielte. Für solche Dinge ganz besonders.

Sie lenkte ihre Aufmerksamkeit auf Alltägliches. Was sie heute wohl anziehen sollte? Laut Nachrichten würde es ein schwüler Tag. Hohe Luftfeuchtigkeit, hohe Temperaturen, genau so, wie sie es am wenigsten mochte. Ohne sich abzutrocknen, ein Tuch um den Körper gewickelt, ging sie zurück ins Schlafzimmer. Kaltes Wasser tropfte von den Haaren auf ihre Schultern. Sie öffnete den Kleiderschrank. Er war fast leer. Frau Modric war seit vierzehn Tagen im Urlaub, und Anna war in den zwei Wochen nicht zum Waschen gekommen.

Sie nahm die hellgrauen Bermudas, zu deren Kauf Hannah sie überredet hatte, und ein eng anliegendes, rostfarbenes Top. Darüber zog Anna eine Crêpebluse in zur Hose passendem Ton an. So würde sie den Tag überstehen. Sie betrachtete sich kritisch im Spiegel. Falls es wirklich heiss und schwül werden würde, konnte sie sich immer noch der Bluse entledigen.

Da die Kommissarin frühzeitig im Büro sein wollte, musste ein Glas Saft als Frühstück reichen. Sie öffnete den Kühlschrank und suchte vergeblich nach dem Orangensaft. Die Mädchen hatten die Flasche geleert. Anna begnügte sich mit einem Glas Wasser. Durstig trank sie es aus, rief nach Kira und machte sich auf den Weg.

„Ich verspreche dir, im Büro bekommst du dein Frühstück und ich meinen Kaffee."

Glücklicherweise kehrte Frau Modric heute aus den Ferien zurück. Anna hatte ihre Haushälterin bei der Klärung eines Falles kennengelernt. Sie war die Wirtschafterin des damals ermordeten Ehepaares und durch deren Tod gezwungen gewesen, einen neuen Arbeitgeber zu suchen. Anna, die dringend eine Haushaltshilfe benötigt hatte, bot ihr die vakante Stelle an. Seit vier Jahren arbeitete Frau Modric nun an drei Tagen in der Woche in ihrem Haus und erleichterte ihr damit das Leben.

Kurz vor acht war Anna im Büro. Im Baucontainer empfing sie abgestandene, stickige Luft. Wie konnte man nur ein Provisorium mit so dünnen und schlecht isolierten Wänden aufstellen. Als im März die Sanierungsarbeiten im Hauptgebäude begonnen hatten, waren sämtliche Gebäudebenutzer ausquartiert worden. Der provisorische Arbeitsplatz des Dezernats Leib und Leben bestand aus einer mit mehreren Baucontainern errichteten zweistöckigen Unterkunft. Während einer ganzen Woche waren Anna und ihre Leute damals mit dem Umzug beschäftigt gewesen. Das hatte ein vernünftiges Arbeiten unmöglich gemacht. Inzwischen hatten sie sich recht gut organisiert und die Arbeit wieder in vertrauter Weise aufgenommen. Anna fühlte sich jedoch alles andere als wohl im

Container. Ihr Büro im Hauptgebäude war fünfundzwanzig Quadratmeter gross. Dieser Raum hier mass
gerade mal einen Drittel davon. Neben dem Schreibtisch,
den beiden Stühlen und dem Beistelltisch hatte Kiras
Hundekorb noch knapp Platz. Da moderne Kommunika-
tionsmedien für einen reibungslosen Arbeitsablauf unab-
dingbar waren, wurde bei der Wahl der Container
auf gute Funktionalität geachtet, die Telefon- und Netz-
werkeinrichtungen waren auf dem neusten Stand.
Doch die gut funktionierende Technik vermochte nicht
über die Kälte in den ersten Wochen und die unerträgli-
che Hitze, der sie jetzt ausgeliefert waren, hinwegtrösten.
Das Thermometer zeigte tagsüber kaum unter achtundzwanzig Grad, obwohl zwei kleine Ventilatoren sich
unaufhaltsam drehten. Sie brachten die Luft nicht genügend
in Bewegung, um nur schon die Illusion einer
Abkühlung zu bewirken. Dafür sorgten sie erfolgreich für
ein konstantes, nervenaufreibendes Brummen.
Der ganzen Abteilung standen insgesamt acht Räume zur
Verfügung. Im oberen Stock befanden sich die Büros von
Anna und ihrem Team sowie die Toilette. Im Parterre lag
das Büro von Annas direkter Vorgesetzten, Polizeikommandantin Barbara Moser. Gegenüber waren das Sekretariat und der Bereitschaftsdienst untergebracht. Das
Besprechungszimmer war inzwischen eher ein Archiv-
raum, da es der gesamten Abteilung an Stauraum fehlte
und alle Mitarbeiterinnen und Mitarbeiter für Bespre-
chungen das klimatisierte Hinterzimmer der Pizzeria
„Il Grissino" bevorzugten.
Der Verhörraum war der einzige Raum, bei dem die Polizeikommandantin Bedingungen gestellt hatte. Sie verlangte ein Minimum an Überwachungsmöglichkeiten, wobei
sie gleich selbst bestimmte, was sie unter einem Minimum
verstand. Nebst Überwachungskamera und direkt mit den

Computern des Sekretariats verkabelten Mikrofonen hatte sie auf einem Einwegspiegel bestanden, damit Verhöre von aussen mitverfolgt werden konnten.

In der kleinen Küche, in der sich nie mehr als eine Person aufhalten konnte, standen ein Mikrowellengerät und eine Kaffeemaschine.

Anna klopfte an die Tür der Polizeikommandantin. Sie setzte ihre Vorgesetzte in Kenntnis über die Vorfälle der letzten Nacht. Abschliessend resümierte sie: „Der Körper der toten Frau wurde ja am westlichen Ende des Murtensees gefunden. Am Strand von Salavaux. Und Salavaux fällt unter die Zuständigkeit der Waadtländer Polizei."

Moser winkte ungeduldig ab: „Ich hatte bereits ein längeres Telefongespräch mit Polizeikommandant Favre von der Waadtländer Polizei und mit Polizeikommandant Neuenschwander von der Fribourger Polizei. Sie sind gerade dabei, in Zusammenarbeit mit den Grenzwächtern und der französischen und holländischen Polizei einen riesigen Kokainhandel aufzudecken. Daher können sie auf keinen Fall Beamte nach Salavaux abziehen. Ausserdem befindet sich die Hälfte ihrer Beamten in Quarantäne mit Verdacht auf diesen Hysterievirus H1N1." Kurz blitzte der Schalk in ihren Augen auf, als sie hinzufügte: „Der verbleibende Polizeistab der beiden Kantone schluckt prophylaktisch Tamiflu."

Anna glaubte, sogar ein verräterisches Zucken um die Mundwinkel ihrer Chefin wahrzunehmen. Sie erinnerte sich an den Artikel im „Tages-Anzeiger", den sie Ende April gelesen hatte und der einmal mehr deutlich zeigte, worum es in Wirklichkeit ging. Darin schrieb Hunziker, dass der Pharmagigant Roche von der grossen Pandemiepanik wunderbar profitiere: Tamiflu sei gefragt wie nie. Würde es zur grossen Seuche kommen, wäre dies für Roche ein gutes Geschäft, und in einer Zeit der Wirtschaftskrise konnte einem grossen Konzern wohl nichts Besseres passieren. Die Panikmacherei schien in den Nachbarkantonen erfolgreicher Fuss gefasst zu haben als in Bern. Noch blieb es Anna und ihrem Team erspart, Tamiflu zu schlucken. Erst Merkblätter über das richtige Verhalten beim Niesen und Husten hingen in den Toiletten. Auch Papiertücher und Mittel zur Desinfektion der Hände hatten es über die Kantonsgrenze geschafft. Anna wurde aus ihren Gedanken gerissen, als die Kommandantin in sachlichem Ton fortfuhr: „Ich habe mich einverstanden erklärt, unter diesen besonderen Umständen eine Ausnahme zu machen und über die Kantonsgrenzen hinaus zu ermitteln. Wir übernehmen den Fall. Sie werden alle Informationen an mich weiterleiten. Entscheidungen laufen ebenfalls ausnahmslos über mich; informieren Sie mich also rechtzeitig." Während sie sprach, drehte die Kommandantin einen Kugelschreiber unaufhörlich zwischen Daumen und Zeigefinger. Nun legte sie ihn auf den Tisch. Sie lehnte sich zurück und sah aus dem Fenster. Ohne den Kopf zu drehen, wandte sie sich erneut an Anna: „Dr. Roth hat mit den Untersuchungen begonnen, sagen Sie?"

„Ja, er hat die Leiche noch gestern Abend in die Rechtsmedizin bringen lassen."

Moser, den Blick weiterhin auf das Fenster gerichtet, stand auf und stellte sich davor. Sie schien wie gebannt, und Anna fragte sich, was die Polizeikommandantin dort draussen sah oder zu sehen hoffte. Richtung Glasscheibe sagte Moser: „Sie werden die Leitung übernehmen. Kommissar Klee kann Sie stellvertreten. Danke für Ihren Einsatz." Damit war Anna entlassen.

Als die Kommissarin im oberen Stock ankam, war sie schweissnass, und die Haare klebten ihr am Kopf. Sie quetschte sich durch die Bürotür, die sich nur halb öffnen liess, weil der Boden mit Papierstapeln überstellt war.

Anna schloss die Rollos, die sie hatte anbringen lassen, damit die Wärme draussen blieb. Mit wenig Hoffnung auf Wirkung. Danach bekam Kira das versprochene Frühstück. Basil war noch nicht eingetroffen. Die Kommissarin griff nach der Digitalkamera und dem Diktafon, die in der Nacht im Einsatz gewesen waren, und ging damit ins Büro von Marina Roos.

Die Assistentin Marina Roos teilte den Raum mit Kommissar Paul Egger. Sie war vor einem Jahr wegen interner Umstrukturierungen zum Dezernat für Leib und Leben gestossen. Seit sie zu Annas Team gehörte, arbeitete die Kommissarin mit einem Diktafon. Marina verwandelte den Inhalt in fein säuberlich getippte Berichte, die Anna nur noch unterzeichnen musste. Marina scheute sich nie, anfallende Büroarbeiten zu erledigen und Überstunden zu machen. Alle administrativen Arbeiten, die Anna so zuwider waren, schien Marina mit Freude zu erledigen. Dafür schätzte Anna sie sehr.

„Guten Morgen, Marina. Bring mir bitte beide Geräte in mein Büro, sobald du die Daten übertragen hast. Ich brauche sie dann gleich wieder. Und tausche die Akkus aus."

Marina, die neben dem Kopierer kniete und offensichtlich einen Papierstau zu beheben versuchte, hob den Kopf und nickte ihrer Chefin zu.

Bevor Anna in ihr Büro zurückkehrte, um auf Basil zu warten, schaute sie bei Stefan Hafner herein. Sein Büro lag am Ende des Korridors. Er war der dienstälteste Kommissar im Dezernat Leib und Leben, und sie brauchte seine Unterstützung in diesem neuen Fall. Seine Erfahrung und sein gut funktionierendes Beziehungsnetz konnten bei den Ermittlungen von grossem Nutzen sein. Sie bat ihn, in fünfzehn Minuten ins Besprechungszimmer zu kommen, um ihn kurz zu informieren und das Vorgehen zu besprechen.

In ihrem Büro blieb Anna stehen und überlegte nach einem Blick auf die Uhr, wo ihr Partner wohl bleiben mochte. Als sie sich entschied, ihn anzupiepsen, erreichte sie der verführerische Duft frisch gerösteten Kaffees. Basil stand mit zwei Pappbechern in der Tür – und die stammten zur Freude Annas unverkennbar aus dem Shop einer internationalen Cafékette, welcher ein paar Hundert Meter vom Polizeipräsidium entfernt lag.

Der sechsunddreissigjährige Kommissar arbeitete seit zwei Jahren mit Anna zusammen. Ihn kannte Anna von allen ihren Mitarbeiterinnen und Mitarbeitern am besten. Basil strahlte Ruhe und Geduld aus, was ihn älter erscheinen liess, als er wirklich war. Eine seiner Stärken war, die Dinge so zu nehmen, wie sie waren. Er hatte ein selbstloses und geduldiges Naturell, was eine reibungslose Zusammenarbeit garantierte. Alle im Team mochten ihn. Er nahm sich immer Zeit, war für andere da und bot seine Hilfe an, wenn Not am Mann oder an der Frau war. Anna schätzte seinen respektvollen Umgang mit Menschen – ob Mitarbeiter, Vorgesetzte, Zeugen, Verdächtige oder Angeklagte: Die Menschen vertrauten sich ihm an, was ihn zu einem erfolgreichen Ermittler machte.

Mit einem erfreuten Lächeln nahm Anna ihm die beiden Pappbecher ab und stellte beide auf den Beistelltisch. Sie entfernte die Papierstapel von den Stühlen, damit sie sich setzen konnten. Genüsslich trank Anna den ersten Schluck Kaffee des Tages.

„Der schmeckt wunderbar, Basil, vielen Dank. Hör zu: Die Waadtländer Kollegen können den Salavaux-Fall nicht übernehmen, Moser hat mir die Leitung in dem Fall übertragen. Du sollst mich stellvertreten. Ich möchte zudem Stefan in unserem Team haben; er soll uns vor allem bei den Ermittlungen auf dem Campingplatz unterstützen. Er ist bereits vorgewarnt, wir treffen ihn gleich im

Sitzungszimmer." Basil nickte und streckte ihr eine Zeitung entgegen. Sie stellte den Becher auf den Tisch und las die Zeilen, die klein und unscheinbar unter dem Titel „Leiche angeschwemmt" auf der letzten Seite zu lesen waren. „In Salavaux fanden gestern Nacht Jugendliche die Leiche einer unbekannten Frau. Die Kantonspolizei bittet um sachdienliche Hinweise." Anna legte die Zeitung auf den Stapel Altpapier und sah Basil fragend an. „Hast du etwas herausgefunden?"

„Nichts. Es gibt keine Vermisstmeldung, die auf die junge Frau zutreffen könnte. Wenn die Leiche seit mindestens vierzehn Tagen im Wasser gelegen hat, müsste sie doch jemand vermissen."

Anna hätte es das Herz gebrochen, wochenlang ohne ein Lebenszeichen ihrer Liebsten zu sein. Doch sie wusste, Zeit war relativ, viele Menschen dachten und empfanden anders als sie.

„Das muss nicht sein. Angenommen, die Frau lebte alleine und ihre Familie und ihre Freunde sind es gewohnt, längere Zeit nichts von ihr zu hören. Dann gibt es niemanden, der sie vermisst. Vielleicht glauben die Angehörigen, sie sei in den Ferien. Das wäre doch denkbar?"

Basil rechnete nach, wie lange er nichts mehr von seinen Eltern gehört hatte oder sie von ihm, wurde aber abrupt aus seinen Gedanken gerissen.

„Auf dem Weg ins Büro habe ich mit Dr. Roth telefoniert. Er meint, die Identifikation der Leiche würde dank der vier Goldzähne schneller erfolgen als erwartet. Ich habe mich nach vorhandenem Schmuck erkundigt. Roth wollte wissen, wie ich Schmuck definiere und ob Piercings dazuzählen. Die Frau hatte offenbar drei Piercings. Eins in der Zunge, eins in der linken Brustwarze und eins im Bauchnabel. Dabei handle es sich um echten Goldschmuck, der mit kleinen Diamanten besetzt sei. Sie trug übrigens am linken Fuss eine goldene Kette und zwei Zehenringe, die ebenfalls mit Diamanten besetzt sind. Er hofft, den Bericht in zwei Stunden fertig zu haben."

Es klopfte an der Tür. Marina kletterte über zwei Papierstapel und reichte Anna die beiden Geräte.

„Ich werde dir die Berichte und die Fotos noch vor dem Mittag bringen."

„Danke, Marina. Es eilt nicht, ich muss sowieso bald weg. Lege mir die Sachen einfach aufs Pult. Ich werde im Laufe des Tages noch einmal vorbeikommen und schaue sie mir dann an."

Marina nahm die leeren Pappbecher und ging hinaus. Anna stand auf. „Komm, Basil, Stefan erwartet uns bestimmt schon sehnlichst."

Kommissar Hafner und die Praktikantin sassen tatsächlich bereits im Besprechungszimmer. Rebekka hatte sich um die frei gewordene Assistentenstelle beworben und arbeitete seit einigen Wochen unter der Obhut von Stefan. Sie hatte sich schon bei vielen ihrer älteren Kollegen unbeliebt gemacht, weil sie alles hinterfragte. Ihr kritisches Verhalten hemmte manchmal den Arbeitsprozess, was im Team nicht geschätzt wurde. Anna dagegen begrüsste dieses kritische Denken, weil es festgefahrene Automatismen durchbrach.

„Danke, dass ihr gekommen seid", begann Anna. „Ein neuer Fall beschäftigt uns, und ich brauche eure Hilfe bei den Ermittlungen. Ich mache es kurz, denn wir wissen noch nicht viel – im Grunde nur das: Heute Nacht wurde am Strand von Salavaux eine Leiche gefunden. Ein paar Jugendliche, die mit dem Boot ablegen wollten, haben sie entdeckt. Nach Dr. Roths ersten Erkenntnissen muss sie schon seit ungefähr zwei Wochen im Wasser gelegen haben. Identifiziert werden konnte sie noch nicht. Ich möchte, dass ihr euch zunächst auf dem Campingplatz umhört und vor allem die Leute befragt, die gestern am Strand waren."

„Ich habe heute bereits andere Termine, die ich unmöglich absagen kann", sagte Hafner kurz angebunden.

Stefan Hafner war seit zwanzig Jahren Kommissar. Er vertrat in vielerlei Hinsicht konservative Ansichten und verärgerte damit oft vor allem die Jüngeren im Team. Generell galt er bei seinen Kollegen als unflexibel.

„Sind die Termine beruflich oder privat?", fragte Anna.

„Selbstverständlich beruflich", erwiderte Stefan entrüstet. „Es geht um den Fall Meinhard. Es sind neue Indizien aufgetaucht, denen ich nachgehen muss."

„Übergib es Paul. Er ist ebenfalls in den Fall eingearbeitet. Ich benötige dich dringend in Salavaux."

Paul Egger war der jüngste Kommissar. Sein Allgemeinwissen war beachtlich, er glänzte aber auch durch hervorragende Computerkenntnisse. Sein Informationssammeltrieb war über den Standort Bern hinaus bekannt und lieferte Stoff für Spötteleien. Er verfügte allerdings oft über genau die Informationen, die gebraucht wurden, oder konnte sie schnell beschaffen.

Anna spürte Stefans Abneigung. Es missfiel ihm, von ihr so direkt Befehle oder Anweisungen entgegennehmen zu müssen. Besonders in Gegenwart anderer.

„Paul soll Rebekka begleiten, ich bleibe am Fall Meinhard dran." Hatte sie sich verhört? Oder den Auftrag unklar ausgedrückt? Sie musste Basil nachher fragen, ob es vielleicht an ihr lag.

„Stefan, ich glaube mich klar ausgedrückt zu haben. Ich wünsche deine Anwesenheit. Dieser Fall hat höhere Dringlichkeit, zumindest, bis wir die Leiche identifiziert haben. Und Paul hat noch nie auf einem Campingplatz recherchiert. Du verfügst über die meisten Erfahrungen mit solchen Befragungen, darum wäre ich froh, wenn du das übernehmen könntest. Ausserdem hast du viele wertvolle Beziehungen, die hier ebenfalls von Vorteil sein könnten.

Interviewt bitte unbedingt die Angestellten des Bistros, den Platzvorsteher und die Anwohner. In den Restaurants der Umgebung könnt ihr euch ebenfalls umhören. Ich hätte gerne alle Berichte spätestens morgen früh auf meinem Schreibtisch. Wir starten in einer halben Stunde beim Restaurant „Chez Nelly" auf dem Campingplatz Salavaux mit der Arbeit."

Noch bevor Stefan etwas erwidern konnte, drehte sich Anna um und verliess das Besprechungszimmer. Sie spürte Stefans stechenden Blick im Nacken. Basil folgte ihr, nachdem er Hafner und seiner Assistentin zugenickt hatte.

Anna war froh, dem Container zu entkommen. „Los gehts", sagte sie zu Basil. Sehen wir uns den Fundort bei Tageslicht an. Wir können Dr. Roth ja von dort anrufen."
„Willst du bei mir auf dem Rücksitz …?"
„Nein, bewahre!", fiel ihm Anna ins Wort. „Nur über meine Leiche."

Fast gleichzeitig trafen sie und Basil in Salavaux ein. Er stellte seine Suzuki neben ihren Mazda. Anna liess den malerischen Sandstrand bei Tageslicht auf sich wirken. Es war noch früh und daher kein Badegast zu sehen. Ein mit Gebüsch überwachsener Damm unterteilte den Sandstrand in zwei Buchten. Die kleinere Bucht links diente den Campingplatzleuten als Bootshafen, in der rechten Bucht standen Grillplätze für Badegäste zur Verfügung. Etwa hundert Meter entfernt befand sich parallel zum Strand ein Steg. Er konnte nur über einen schmalen Pfad erreicht werden, der durch das Gebüsch führte, oder direkt durch das Wasser. Die ersten zwei Drittel der Wasserstrecke stellten kaum ein Problem dar, das Wasser war hier nur knapp ein Meter tief. Erst kurz vor dem Steg wurde es tiefer, sodass man die letzten Meter schwimmen musste. An den ins Wasser ragenden Ästen blieben immer wieder Gegenstände hängen, die von der Strömung angeschwemmt wurden.

„Die Leiche muss an das Gebüsch herangeschwemmt worden sein und konnte nicht abtreiben", sagte Basil, der wie Anna das Gelände studierte.

Sie drehte sich ihm zu. „Ja, ihre Kleider haben sich im Gebüsch verfangen. Wer weiss, wie lange sie hier festgehangen hat."

Anna reichte Basil die Digitalkamera, damit er einige Aufnahmen des Fundortes bei Tageslicht machen konnte. Sie nahm das Diktafon und begann, die örtlichen Gegebenheiten zu schildern.

„Wunderschöner Sandstrand. Zieht sich über das ganze Westufer des Murtensees hin. Er ist schmal, die ersten schattenspendenden Baumgruppen sind keine fünf Meter vom Ufer entfernt. Vereinzelt stehen Bäume auch näher am Wasser. Hier, an der Stelle, an der die jungen Leute die Leiche entdeckt haben, steht eine Eiche direkt am Wasser."

Anna fuhr mit dem Finger über die Wasserringe am unteren Drittel des Stammes. „Basil, mach bitte von diesem Stamm ein paar Fotos. Nahaufnahmen der Wasserringe."

„Wieso benötigst du die?", fragte er irritiert. Anna sah ihn amüsiert an.

„Brauche ich nicht, will ich. Gefällt mir. Wenn dir eine gute Aufnahme gelingt, werde ich vielleicht ein Poster machen lassen, für Hannah. Würde ihr sicher gefallen."

Was hatte dieser Baum schon alles erlebt? Sie schaute ihn aufmerksam an. Was würde er zu erzählen wissen, wenn er reden könnte? Anna strich noch einmal über die Rinde und stand auf. Sie schaute hinaus aufs Wasser. Gestern Abend war ihr bereits aufgefallen, wie schön der Strand gelegen war. Heute, bei Tageslicht, verstärkte sich dieser

Eindruck noch. Sie drehte dem Wasser den Rücken zu und konzentrierte sich auf den Strand. Rechts von der Eiche stand ein Holztisch, der ebenso wie die zwei Bänke im Boden einbetoniert war. Daneben eine Grillstelle mit schwenkbarem Rost. Was für ein romantisches Plätzchen. Sie musste sich unbedingt mehr Zeit nehmen, die Schönheit dieser Landschaft zu geniessen. Ob die Zwillinge mit ihr hier grillieren würden? Wie früher, als sie noch klein waren. Anna versuchte sich vorzustellen, wie die jungen Leute den Nachmittag verbracht hatten. Wie sie den Spuren im Sand entnehmen konnte, hatten sie das Boot ans Ufer gezogen.

„Hätten die jungen Leute die Leiche nicht bereits sehen müssen als sie anlegten?", unterbrach Basil sie in ihren Überlegungen. „Es war doch hell, das Wasser hier ist klar bis auf den Grund, und den Spuren nach hielten sie sich nahe am Gebüsch auf. Meinst du, die Leiche könnte erst angeschwemmt worden sein, nachdem die jungen Leute bereits am Strand waren?"

Anna schaute sich um. „Ich bin unschlüssig. Schau mal die Lichtverhältnisse. Das Gebüsch wirft einen breiten Schatten. Auf seiner ganzen Länge ist die Wasseroberfläche davor viel dunkler als der restliche See. Du musst recht nahe herangehen, wenn du sehen willst, ob etwas im Wasser treibt. Wenn du vom See her kommst, konzentrierst du dich vermutlich auf den Strand und schaust kaum in Richtung Gebüsch. Erst beim Auslaufen kann es ein Hindernis werden, und nur dann, wenn das Boot in der Nähe des Stegs an Strand gezogen wurde. Die Jugendlichen hatten diesen Grillplatz besetzt. Ihr Boot lag hier. Das sind vier, vielleicht fünf Meter bis zum Gebüsch. Es bestand sicher die Gefahr, beim Auslaufen ins seichte Wasser abgetrieben zu werden. Spätestens jetzt mussten sie dem Gebüsch ihre Aufmerksamkeit schenken." Anna schwieg einen Augenblick. „Vermutlich hatten sie gar keine Chance hinauszufahren, ohne abgetrieben zu werden. Man müsste jemanden fragen können, der den See hier besser kennt und etwas von Booten versteht."

Kira hatte mehrere Schwemmhölzer an Land geholt. Als sie jedoch sah, wie Anna und Basil sich auf den Weg zum „Chez Nelly" machten, rannte sie ihnen hechelnd hinterher. Das „Chez Nelly" war ein Restaurant, das etwas weiter vorne direkt am Wasser stand. Gerne hätte Anna die Schuhe ausgezogen, um die Füsse im kalten Wasser zu kühlen und den Sand zwischen den Zehen zu spüren. Doch sie war dienstlich hier und konnte unmöglich barfuss Leute befragen. Durch die Hitze quollen ihre Füsse in den geschlossenen Schuhen langsam auf, und die Adidas wurden enger und enger. Es war nicht ihr Tag. Basil, der neben ihr herging, blickte auf die Uhr.

„Wir müssen uns etwas beeilen, Anna. Ich habe mit der Segellehrerin Ilona Santos vereinbart, sie um neun Uhr zu befragen. Sie unterrichtet um zehn, daher sollten wir pünktlich erscheinen." Anna beschleunigte den Schritt.

Das „Chez Nelly" war ein niedriges, lang gezogenes Holzhaus mit einer breiten Terrasse seeseitig. Es stand halb versteckt in einer Baumgruppe. Dahinter lagen einige Parkplätze und zwei Holzschuppen. Etwas zurückversetzt, einige Meter vom Strandrestaurant entfernt, stand ein neues Gebäude, in dem eine Tauch- und eine Segelschule eingemietet waren. Die zwei Gebäude und die Baumgruppe wirkten wie eine Fata Morgana im Sand.

Parallel zum Strand verlief in einiger Entfernung ein dichter Waldstreifen. Auf der Höhe des Restaurants führte ein breiter Weg durch den Wald zum Campingplatz.

Stefan und Rebekka warteten bereits. Stefans Miene war düster. Rebekka trat von einem Bein auf das andere und konnte es offensichtlich kaum erwarten, mit der Arbeit zu beginnen. Anna bedachte die beiden mit einem Nicken und steuerte direkt auf den Eingang des Restaurant zu.

Basil blieb bei den Wartenden stehen. Grimmig machte Stefan seinem Unmut Luft: „Immer lasst ihr uns warten. Und überhaupt: Wir brauchen zumindest ein Bild der Leiche. So ohne Material können wir nicht arbeiten."

„Leider kann ich euch keins mitgeben, das Gesicht der Leiche war bereits zersetzt. Sobald wir wissen, wer sie ist, werde ich ein Bild organisieren. Solange müsst ihr ohne ermitteln." Er nahm sich Zeit, Stefan anzuhören, der seinem Frust freien Lauf liess und sich über die Arbeitsbedingungen und die Kommissarin beschwerte.

„Stefan, Kommissarin Calvin will nun mal dich hier vor Ort haben. Betrachte es als Kompliment. Sie hat gesagt, dass keiner diese Aufgabe so gut meistern könne wie du. Ich bin übrigens ganz ihrer Meinung." Er nickte den beiden zu, rief Kira zurück, die zwei andere Hunde beschnupperte. Folgsam drehte sich die Hündin um und kam auf ihn zugetrabt.

„Gutes Mädchen", sagte Basil und tätschelte ihr liebevoll den Rücken.

Danach ging er hinüber zum Restaurant und trat ein, während es sich Kira vor der Tür bequem machte. Basil durchquerte den Raum und ging auf die beiden Frauen zu, die an der Bar in ein Gespräch vertieft waren. Die linke Hälfte des Raums war fensterlos und als Bar möbliert. Eine Unzahl von Fischen und Krebstieren hingen in den Fischernetzen, die Wände und Decke schmückten. Sie sahen verblüffend echt aus, und Basil unterlag kurz der Illusion, nur das Netz hielte sie davon ab, zurück ins Wasser zu schwimmen. Er meinte, den Fischgeschmack zu riechen. Das Licht war gedämpft. In der rechten Hälfte standen vier leere Tische und diverse Spielautomaten, deren Lichter farbig blinkten. Zwei Fenster standen offen. Das Restaurant schien abends gut besucht zu sein. Der kalte, abgestandene Rauch und die halb leeren Flaschen an der Rückwand der Bar deuteten darauf hin.

Die Wirtin, eine junge Frau, stellte sich als Nelly vor. Sie hatte weder etwas gesehen noch gehört. Sie war erst aufmerksam geworden, als ihre Gäste das Restaurant verliessen, um der Polizei bei der Arbeit zuzusehen. Sie selber habe keine Zeit gehabt, an den Strand zu gehen, habe wie üblich zur Polizeistunde die Bar geschlossen und aufgeräumt.

„In der Regel arbeite ich allein. Mein Mann übernimmt mittags die Arbeit in der Küche. Gewöhnlich habe ich dann an die zwanzig bis dreissig Gäste, die zum Essen kommen. Am Abend kann ich die Arbeit gut alleine machen. Dann wird weniger gegessen, sondern vor allem getrunken und gespielt."

Zur Tauch- und Segelschule habe sie guten Kontakt. Ilona Santos, die Segellehrerin, und Marc Schneider, der Tauchlehrer, würden oft im Strandrestaurant Kaffee trinken und manchmal auch hier zu Mittag essen.

„Ilona kann Ihnen sicher weiterhelfen. Sie war gestern hier und ging als eine der Ersten hinunter zum Strand." Nelly schaute auf die Uhr. „Sie ist bestimmt schon hier. Gewöhnlich kommt sie früh ins Büro."

Anna und Basil bedankten sich für das Gespräch und verabschiedeten sich. Basil überreichte der jungen Wirtin beim Hinausgehen eine Visitenkarte. „Falls Ihnen etwas einfallen sollte, melden Sie sich bitte. Auch wenn es Ihnen noch so unwichtig erscheint. Oft sind es die Kleinigkeiten, die weiterhelfen."

Basil folgte Anna zur Segelschule. Auf halbem Weg blieb die Kommissarin stehen und schaute auf ihre Uhr. Der Bericht des Rechtsmediziners war überfällig. Sie bat Basil, Dr. Roth anzurufen.

„Er soll alle wichtigen Informationen durchgeben. Ich möchte mich nachher im Büro nicht ärgern, weil der Bericht auf dem Schreibtisch Informationen enthält, die wir hier und jetzt benötigen. Ich werde schon mal vorgehen und mit Frau Santos sprechen. Komm nach, wenn du so weit bist." Anna wandte sich ab, und Basil ging mit Kira zurück auf die Terrasse, wo er mit einem Notizblock an einem der Tische Platz nahm.

Anna blieb vor der Segelschule stehen und betrachtete das Gebäude vor sich. Der Grundriss erinnerte sie an den Baucontainer, in welchem sich zurzeit ihr Büro befand. Ob es wohl drinnen ebenso unangenehm heiss war?

Ilona wartete ungeduldig auf Kommissar Klee. Sie hatten sich um neun Uhr verabredet. Jetzt war es bereits Viertel nach. Sie wurde ein wenig nervös. Wenn er nicht bald kam, würden sie einen neuen Termin festlegen müssen. Spätestens um Viertel vor zehn musste sie hinunter zu den Booten. Als es einige Minuten später klopfte, war Ilona erleichtert. Sie öffnete die Tür. Vor ihr stand eine Frau um die vierzig. Sie war kleiner als Ilona und wirkte äusserst feminin.

„Guten Tag", sagte Ilona, neugierig, wem diese tiefblauen Augen gehörten, „Was kann ich für Sie tun?"

Anna musterte die schlanke, muskulöse, braun gebrannte Frau, die sich offensichtlich trotz der Hitze in ihrer Haut wohl zu fühlen schien. Das dunkelblonde Haar bildete einen vorteilhaften Kontrast zur dunklen Haut, und die kleinen Lachfältchen um die smaragdgrünen Augen verrieten ein fröhliches Gemüt. Ilona trug eine leichte beige Sommerhose und ein eng anliegendes weisses Trägershirt. Ihre Haut erinnerte an Milchschokolade, und die hellen Sandalen, aus denen rot lackierte Zehennägel schauten, riefen Anna ihre eigenen, eingeengten und geschwollenen Füsse ins Gedächtnis.

„Guten Tag, ich suche Frau Santos. Ich bin Kommissarin Calvin. Wir sind verabredet", stellte sie sich nach einem kurzen Räuspern vor. Ilona gefiel die rauchige und tiefe Stimme der Frau vor ihr, und sie wäre gern den Rest des Tages so stehen geblieben, um in diese Augen zu blicken. Doch die Kommissarin hatte den Blick von ihr abgewandt und war, während sie sprach, die letzten Stufen hinaufgestiegen. Ilona musste reagieren. Das fiel ihr schwer, denn weder die Stimme noch die Sprecherin, noch die geschmeidigen und sinnlichen Bewegungen entsprachen Ilonas Vorstellungen von einer Polizeikarrierefrau, und es dauerte ein paar Augenblicke, bis sie so richtig begriffen hatte, wer die schöne Frau vor ihr war.

Wie in Zeitlupe streckte sie der Kommissarin die Hand entgegen.

„Bitte kommen Sie herein, ich habe Sie erwartet", hörte sie sich mit belegter Stimme sagen und tat sich schwer, die Befangenheit abzuschütteln, die sich ihrer bemächtigt hatte. Anna ging dankend an ihr vorbei ins Büro. Ilona schloss die Tür und folgte ihrem Gast. Die Kommissarin blieb einen Moment stehen, um sich an die neuen Lichtverhältnisse zu gewöhnen. Sie betrachtete die kleine Couch und die zwei Sessel, die in der Mitte des Raums standen. Ilona stellte sich neben ihren Gast.

„Bitte setzen Sie sich", sagte sie mit einer einladenden Geste. „Ich werde uns etwas Mineralwasser holen."

Erleichtert liess sich Anna in den Sessel sinken, froh, die

schmerzenden Füsse entlasten zu können. Sie schaute sich um. Der Raum war doppelt so gross wie ihr eigenes Büro und gemütlich eingerichtet.

Rechts neben dem Fenster hing ein Anker an der Wand, der als Garderobe diente. Ein Strohhut hatte daran Platz gefunden. Daneben stand, auf einem kleinen Beistelltisch, eine Galionsfigur aus Holz. Es war eine zarte Frauengestalt, deren lockiges Haar nach hinten wehte. Die Farbe ihres Kleides musste einmal blau gewesen sein, jetzt war sie ausgewaschen. Links vom Fenster machte sich neben einem Stuhl ein Schreibtisch aus schwerer Eiche breit. Vermutlich ein Erbstück, dachte Anna, denn er passte nur mässig zu den restlichen Möbeln, die alle modern und leicht wirkten. Hinter dem Schreibtisch an die Wand geschoben stand ein Bettsofa. Die Couch und die beiden Sessel aus blauem Wildleder gruppierten sich um einen Couchtisch aus Glas. Eine rechteckige Vase, in der zwei dunkelrote Tulpen eingestellt waren, stand vor ihr auf dem Tisch. An den Wänden hingen neben einem Rettungsring verschiedene Gegenstände, die Anna nicht identifizieren konnte, vermutlich aber alle direkt oder indirekt mit dem Segeln zu tun hatten.

Eine zweite Tür führte in einen Nebenraum, in den Ilona verschwunden war und in dem Anna eine kleine Küche vermutete.

„Hätten Sie gerne Eiswürfel ins Wasser? Ich habe welche im Eisfach", hörte sie Ilona wie zur Bestätigung fragen.

„Ich nehme gerne Eiswürfel, wenn Sie welche haben", antwortete die Kommissarin.

Ilona, die sich wieder gefangen hatte, suchte in der kleinen Küche nach zwei gleichen Gläsern und füllte sie zur Hälfte mit Eiswürfeln. Kurz darauf trat sie an den Tisch, schenkte Wasser aus einer Karaffe ein und reichte Anna ein Glas.

„Es tut mir leid, das Mineralwasser ist mir ausgegangen.

Ich hoffe, das ist Ihnen auch recht." Sie setzte sich in den Sessel gegenüber.

"Ich bin erstaunt, wie kühl es in diesem Raum ist. Von aussen sah es aus, als sei er ähnlich stickig wie mein Büro." Anna nahm einen Schluck Wasser. "Ich möchte mich bei Ihnen bedanken. Kommissar Klee hat mir erzählt, Sie hätten sich gestern zur Verfügung gestellt, die Jugendlichen nach Murten zu begleiten. Das war nett und keineswegs selbstverständlich. Sie haben damit allen geholfen."

"Ich habe es gerne getan", sagte Ilona, doch das Lob freute sie. "Ich schlug den Jungen vor, in meinem Büro auf die Polizei zu warten. Im "Chez Nelly" und am Strand war zu viel Unruhe, und die vier standen unter Schock."

"Kannten Sie die Jugendlichen bereits vor den gestrigen Ereignissen?"

"Nein. Das heisst", korrigierte sich Ilona, "Adrian und seine Freundin Myrtha habe ich schon öfters am Strand gesehen. Adrians Eltern haben nebst dem Motorboot, das die Jugendlichen gestern ausgeliehen hatten, auch noch ein Segelboot, und wir begegnen uns in den Sommermonaten regelmässig auf dem See." Ilona schaute auf die Uhr. Dann fuhr sie fort. "Von Christof hatte ich davor schon einmal gehört. Seine Tante, Frau Schwarz, kommt in den Tauchunterricht zu meinem Kollegen Marc Schneider. So ergeben sich manchmal kurze Gespräche. Die andere junge Dame, war mir vorher nicht bekannt."

"Sind Sie schon lange als Segellehrerin tätig?"

"Einige Jahre, ja."

"Ich habe mich heute Morgen ein bisschen umgesehen und mich gefragt, auf was man besonders achten muss, wenn man mit dem Boot hier einen Zwischenhalt machen will. Können Sie mir das erklären?" Ilona schwieg einen Moment und überlegte.

„Die Situation ist anders, je nachdem, welchen Platz Sie wählen, um an Land zu gehen. Ich vermute, Sie denken vor allem an die Stelle, an der gestern die Leiche gefunden wurde." Ilona schenkte etwas Wasser nach.

„Die Stelle, an der die Jugendlichen das Boot an Land zogen", fuhr sie fort, „weist gewisse Probleme auf. Vor allem der Weg zurück ins offene Wasser ist anspruchsvoll. Ich kam gestern zufällig beim Strand vorbei, als die jungen Leute ihr Boot wieder startklar machen wollten. So, wie Adrian es anging, musste das Boot ins seichte Wasser abtreiben. Ich wollte ihnen einen Tipp geben, aber Adrian reagierte darauf äusserst empfindlich. Da liess ich es bleiben. Vom Restaurant aus beobachtete ich sie weiter. Ich fühlte mich ein Stück weit verantwortlich, das liegt wohl an meinem Beruf."

Es klopfte an der Tür, und Ilona stand auf. Kurz darauf kam sie mit Basil Klee zurück. Sie bat ihn, auf der Couch Platz zu nehmen und verschwand in der Küche.

„Hast du etwas erfahren?", fragte Anna und begrüsste Kira, die freudig mit dem Schwanz wedelte.

„Nein, Dr. Roth wollte mir am Telefon nichts sagen." Basils Stimme war anzuhören, was er davon hielt. Selbst Kira reagierte auf seinen Tonfall. Sie setzte sich neben ihn, spitzte die Ohren und sah ihn mit schräg gestelltem Kopf an. Ilona kam zurück, in der einen Hand ein Glas mit Eiswürfeln für Basil, in der andern eine Schüssel mit Wasser für Kira. Sie stellte die Schüssel vor die Hündin, schenkte Basil Wasser ein und reichte ihm das Glas.

„Ich hatte mich gerade mit Bekannten unterhalten", nahm Ilona das Gespräch wieder da auf, wo sie unterbrochen worden war, „als wir plötzlich Schreie hörten." Basil bedankte sich mit einem Nicken und nahm einen Schluck.

„Meine Bekannten kümmerten sich um das Boot und die Habseligkeiten der Kids, und ich brachte die jungen Leute in mein Büro. Sie sassen um diesen Tisch hier und schwiegen. Nur Lisa weinte und schluchzte. Von Zeit zu Zeit redete Myrtha beruhigend auf sie ein. Ich bereitete ihnen Tee zu, weil ein warmes Getränk beruhigend wirkt und mir in der Situation nichts Besseres einfiel." Sie blickte die Kommissarin etwas unsicher an.

„Ja, das kann ich gut verstehen", sagte Anna mitfühlend.

„Auf solche Situationen werden wir nicht vorbereitet." Das Geständnis überraschte sie, denn Ilona hatte auf keinen Fall unbeholfen oder unsicher auf die Kommissarin gewirkt.

Basil, der bis jetzt geschwiegen hatte, stellte sein Glas hin.

„Wir sind Ihnen dankbar für Ihre Hilfsbereitschaft. Sie haben viel Geistesgegenwart bewiesen. Das ist nicht selbstverständlich. In schwierigen Situationen verlieren die meisten Menschen den Kopf."

„Ich habe Psychologie studiert, vermutlich hat mir das geholfen, ihn zu behalten", antwortete Ilona und strahlte gar nichts Unbeholfenes mehr aus.

„Frau Santos, da ich keine Erfahrungen mit Booten habe, bin ich auf Ihre Erklärungen angewiesen. Zum Beispiel möchte ich wissen, worauf man achtet, wenn man auf diesen Strand zufährt. Schenkt man dem seichten Wasser und dem Gebüsch Beachtung?"

Ilona überlegte einen Moment. „Eher weniger. Die meisten Badegäste, die mit einem Boot kommen, hier aber keinen Bootsplatz haben, befestigen es an den Boyen oder am Steg. Je nachdem, wo sie an Land gehen. Nur wenige ziehen ihr Boot ans Ufer. Der Steg ist kein Hindernis, wenn man auf den Strand zufährt. Er wird erst eines, wenn man wieder hinauswill. Falls Sie sich selber davon überzeugen möchten, fahre ich gerne mit Ihnen hinaus."

„Wäre das machbar?", fragte Anna interessiert. „Wenn sich das einrichten liesse, würde ich das gerne mit eigenen Augen sehen."

Es klopfte erneut an der Tür, und ein junger Mann trat ein, ohne die entsprechende Aufforderung abzuwarten. Er hatte eine Zeitung unter dem Arm, eine Sonnenbrille im Haar und war unverschämt braun.

„Hallo Ilona" begann er, verstummte aber sofort, als er die Gäste sah. „Oh, ich wollte nicht stören", entschuldigte er sich und drehte sich um, um den Raum zu verlassen. Ilona hielt ihn zurück und stellte den beiden Kommissaren ihren Kollegen, den Tauchlehrer Marc Schneider, vor. Basil stand auf und ging auf den jungen Mann zu.

„Sie stören keineswegs. Ich bin Kommissar Klee, und das ist Kommissarin Calvin. Wir wollten uns soeben verabschieden." Marc Schneider sah irritiert von einem zum anderen.

„Was ist denn geschehen? Wurde eingebrochen?", fragte er Ilona.

„Nein, hier ist alles in Ordnung", beruhigte sie ihn. „Doch in der Bucht wurde gestern eine Leiche angeschwemmt. Nun will die Polizei wissen, was genau geschehen ist. Sie befragen alle, die anwesend waren." Sie wandte sich Basil und Anna zu.

„Die Segelschule ist während der Saison sieben Tage in der Woche offen. Die Tauchschule nur von Freitag bis Sonntag. Marc war gestern also nicht hier, und mir war es noch nicht möglich, ihn zu informieren." Ilona schaute auf die Uhr. „Es tut mir leid, mein Unterricht beginnt. Ich bin spät dran."

Anna machte einige Schritte auf die Segellehrerin zu.

„Wir wollen Sie nicht länger aufhalten. Sollte es nötig sein, werden wir uns wieder melden." Sie reichte Ilona die Hand. „Herzlichen Dank für ihre Hilfe. Falls es Ihnen ernst

war mit Ihrem Angebot, würde ich es gerne annehmen."
Ilona hielt Annas Hand fest. Sie schaute nachdenklich in
die Augen der Kommissarin, die den Blick erwiderte. „Es
war mir ernst. Ich würde mich freuen, wenn Sie die Zeit
finden. Rufen Sie mich an."

„Ja, das werde ich. Sobald ich die Termine der nächsten
Tage überblicken kann. Sollte Ihnen noch etwas einfallen,
können Sie mich unter dieser Nummer erreichen." Anna
reichte Ilona ihre Visitenkarte.

Basil verabschiedete sich von Ilona. Danach wandte er sich
Marc Schneider zu, der offenbar noch nicht wirklich verstanden hatte, was passiert war.

„Was haben Sie gestern gefunden?", fragte er leise und sah
den Kommissar dabei leicht verstört an. Basil informierte
Marc über die Geschehnisse der Nacht. Er blieb so lange,
bis Marc mit der Nachricht klarkam.

Ilona lief zum Strand hinunter zu ihrer wartenden Klasse.
Sie spürte noch den Händedruck der Kommissarin. Was
für eine faszinierende Frau.

In Gedanken an Anna wurden ihre Schritte immer be-
schwingter, und ein Lächeln hellte ihr Gesicht auf.

„Warum wollte dir Dr. Roth keine Auskunft geben? War er
noch nicht fertig mit den Untersuchungen?", fragte Anna,
nachdem sich Basil von Marc verabschiedet hatte und sie
gemeinsam auf das Restaurant zugingen.

„Falls ich vergessen haben sollte, warum ich Roth nicht
mag, hat er mich wieder daran erinnert. Der Herr Rechtsmediziner sagte nur, die Leiche sei identifiziert. Zu mehr
konnte ich ihn nicht bewegen." Basil sah Anna mit unterdrückter Wut an. „Der Herr Doktor hat mir erklärt, der
offizielle Weg sei der schriftliche, und er habe den Bericht

in unser Büro geschickt. Das Telefon sei kein geeignetes Medium, um Informationen auszutauschen."

Anna musste schallend lachen.

„Typisch Otmar. Das hätten wir eigentlich wissen müssen. Reg dich ab. Nächstes Mal rufst du Marina an. Sie hätte dir den Bericht sicher gerne vorgelesen. Was hältst du davon, wenn wir hier einen Kaffee trinken?"

Basil entspannte sich.

„Gute Idee, ich rufe sie gleich an."

„Nein, lass gut sein. Wir fahren nach dem Kaffee ins Büro. Jetzt sind Frau Santos und der Tauchlehrer sowieso am Unterrichten."

Sie setzten sich an einen Tisch auf der Terrasse und bestellten Kaffee.

Anna informierte Basil über den ersten Teil des Gesprächs mit Ilona. Danach sagte Basil nachdenklich: „Stefan ist unzufrieden. Er meint, du hättest einen jüngeren Beamten bemühen können. Er will sich bei der Polizeikommandantin beschweren. Ich habe ihm zugehört und erklärt, warum du ihn dabeihaben wolltest. Er war etwas versöhnter, als er sich mit Rebekka auf den Weg machte", informierte nun Basil seinerseits Anna.

„Ich danke dir für das Vermitteln, Basil. Ja, seine Unzufriedenheit ist mir natürlich nicht entgangen. Ich werde mit ihm reden, gleich nachher im Präsidium. Ich hätte es schon vorhin tun sollen, aber sein destruktives Verhalten hat mich dermassen genervt, dass ich mit Sicherheit einen falschen Ton angeschlagen hätte."

Über fünf Jahre lang war Stefan Hafner ihr direkter Vorgesetzter gewesen. Als der Posten als Leiter des Dezernats Leib und Leben neu besetzt werden musste, hatten alle in der Abteilung, Anna inklusive, gedacht, er würde befördert. Stefan war schliesslich der dienstälteste Kommissar. Anna war überrascht gewesen, als Polizeikommandantin

Moser sie zu sich ins Büro rief und fragte, ob sie an dem Posten interessiert sei. Sie hatte nie nachgefragt, warum die Beförderung ihr und nicht Stefan Hafner angeboten worden war.

In Zeiten, in denen Stefan mit seinem Arbeitsfrust das Klima vergiftete, verstand sie, warum Moser es vermieden hatte, ihm diese leitende Stellung anzubieten: Er war kein Führungstyp. Unter seiner Leitung wäre das Team früher oder später auseinandergefallen. Ein Team musste geführt werden, und darin war Anna kompetenter und erfahrener als ihr Kollege. Moser hatte vor fünf Jahren ein Weiterbildungsreglement herausgegeben. Darin wurden alle Angestellten aufgefordert, prozentual zum Arbeitspensum Weiterbildungen zu besuchen. Anna hatte die Lehrgänge Leadership und Management belegen müssen, Moser hatte darauf bestanden. Nach der Beförderung war Anna klar gewesen, warum. Für diesen Posten musste sie sich als Führungsfachfrau ausweisen können.

Als Anna und Basil ins Büro kamen, lagen mehrere Berichte auf dem Schreibtisch. Daneben hatte Marina die Fotoabzüge hingelegt. Anna nahm den Bericht der Rechtsmedizin und reichte die beigefügte Kopie ihrem Partner. Sie setzte sich hinter ihren Schreibtisch, er wählte einen der beiden Stühle neben dem Beistelltisch, und beide lasen.

Wie sie dem Bericht entnehmen konnten, handelte es sich bei der Leiche um die siebenunddreissigjährige Karin Stein. Sie hatte dank der Goldzähne identifiziert werden können. Dr. Roth hatte den zuständigen Zahnarzt ausfindig gemacht und benachrichtigt. Dr. Badener stand nach dem Mittag für eine Befragung in seiner Praxis in Murten zur Verfügung.

Karin Stein war durch Ertrinken gestorben. Der Tod war vor gut drei Wochen eingetreten, der Verwesungsprozess wegen der hohen Wassertemperaturen jedoch deutlich weiter fortgeschritten – ganz so, wie Roth es von Anfang an vermutet hatte. Karins Körper hatte die ganze Zeit im Wasser gelegen. Es gab weder äussere Gewalteinwirkungen noch innere Verletzungen. Die Tote hatte viel Alkohol konsumiert, bevor sie starb. Die Rechtsmedizin schloss anhand der gefundenen Fakten einen Mord aus. „Da keine Fremdeinwirkungen nachgewiesen werden konnten, kommt der untersuchende Rechtsmediziner zu folgendem Schluss: Die junge Frau kam durch einen Unfall zu Tode. Nicht auszuschliessen ist die Möglichkeit des Freitodes."

Anna holte eine Pinwand aus Basils Büro und hängte diese an die Wandschiene. Dann griff sie nach den verschiedenfarbigen, selbsthaftenden Zettel in ihrer Schublade und begann, die Informationen aus dem rechtsmedizinischen Bericht in Stichworten auf den grünen Zetteln festzuhalten. Die beschriebenen Zettel hängte sie zusammen mit den entsprechenden Fotos an die Pinwand. Danach notierte sie Fragen und Unklarheiten auf rote Zettel und hängte diese zu den betreffenden Stichworten. Erste Pfeile zwischen den roten und grünen Zetteln und den Fotos rundeten ihre Arbeit ab. Basil verfolgte ihre Tätigkeit. Anna fügte Puzzleteile zusammen, wo er noch keine Zusammenhänge erkannte. Das fand er bewundernswert und zollte ihr dafür Respekt.

Anna bat Basil, sich mit dem Gemeindebüro Murten verbinden zu lassen, um mehr Fakten über Karin Stein in Erfahrung zu bringen. Der Gemeindeschreiber, der Basil gut kannte, nannte ihm nebst der Adresse alle persönlichen Daten, die in der Gemeindeverwaltung archiviert waren. Unter anderem, dass Karin Stein mit dem Architekten Udo Stein verheiratet war. Anna weckte ihren Computer aus dem Standby und suchte im Internet nach weiteren Informationen zu Karin und Udo Stein. Nach einer knappen Stunde war die Pinwand fast voll. Die beiden setzten sich auf die Stühle und planten das weitere Vorgehen.

„Alles deutet auf einen Unfall oder einen Selbstmord hin", fasste Anna zusammen. „Daher werden wir recherchieren, bis wir den Hergang genau belegen können. Bis das der Fall ist, dürfen wir die Möglichkeit eines Mordes nicht ausschliessen. Übernimm du bitte das Gespräch mit dem Zahnarzt, und geh dann zu den Eltern von Karin Stein. Ich werde Udo Stein um vier Uhr einen Besuch in seinem Architekturbüro in Murten abstatten. Laut Telefonbeantworter ist es erst ab dann wieder besetzt. Bis dahin arbeite ich hier weiter. Sobald Stefan zurückkommt, spreche ich mit ihm."

„Ich möchte gerne bis nächsten Mittwoch von jedem und jeder von euch eine These und Antithese zum Thema ‚Bildung – ja oder nein'. Eine A4-Seite, Schriftgrösse 12", sagte Frau Brunner, die Deutschlehrerin. „Wer von Hand schreibt, gibt drei A4 Seiten ab." Während sie sprach, packte sie die Bücher in ihre Tasche. Der Druck der bevorstehenden Prüfungen war deutlich spürbar. Das Klingeln der Schulglocke wurde vom Lärm der zurückgeschobenen Stühle und dem Stimmengewirr der zweiundzwanzig Schülerinnen und Schüler der Maturaklasse übertönt, die alle so schnell wie möglich den Raum verlassen wollten, um in der Mensa einen Platz zu ergattern.

Sofie stand schweigend in der hintersten Reihe und wartete, bis alle draussen waren. Dann packte sie ihre Bücher und verliess den Raum. Ihr Ziel war der kleine Park hinter dem Schulgebäude. Dort warteten bereits Po und Mike. Heute hatte Sofie nur eine kurze Mittagspause. Sie musste bereits um eins in die Begabtenförderung und anschliessend wieder in den Unterricht bis um fünf. Ihre beiden Freunde hingegen hatten frei.

Sie ging die unendlich vielen Treppenstufen hinunter und überlegte, warum Frau Brunner ihnen so eine unsinnige Aufgabe gestellt hatte. Sie verspürte null Lust, sich damit zu befassen. Bei den Freunden angekommen, verbannte sie die Gedanken an Frau Brunner und warf ihre Tasche ins Gras.

„Hey, kommst du mit auf die Grosse Schanze? Wir treffen noch Alex, er hat was Gutes dabei." Po zwickte Sofie in die Seite und drehte sich um sich selbst.

„Ich kann nicht, ich habe Unterricht."

„Komm, sei keine Spielverderberin. Der Unterricht wird genauso gut ohne dich stattfinden."

„Nein, ich muss zur Schule."

„Alex kommt nur heute. Wenn du hierbleibst, bist du selber schuld. Es wäre doch echt cool, wir vier zusammen auf einer Wolke. Haben wir ewig nicht mehr gemacht." Mike nahm einen Schluck aus der Petflasche und reichte sie an Sofie weiter. Bald war Sofies Laune besser. Als im Schulgebäude die Glocke läutete, lag sie neben Mike im Gras. Sofie hatte zu viel und zu schnell getrunken. Wodka-Cola auf nüchternen Magen. Ihr war übel. Alles drehte sich. Sie versuchte, die Übelkeit unter Kontrolle zu behalten, und atmete tief ein. Doch es gelang ihr nicht. Als sie sich bewegte, begann sich alles zu drehen. Sie übergab sich. Das Letzte, das sie wahrnahm, war Mike, der sie entsetzt ansah. Dann schlief sie ein.

Die Praxis von Zahnarzt Dr. Badener lag gleich neben dem Rathaus. Basil trat durch das seitliche Tor in das Gebäude und stieg die Treppe zum zweiten Stock hinauf. An der Tür klingelte er und trat ein, wie das Schild unter der Klingel gebot. Der typische Geruch einer Zahnarztpraxis umfing ihn. Er hätte ihn nicht beschreiben können, doch er erkannte ihn sofort wieder. Mit dem Geruch erwachten seine Erinnerungen und alle negativen Erfahrungen, die daran hafteten. Als er das hohe Kreischen eines Bohrers vernahm, fröstelte ihn, und er spürte, wie sich die Härchen auf den Armen und im Nacken aufstellten. Basil dachte an die glühende Sonne, die er eben noch auf seiner Haut gespürt hatte. Er ging in die Mitte des Raums, wo eine junge Frau hinter der Theke stand und ihm zunickte.

„Guten Tag. Kommissar Klee. Ich bin mit Dr. Badener verabredet."

„Guten Tag. Setzen Sie sich bitte einen Augenblick ins Wartezimmer. Sobald Dr. Badener mit der Behandlung fertig ist, werde ich ihn benachrichtigen. Es dauert sicher nicht lange."

Basil begab sich ins Wartezimmer. Es war ein heller, freundlicher Raum. Den Wänden entlang standen beige Wippstühle. Drei davon waren besetzt. Zwei Frauen und ein Mann sassen mit verschlossenem Gesichtsausdruck in entgegengesetzten Ecken des Raums. Mit leerem Blick starrten sie vor sich hin. Nichts veränderte sich durch sein Eintreten. Basil war, als betrete er eine dreidimensionale Fotografie. Keiner schien den Neuankömmling bemerkt zu haben.

Sein freundliches „Guten Tag" wurde nicht erwidert. Zwei Köpfe drehten sich nur leicht in seine Richtung. Es schien Basil, als hätte er beim Mann die Andeutung eines Nickens wahrgenommen. Basil beneidete die drei nicht, die kurz vor einem bestimmt nicht angenehmen Eingriff standen. Und jetzt würde er ihre Wartezeit mit der Befragung des Zahnarztes auch noch verlängern. Er stellte sich unter das offene Fenster. Als er in den breiten Sonnenstrahlkegel trat, begannen die Staubpartikel munter zu tanzen. Er schaute ihnen zu, wie sie verschwanden und wieder auftauchten, und fragte sich gerade, ob es wohl immer so viel Staub in der Luft habe, als Dr. Badener erschien, ihn begrüsste und bat, mit ihm in sein Büro zu kommen. Fast fluchtartig verliess Basil das Wartezimmer.

Im Büro bat Dr. Badener seinen Gast, Platz zu nehmen. „Schrecklich, was mit Karin Stein passiert ist."

Basil sah ihn erstaunt an.

„Kollege Dr. Roth hat mich informiert, da ich Frau Steins Identität anhand des Gebisses bestätigen musste. Frau Stein war meine Patientin. Ich habe sie das letzte Mal vor acht Wochen gesehen. Schlimm, wenn ein Mensch auf diese Weise sterben muss." Dr. Badener schien wirklich betroffen.

„Kannten Sie Frau Stein gut?"

„Sie kam seit einigen Jahren regelmässig zur Untersuchung. Kennen wäre aber eine Übertreibung. Ich wusste über den Zustand ihrer Zähne Bescheid", sagte er.

„Wie wirkte Frau Stein auf Sie? War sie bedrückt?"

Dr. Badener kratzte sich am Kopf und putzte umständlich seine Brille. „Es ist schwierig, als Zahnarzt mit seinen Patienten Konversation zu führen, um nicht zu sagen, fast unmöglich. In der Regel erfahre ich kaum etwas. Vor der Behandlung sprechen wir über Probleme, die die Zähne betreffen, und danach verlassen die meisten die Praxis recht schnell. Ich kann es ihnen kaum verübeln, wenn sie nach einer Behandlung nicht besonders gesprächig sind."

Basil fühlte sich ertappt. Ob sein eigener Zahnarzt jeweils das Bedürfnis hatte, noch ein bisschen zu schwatzen, nachdem er ihn behandelt hatte? Ob das überhaupt irgendein Zahnarzt hatte? Er konnte es sich nicht vorstellen.

Dr. Badener holte ihn aus seinen Gedanken zurück.

„Frau Stein ist letzten Sommer umgezogen. Ihr Mann ist Architekt. Er hat ein Haus in einer vornehmen Gegend gebaut. Ich werde Ihnen die Adresse heraussuchen; bei ihrem Mann erfahren Sie bestimmt mehr." Dr. Badener öffnete die Tür und bat seine Assistentin, ihm die Akte von Karin Stein zu bringen.

"Danke. Meine Partnerin wird Herrn Stein heute noch aufsuchen. Kennen Sie Herrn Stein? Ist er ebenfalls Ihr Patient?"

„Nein. Wir sind uns nie begegnet. Frau Stein kam regelmässig in die Behandlung. Sie hatte keine besonders widerstandsfähige Zähne. Trotz ihrer Jugend mussten wir bereits vier Zähne ersetzen. Ihr Zahnschmelz war äusserst anfällig. Sie musste drei Mal im Jahr zur Kontrolle kommen. Daher kannte ich sie ein wenig besser als Patienten, die ich nur einmal im Jahr sehe."

Dr. Badener erhob sich und öffnete das Fenster.

„Sie war eine sympathische, eher zurückhaltende Frau, die Wert auf ihr Äusseres legte. Frau Stein war immer nach der neusten Mode gekleidet und trug auffallend viel Schmuck. Als ich sie bei ihrem letzten Besuch nach ihrem Befinden fragte, beklagte sie sich, keine sinnvolle Aufgabe zu haben. Offenbar wünschte sie sich Kinder, doch ihr Mann hatte Bedenken. Ich schlug ihr vor, sich bei der Gemeinde zu erkundigen. Es gibt viele Möglichkeiten, sich zu engagieren, vor allem, wenn man nicht darauf angewiesen ist, für seine Tätigkeit bezahlt zu werden. Sie fand die Idee gut."

„Nach dem rechtsmedizinischen Befund ist Frau Stein verunfallt. Ein Selbstmord kann jedoch nicht ganz ausgeschlossen werden. Was denken Sie, könnte Frau Stein sich selber etwas angetan haben?"

Dr. Badener nahm sich Zeit für die Antwort. Er drehte dem Kommissar den Rücken zu und schaute aus dem Fenster.

„Das kann ich so nicht beantworten, dazu kannte ich Frau

Stein nicht gut genug. Trotzdem denke ich, dass es eher nicht Selbstmord war", sagte er schliesslich und setzte sich wieder hin. „Karin Stein litt zwar an einer Sinnkrise. Sie wurde älter und ihr Wunsch nach Kindern ging nicht in Erfüllung. Aber sie war dabei, sich neu zu orientieren. Abgesehen von dieser Sinnkrise schien es ihr gut zu gehen. Nein, Selbstmord, das kann ich mir nicht vorstellen."

Dr. Badener sah Basil Klee nachdenklich an. „Andererseits hätte sie eine Selbstmordabsicht ja kaum an die grosse Glocke gehängt, geschweige denn mit mir darüber gesprochen. Vielleicht hätte ich mir mehr Zeit nehmen sollen. Doch ein Zahnarzt eignet sich meiner Meinung nach kaum zur Vertrauensperson. Bitte messen Sie meinen Aussagen deshalb nicht zu viel Gewicht bei."

Dr. Badener reichte dem Kommissar ein Stück Papier, auf dem er die alte und die neue Anschrift von Karin Stein notiert hatte.

„Ich hoffe, ich konnte Ihnen helfen. Wenn Sie keine weiteren Fragen haben, werde ich nun einen meiner Patienten aus dem Wartezimmer erlösen."

„Ich danke Ihnen für das Gespräch." Basil stand auf. Der Zahnarzt nickte, schüttelte ihm die Hand und begleitete ihn zur Tür.

Stefan Hafner hatte im Laufe seiner Dienstzeit bereits mehrere Male Befragungen auf einem Campingplatz durchführen müssen. Das war gewiss keine einfache Sache. Hier trafen sich viele Menschen auf kleinem Raum, alle fern von zu Hause und von ihrem geregelten Alltag. Sie waren in Ferienstimmung und bereit, ein Abenteuer zu erleben. Seiner Erfahrung nach widersprachen sich die Aussagen der Vernommenen, weil jeder seinen Teil zum

Geschehen beitragen wollte und die Leute die Grenzen zwischen Realität und Fantasie verwischten. Sie zu befragen war ihm zuwider. Rebekka war noch unerfahren, und so lastete die ganze Verantwortung auf seinen Schultern. „Spaziere ein bisschen herum, trink einen Kaffee, lausche den Gesprächen. Jetzt wird viel geredet. Es ist unglaublich, was die Menschen zu reden wissen, wenn sie nicht gefragt werden. Die Leiche von gestern ist sicher Gesprächsthema Nummer eins. Und jeder weiss ein bisschen mehr als der andere. Das gehört zum Menschsein. Ich werde mich mit dem Platzleiter unterhalten. Du hörst von mir, wenn ich fertig bin." Damit drehte sich Stefan Hafner um und steuerte das Büro des Platzleiters an.

Er klopfte an die Tür und wartete. Vor ihm verstaute eine Frau einen Kinderwagen in den Kofferraum ihres Autos. „Bonjour, vous désirez?", hörte er hinter sich die Stimme des Platzleiters. „Ah, c'est toi Stefan. Bonjour. Was maschst du denn ir? Komm erein. Wie cann isch dir elfen?"

Rebekka sah, wie die beiden Männer sich erfreut die Hand schüttelten.

„Salut Serge", begrüsste Kommissar Hafner den Platzleiter, erleichtert, ein bekanntes Gesicht zu sehen.

„Ich habe ganz vergessen, dass du hier ja Platzleiter bist."

Die beiden Männer verschwanden im Büro.

„Mein Besuch hier ist beruflicher Natur. Wir ermitteln im Fall der gestern aufgefundenen … ", dann schloss sich die Tür hinter ihnen.

Als Rebekka eine Viertelstunde später wieder am Büro vorbeikam, sah sie, wie sich die beiden Männer angeregt unterhielten. Sie selber hatte noch nichts gehört, was für die Polizei von Interesse hätte sein können. Angelockt vom Lärm spielender Kinder, spazierte sie hinüber zum Spielplatz. Am Rande des Platzes standen fünf Frauen. Vermutlich die Mütter. Rebekka stellte sich in ihre Nähe, konnte jedoch nur einzelne Fetzen des Gesprächs mithören. Fasziniert beobachtete sie, wie ein stämmiger, rothaariger Junge mit seiner Schaufel die anderen Kinder mit Sand bewarf. Es dauerte nicht lange, da rannten zwei getroffene Opfer weinend in Richtung der schwatzenden Frauen. Zwei besorgte Mütter lösten sich aus der Gruppe und gingen den Kindern einige Schritte entgegen. Unmittelbar vor Rebekka blieben sie stehen, ohne diese jedoch wahrzunehmen.

Beide Frauen gingen in die Hocke und trösteten ihre Kleinen. „Und es ist ganz sicher Gabi?", fragte die dunkelhaarige mit schockierter Stimme.

„Sicher, Sandro hat die Leiche gesehen. Er stand ganz nahe am Wasser und hat sie sofort erkannt. Es ist Gabi." Die beiden Frauen tauschten einen vielsagenden Blick, erlösten ihre Kinder aus ihren Umarmungen und standen auf.

„Mein Gott. Das ist ja entsetzlich!"

„Sandro meint, sie sei gestern Nacht mit Patricks Boot hinausgefahren und in den See gesprungen. Sie hat ja gedroht, sich das Leben zu nehmen, wenn er mit ihr Schluss macht."

„Er hat Schluss gemacht? Wann? Das habe ich gar nicht gewusst."

„Doch, bereits vor ein paar Tagen."

„Hast du Patrick heute gesehen? Weiss er es?"

„Er war vor einer Stunde bei Nelly", sie drehte sich um und rief. „Du, Alexandra, weisst du, ob Patrick noch hier ist?"

„Nein, Gabi hat ihn abgeholt, die beiden haben sich wieder versöhnt."

„Gabi? Bist du sicher?"

„Ja, ich habe sogar mit ihr gesprochen. Sie lässt euch herzlich grüssen."

Die beiden jungen Frauen bemerkten Rebekka und musterten sie mit einem kritischen Blick. Dann gingen sie hinüber zum Sandkasten.

Rebekka dachte über das nach, was sie eben gehört hatte. Sie fragte sich, ob sie die Frauen darauf ansprechen sollte. Doch der Piepser riss sie aus ihren Gedanken, und sie machte sich auf den Weg zum Eingang des Campingplatzes.

Der Kommissar fragte nicht, ob ihr etwas zu Ohren gekommen sei, und so machte sich Rebekka nicht die Mühe, ihm von dem Gespräch der beiden Mütter zu berichten. Zumal sie davon ausging, dass es nichts war, was Stefan Hafner interessiert hätte. Ausserdem bestätigte das Gehörte einfach Stefans Aussage, dass jeder meinte, mehr zu wissen als die anderen.

Den restlichen Vormittag lief sie neben oder hinter ihm her und schaute zu, wie er sich mit den verschiedensten Leuten unterhielt.

Die Befragung dauerte bis kurz vor Mittag. Die beiden beschlossen, im Restaurant „Chez Nelly" etwas zu essen, bevor sie zurück nach Bern fahren würden.

Kaum waren sie im Büro angekommen, klingelte Stefans Telefon. Seine Chefin wollte ihn sprechen.

Mit einem Seufzer stand er auf. Er war überzeugt, dass Anna niemals an seiner Stelle zur Kommissarin befördert worden wäre, wenn ein Mann den Posten des Polizeikommandanten innegehabt hätte. Doch diese Überlegung führte zu nichts, denn die Polizeikommandantin war nun einmal eine Frau. Der Polizeiberuf war, wie das Militär, ausschliesslich Männersache, fand Stefan Hafner. Für ihn war es nur eine Frage der Zeit, bis Kommandantin Moser abgesetzt würde oder sie zumindest ihre Fehlentscheidung einsehen musste. Nach der Ernennung von Anna hatte er Moser aufgesucht und ihr erklärt, dass und weshalb die Situation für ihn inakzeptabel sei. Daraufhin hatte Moser ihm geraten, sich versetzen zu lassen, wenn ihm die Arbeitsbedingungen nicht passten. Hafner liess sich aber nicht versetzen. Er konnte sich nicht vorstellen, in einer anderen Abteilung zu arbeiten, und in seinem Alter kam ein Wechsel in einen anderen Kanton nicht mehr in Frage.

Und so ging er das Problem anders an. Er notierte alles, was seiner Meinung nach Fehlentscheidungen Annas waren, und Polizeikommandantin Moser erhielt von ihm regelmässig Rapporte darüber. Diese Rapporte brauchten viel Zeit, aber es war ihm wichtig, die Polizeikommandantin auf dem Laufenden zu halten. Bei seinen Berichten achtete er darauf, diese auf sachliche Gegebenheiten zu beschränken und nicht persönlich zu werden. Er führte seine Arbeit ganz korrekt aus, damit Anna keinen Grund hatte, sich zu beschweren. In naher Zukunft würde Moser die Fehlbesetzung einsehen und die längst fällige Umstrukturierung anordnen.

Mit diesen Gedanken war er vor Annas Büro angelangt, klopfte und trat ein.

„Schön, hast du Zeit gefunden. Bitte setz dich", begrüsste ihn Anna und zeigte auf einen freien Stuhl.

„Du hast die Befragung auf dem Campingplatz durchgeführt? Ich bin wie gesagt sehr froh darum, weil du mehr Erfahrung hast als die anderen. Hast du brauchbare Hinweise?" Sie schaute ihn fragend an.

Stefan Hafner gab sich zurückhaltend. „Ich habe mich mit dem Platzleiter unterhalten. Wir kennen uns vom Schiessverein Münsingen. Ich bin dort in der Aufsichtsbehörde und er in der Finanzkommission. Zu Beginn war er nicht bereit, mit mir über die Gerüchte zu sprechen, die im Umlauf sind. Er meinte, das meiste seien Fantasiegeschichten und er wolle zuerst überprüfen, ob etwas Wahres daran sei. Ich erklärte ihm, es sei nicht seine, sondern Aufgabe der Polizei, die Geschichten zu überprüfen. Doch erst mit dem Hinweis auf das Strafmass bei mutwilligem Verschweigen wichtiger Indizien konnte ich ihn zum Erzählen bewegen. Rebekka ist daran, alles abzutippen. Ich schicke dir den Bericht, sobald er fertig ist."

„Danke. Gibt es denn eine Spur, die deiner Meinung nach überprüft werden sollte?"

„Ja, da gibt es das eine oder andere, das wir uns näher ansehen müssen", sagte Stefan Hafner.

„Stefan, gib mir bitte schriftlich Bescheid, welchen Gerüchten du nachgehst und warum. Ich will deine Überlegungen nachvollziehen können."

Anna schaute Stefan an und wartete.

„Ich habe schon oft auf Campingplätzen recherchiert. Die Menschen funktionieren anders, sobald sie campen. Ich habe versucht, dieses Phänomen zu analysieren."

„Wie muss ich das verstehen?"

Stefan rückte etwas nach vorn. „Eine Sache erscheint mir besonders interessant. Da sind mehrere Hundert Menschen aller Altersklassen, die auf kleinstem Raum und unter erschwerten Bedingungen ihre Ferien verbringen. Damit das klappt, sind viele Regeln nötig. Es gibt eine Unzahl von Vorschriften, die peinlich genau eingehalten werden müssen, will man auf dem Platz bleiben. Hinzu kommen mindestens so viele ungeschriebene Regeln und Gesetze, die man einhalten muss."

„Ja, und?", fragte Anna, nachdem Stefan eine Weile geschwiegen hatte.

„Weisst du, das würde nie klappen, wenn da nicht noch etwas anderes ins Spiel käme. Du musst bedenken, die Regeln nützen nur etwas, wenn sie von allen eingehalten werden. Und damit das geschieht, braucht es jemanden, der kontrolliert. Die Leute auf dem Campingplatz sind keineswegs die einheitliche Gruppe, als die sie sich gerne geben. Im Gegenteil. Ich glaube, nirgends ist der Konkurrenzkampf und die soziale Kontrolle so gross wie auf dem Campingplatz."

„Worauf willst du hinaus?"

„Es ist nicht dasselbe, ob du mit einem modernen Wohnwagen einen zentralen Jahresplatz gemietet hast oder im Zweimannzelt am Ende von Gang siebzehn auf wenigen Quadratmetern Boden schläfst. Da gibt es hierarchische Unterschiede. Natürlich sind diese inoffiziell, doch sie sind für die Benutzer des Campingplatzes spürbar. Du kannst dich nicht wirklich frei bewegen. Die Menschen sind peinlich darauf bedacht, keine Grenzüberschreitungen zuzulassen. Auf dem Campingplatz ist der Status ausserordentlich wichtig. Es gibt viele Interessengruppen. Von der Spielgruppe bis zur Seniorenjassgruppe – alles, was der Mensch sich ausdenken kann. Worauf ich eigentlich hinauswill, ist Folgendes: Diese Gruppenbildungen haben eine wichtige Funktion. Erst durch sie entsteht bei den Menschen das Bedürfnis, die anderen zu kontrollieren. Und jede Gruppe ist eine Instanz, die wiederum die anderen Gruppen kontrolliert. Diese gegenseitige Kontrolle garantiert die Einhaltung der Regeln."

„Das tönt ja schrecklicher als die soziale Kontrolle in einem Dorf."

„Für uns ist das gut. Denn wenn es etwas gibt, das wir wissen müssen, werden wir es erfahren. Da sind so viele Menschen, die den Tag damit verbringen, sich gegenseitig zu überwachen. Etwas Ungewöhnliches fällt mit Sicherheit auf und geht von Mund zu Mund", beendete Stefan seine Ausführungen.

„Ist den Leuten denn etwas aufgefallen?"

„Aufgefallen ist tatsächlich einiges, was jedoch wenig zu bedeuten hat, denn auch ohne Leiche sind laufend Gerüchte im Umlauf. Ein älterer Mann scheint seit ein paar Wochen nicht mehr auf dem Campingplatz erschienen zu sein. Und so, wie über ihn gesprochen wird, denke ich, müssen wir überprüfen, weshalb. Und einige behaupten, die Frau gekannt zu haben, deren Körper gestern gefunden wurde."

„Brauchst du Hilfe von Paul oder Marina?"

„Nein, jetzt müssen wir die Informationen auf ihren Wahrheitsgehalt prüfen und das Wesentliche vom Unwesentlichen trennen. Das ist eine Fähigkeit, die Rebekka mitbringt, und daher ist sie mir sicher eine Hilfe. Rebekka ist beharrlich, wenn es sein muss." Er nickte und erhob sich, in der Annahme, das Gespräch sei beendet.

„Stefan, setz dich bitte. Es gibt noch etwas, das ich mit dir besprechen möchte." Sie wartete, bis er wieder Platz genommen hatte. „Es wurde mir gesagt, du willst dich bei der Polizeikommandantin beschweren. Worüber?"

Stefan Hafner fühlte sich nicht wohl, so direkt und unvorbereitet darauf angesprochen zu werden. Vielleicht hatte er wirklich etwas überreagiert, als er heute Morgen nach Salavaux zitiert wurde. Das kurze Gespräch mit Basil hatte ihn zu beruhigen vermocht, und das interessante Geplauder mit dem Platzleiter hatte ihn vollends mit der Situation versöhnt. Wenn er mit sich ehrlich sein wollte, hatte ihm der heutige Tag besser gefallen, als er zuerst angenommen hatte. Doch das ging Anna nichts an. Hier ging es um das Prinzip. Es missfiel ihm, wie sie kurzfristig umdisponierte und über ihn verfügte. Doch das konnte er ihr wohl kaum so direkt sagen.

„Ich plane meine Einätze minuziös und bereite mich intensiv darauf vor. Wenn Änderungen vorgenommen werden müssen, sollten diese rechtzeitig im Team besprochen werden. Ich brauche Zeit, um mich auf die Befragungen vorzubereiten. Du hast mich heute erst eine Stunde vor meinem Einsatz informiert, und ich hatte keine Möglichkeit, mich darauf einzustellen. So etwas ist nicht tolerierbar, das müsstest sogar du einsehen." Anna sah Stefan direkt an.

„Achte bitte auf deinen Ton, wenn du mit mir sprichst. Noch bin ich deine Vorgesetzte, und daran wird sich in absehbarer Zeit nichts ändern. Ich erwarte von dir Sachlichkeit und keine persönlichen Angriffe."

„Entschuldigung, ich wollte nicht persönlich werden. Aber Tatsache ist, dass mein Terminkalender voll ist. Das habe ich dir gesagt, und du hast es ignoriert. Dein Verhalten muss ich als persönlich gegen mich gerichtet interpretieren."

„Ich werde das Gespräch nicht unnötig in die Länge ziehen, Stefan. Bitte nimm folgende Punkte zur Kenntnis: Erstens: Wenn du eine Beschwerde einreichen willst, dann richte sie an mich. Ich bin deine direkte Vorgesetzte. Erst wenn dieser Weg zu keiner Lösung führt, kannst du dich an Polizeikommandantin Moser wenden. Ich erwarte von dir ein der Situation angepasstes Verhalten. Falls es dir an Vertrauen mir gegenüber mangelt und du das Gefühl hast, wir können unsere Probleme nicht selber lösen, werde ich eine Supervision in die Wege leiten.

Zweitens: Ich bin die Verantwortliche, was die Planung der Einsätze betrifft. Morde geschehen nun einmal nicht dann, wenn es uns zeitlich am besten passt. Solltest du dich erneut weigern, meine Anweisungen auszuführen, werde ich deine Versetzung veranlassen.

Drittens: Sollte mir ein weiteres Mal zu Ohren kommen, dass du dich beim Team über mich beschwerst, werde ich dich wegen Mobbing zur Rechenschaft ziehen." Sie wartete einen Moment, liess die Worte bei ihrem Gegenüber ankommen. „Habe ich mich klar ausgedrückt?"

Stefan schwieg.

„Ich werde dieses Gespräch protokollieren und dir zur Unterschrift vorlegen. Eine Kopie geht an Polizeikommandantin Moser. Ich hoffe, wir werden dieses leidige Thema nicht noch einmal aufnehmen müssen." Anna stand auf und reichte Stefan die Hand. „Danke für deinen heutigen Einsatz."

Als Anna in Murten ankam, war es kurz nach vier.

„Nein, Herr Stein ist im Ausland und wird nicht vor morgen zurückerwartet", wurde sie im Sekretariat des Architekturbüros ‚Stein&Stein' informiert. Die Kommissarin stellte sich dem Sekretär vor und bat ihn, ihr Steins Handynummer zu geben, damit sie ihn kontaktieren konnte.

„Mein Gott, ist etwas passiert?", kreischte der Sekretär mit hoher Stimme und verwarf beide Hände. Dabei trippelte er rückwärts hinter die Theke und nahm aufgeregt das Adressbuch in die Hand. „Ich darf Ihnen leider seine Nummer nicht geben. Wollen Sie die Anschrift des Hotels, in dem er abgestiegen ist?"

„Gerne, wenn Sie das dürfen?"

Anna war gereizt. Dieser Sekretär steckte sie mit seiner nervösen Ungeschicklichkeit an. Die Kommissarin konnte kaum zusehen, wie er in dem Adressbuch hin- und herblätterte. Es schien, als hätten die beiden Hände noch nie gemeinsam eine Arbeit erledigt. Einen kurzen Augenblick wollte Anna ihm das Adressbuch entreissen, doch sie besann sich. „Beruhigen Sie sich. So stehen wir in einer Stunde noch da, und das Adressbuch wird vollkommen zerfleddert sein. Vielleicht lassen Sie mich mal nachschauen?"

„Ach nein, ich schaffe das." Der Sekretär schien keineswegs beleidigt zu sein, er lächelte sie kokett an und strich sich mit dem Handrücken eine vorwitzige Locke aus dem Gesicht. Die andere Hand griff in die Hosentasche und holte ein besticktes Taschentuch hervor, mit dem er die nicht vorhandenen Schweisstropfen von Stirn und Oberlippe tupfte. Dabei schaute er sich suchend um, als erwarte er, dass ihm gleich jemand zu Hilfe eile. Das Telefon klingelte. Der Sekretär machte keine Anstalten, den Hörer zu ergreifen.

„Nehmen sie ab, vielleicht ist es ja ihr Chef."

Als wäre ihre Bitte erhört worden, begrüsste der Sekretär den Anrufer mit: „Gut, rufen Sie an, Herr Stein! Hier ist eine Kommissarin Calvin, die mit Ihnen sprechen möchte." Nachdem er mit seinem Chef aufgeregt ein paar weitere Worte ausgetauscht hatte, streckte er Anna plötzlich wortlos den Hörer entgegen.

Anna stellte sich kurz vor und bat Udo Stein um ein Treffen. Die Verbindung wurde immer wieder unterbrochen. Vermutlich rief Herr Stein mit seinem Handy an, und der Empfang war schlecht. Es stellte sich heraus, dass er sich zurzeit in Antwerpen auf einer Messe befand und nicht vor morgen Mittag wieder in der Schweiz sein würde. Er versprach, sich nach seiner Ankunft sofort zu melden. Anna gab dem Sekretär den Hörer zurück, und dieser notierte sich einige Anweisungen, die ihm sein Chef nun diktierte. Die Koordination seiner Hände schien plötzlich bestens zu funktionieren. Als er aufgelegt hatte, bat sie ihn, ihr zur Sicherheit die Anschrift des Antwerpener Hotels aufzuschreiben, in welchem Udo Stein logierte. Der Sekretär notierte die gewünschten Angaben auf einem Zettel und reichte ihn der Kommissarin. Sie dankte ihm und verabschiedete sich.

Nachdem sie das Architekturbüro verlassen hatte, machte Anna einen Abstecher ins Einkaufszentrum und kaufte Tomaten, Mozzarella und einen Pizzateig. Frischer Basilikum und Oregano wuchsen reichlich im Garten. Ihr schlechtes Gewissen Hannah und Sofie gegenüber wollte sie mit der Lieblingsspeise der Zwillinge wieder gutmachen. Zu Hause bereitete Anna alles vor, damit gleich gegessen werden konnte, wenn die Mädchen nach Hause kamen. Dann setzte sie sich mit einem Glas Wein in den Garten.

Froh, der Zahnarztpraxis entronnen zu sein, machte sich Basil auf den Weg zu Karin Steins Eltern. Er setzte seinen Helm auf und startete die Maschine. Seine Gedanken waren bereits bei der schwierigen Situation, die ihm bevorstand. Wie sollte man Eltern den Tod ihres Kindes mitteilen? Er wusste es nicht. Er hatte schon oft Angehörige über den Tod eines Familienmitgliedes informieren müssen. Er konnte es drehen und wenden, wie er wollte: Der Verlust eines Menschen löste immer Schmerz aus. Und: Die Betroffenen reagierten unterschiedlich; Basil konnte sich nicht wirklich auf solche Gespräche vorbereiten. Das Einzige, was er konnte, war, aufmerksam zu bleiben und sich in die Menschen hineinzufühlen, denen er die schlechte Nachricht überbringen musste. Oft war es den Hinterbliebenen ein Trost, wenn man ihnen sagen konnte, dass die Verstorbenen nicht gelitten haben.

Was sollte er im Fall Karin Steins sagen? Karin, die ungefähr drei Wochen tot im Wasser gelegen hatte, bevor man sie fand? Karin, von der man nicht wusste, warum sie ertrunken war? Wie schrecklich musste das für die Eltern sein, wenn es keine Antworten gab?

Basil fragte sich, weshalb Karins Eltern ihre Tochter noch nicht vermisst hatten. Die beiden hatten mindestens drei Wochen keinen Kontakt zu ihr gehabt. Andererseits war Karin kein junges Mädchen mehr. Sie war verheiratet und lebte schon lange ihr eigenes Leben. Wann hatte er, Basil, das letzte Mal mit seinen Eltern gesprochen? Das war sicher mehr als drei Wochen her. Warum hatte der Ehemann sich nicht gemeldet? Was war das für eine Ehe, wo einer der Partner drei Wochen verschwinden konnte und der andere sich nicht darum scherte?

Basil fuhr auf der A1 Richtung Boll. Eigentlich war es Vorschrift, die Angehörigen zu zweit über einen Todesfall zu informieren. Doch Basil arbeitete in diesen schwierigen Situationen lieber alleine. Da würde es ihn nur nervös machen, wenn ihn ein unsicherer Beamter begleitete.

Die Eltern von Karin Stein wohnten in der Sternenmatte in Boll, einer modernen Überbauung mit verschachtelten roten Einfamilienhäusern. Basil brauchte einige Zeit, um das richtige Haus zu finden. Er las auf dem Namensschild „Johann und Maria Fässler". Er klingelte. Nichts rührte sich. Um sicher zu sein, klingelte er noch einmal. Dieses Mal liess er seinen Zeigefinger ein bisschen länger auf dem Knopf. Aus den Augenwinkeln sah er, wie sich ein Vorhang im Nachbarhaus bewegte. Er wartete, klingelte ein drittes Mal, und schliesslich öffnete sich die Tür. Eine ältere Frau mit Kopftuch und Schürze trat hinaus.

„Sie wünschen?"

„Guten Tag. Sind Sie Frau Fässler?", fragte Basil.

„Nein, ihre Putzfrau."

„Ich bin Kommissar Klee von der Kriminalpolizei Bern und brauche von Herrn und Frau Fässler eine Auskunft", wich Basil etwas von der Wahrheit ab. „Kann ich sie sprechen?"

„Herr und Frau Fässler sind nicht da. Sie befinden sich auf einer Kreuzfahrt. Sie feiern ihre goldene Hochzeit und sind nicht vor Ende nächster Woche zurück."

„Arbeiten Sie schon lange für Herrn und Frau Fässler?", wollte Basil wissen.

„Ich kenne Maria und ihre Familie seit über zwanzig Jahren und bin ihr immer wieder zur Hand gegangen. Wissen Sie, sie hatte es nicht einfach; wegen einer Kinderlähmung brauchte sie ständig eine Gehhilfe. Dazu war ihr Mann lange Zeit arbeitslos. Wir waren Nachbarn. Als ihre Putzfrau arbeite ich erst seit drei Jahren. Damals starb Marias Tante und vererbte ihr etwas Geld. Als Maria mir von der Erbschaft erzählte, brachte ich ihnen Prospekte von dieser Überbauung, und sie entschieden, eines dieser kleinen Einfamilienhäuser zu kaufen. Die Wohnung in Bolligen war ihnen zu gross, seit Karin ausgezogen war. Wieso fragen Sie?" Als Basil nicht gleich antwortete, wurde die Raumpflegerin misstrauisch. „Haben Sie einen Ausweis, man kann ja nie wissen."

„Selbstverständlich." Er suchte nach seinem Ausweis und reichte ihn ihr. „Bitte entschuldigen Sie."

Sie studierte den Schein gründlich und gab ihn zurück.

„Ich heisse Frau Kramer, Julia Kramer", stellte sich die Frau ungefragt vor.

„Freut mich, Frau Kramer. Kennen Sie alle Familienmitglieder der Familie Fässler?"

„Ja sicher."

„Kennen Sie Karin?"

„Karin war siebzehn Jahre alt, als ich bei den Fässlers ein- und auszugehen begann."

„Können Sie mir etwas über Karin erzählen?", fragte Basil.

„Hat Karin etwas angestellt, oder ist ihr am Ende etwas passiert? Wieso erkundigt sich die Polizei nach ihr?"

„Nein, sie hat nichts angestellt. Es handelt sich um eine Routineangelegenheit", wich Basil aus. Wohl war ihm dabei nicht. „Wie war sie denn als Teenager?", versuchte Basil das Gespräch noch einmal in Gang zu bringen.

„Sie war ein fröhliches Mädchen, immer zu Spässen aufgelegt. Vielleicht etwas faul und für meinen Geschmack zu oberflächlich. Karin ist die Jüngste, eine Nachzüglerin. Wissen Sie, die Jüngsten werden immer zu fest verwöhnt. Sie hat noch zwei Geschwister, die sind beide deutlich älter."

„Haben Sie Karin kürzlich gesehen?", wollte Basil wissen.

„Nein, Karin kommt nur selten vorbei. Maria beklagt sich oft, weil sie ihre jüngere Tochter kaum noch sieht. Verena ist da anders. Sie besucht ihre Eltern regelmässig. Karin hat viel zu früh geheiratet. Ihr Mann ist Architekt. Der hat es zu was gebracht. Karin bewegt sich jetzt in besseren Kreisen. Wir sind ihr wohl zu gewöhnlich."

„Wann haben Sie Karin das letzte Mal gesehen?"

Ich habe sie vor einem halben Jahr zufällig in Bern gesehen, auf der Strasse, mit einer Freundin. Sie kamen offensichtlich vom Einkaufen. Die zwei hielten ein paar Papier- und Plastiktaschen in den Händen und sahen zufrieden aus. Aber die junge Dame hat mich ignoriert. Trägt ihre Nase hoch. Tat sie immer. Solange ich sie kenne."

„Kennen Sie das Datum der Rückreise von Herrn und Frau Fässler?", erkundigte sich Basil.

„Sie kommen am nächsten Freitag. Also heute in einer Woche. Ausser sie entschliessen sich, noch ein paar Tage am Meer zu bleiben. Maria ruft mich Anfang Woche an. Soll ich ihr etwas ausrichten?"

„Nein, das ist nicht nötig. Haben Sie vielleicht eine Telefonnummer oder eine Handynummer, damit ich Herrn und Frau Fässler erreichen kann?"

„Nein, die beiden haben kein Handy. Herr Fässler weigert sich, eines zu kaufen. Früher sei es ebenfalls ohne gegangen. Er ist der Meinung, die moderne Technik wirke sich äusserst negativ auf uns Menschen aus."

„Wie können Sie die beiden denn erreichen? Haben die Fässlers Ihnen keine Nummer gegeben, die Sie im Notfall anrufen können?"

„Nein. Ich kann sie nicht erreichen. Sie melden sich regelmässig. Wenn etwas ist, das wirklich dringend ist, soll ich Verena anrufen. Sie wohnt in Bremgarten. Wollen Sie ihre Nummer?"

„Ja gerne."

„Einen Augenblick, ich hole sie Ihnen."

Nachdem er die Nummer eingesteckt und sich von Frau Kramer verabschiedet hatte, ging Basil zu seinem Motorrad und war froh, nicht in ein Auto steigen zu müssen. Bei dieser Hitze wäre es der reinste Brutkasten. Er setzte seinen Helm auf – zweifellos auch er ein Brutkasten, aber immerhin nur für den Kopf – und fuhr zurück nach Bern.

Anna nippte vom eiskalten Weisswein und liess den Tag Revue passieren. Wassertropfen perlten am Glas hinunter und hinterliessen einen nassen Ring auf der Küchenabdeckung. Was Basil wohl erfahren hatte? Ob sie ihn anrufen sollte? Nein. Basil würde sich melden, wenn er etwas Wichtiges mitzuteilen hätte. Sonst konnte es bis zum Morgen warten. Sie durfte nicht vergessen, die Segellehrerin anzurufen und einen Termin für die Segelfahrt auszumachen. Plötzlich hörte sie eine Tür zuschlagen.

„Hey Mam, du machst Pizza? Du bist ein Goldschatz, die beste Mam der ganzen Welt! Hoffentlich kann man bald essen, ich werde gleich abgeholt. Du weisst ja, das Open-Air-Festival. Bin oben, muss noch packen." Damit verschwand Sofie ausser Sicht- und Hörweite, und Anna schmunzelte. Eine Pizza, und schon wurde man zur besten Mutter der Welt.

Anna schaute aus dem Küchenfenster und sah einen halb verwelkten Strauch auf sich zukommen. Hannah hatte es sich zur Gewohnheit gemacht, immer mal wieder eine der unverkäuflichen Pflanzen aus dem Gartencenter nach Hause zu bringen und in den Garten zu integrieren.

So, wie sie Hannah kannte, würde sie noch vor dem Abendessen den Neuzuwachs pflanzen. Hannah liess sich für die Wahl des Platzes von ihrem Bauchgefühl leiten. Und dieses schien ihr immer Recht zu geben.

Der Garten war einzigartig. Dank Hannahs Engagement hatten sie das bisschen Land, das zum Haus gehörte, in ein kleines Paradies verwandelt. Gepflasterte Gartenwege führten zu verträumten Sitzplätzen. Bodendecker, Blumen, Fruchtbäume und Kletterpflanzen begrünten die dazwischenliegenden Beete und Rundbögen. Hannah hatte eine Unzahl verschiedener Kräuter gesetzt. Annas Liebling war der Basilikumbusch, der in einem Topf zwischen zwei Liegestühlen stand und Anna mit seinem Duft in die Toscana zu entführen vermochte. Die Sitzplätze waren durch Pflanzen voneinander abgeschirmt.

Anna genoss es, sich nach der Arbeit an einem dieser hübschen Rückzugsorte zu entspannen, auch wenn sie nicht durchwegs vor den neugierigen Blicken der Nachbarn gefeit war. Bis jetzt war es Hannah noch nicht gelungen, einen lückenlosen Sichtschutz zu ziehen.

Da in der Siedlung frei laufende Hunde nicht toleriert wurden, mussten sie den Garten einzäunen. Hannah hatte damals ihre Mutter überredet, einen groben Maschendrahtzaun setzen zu lassen, den sie mit verschiedenen Kletterpflanzen bewachsen lassen wollte. Nun teilten sich diverse Rosenarten den Zaun mit gross- und kleinblütigen Clematissorten, herrlich duftendem Geissblatt, Winterjasmin, gelben Trompeten, wildem Wein und Glyzinien. Eine oder mehrere Pflanzen waren aber immer krank oder mussten aus anderen Gründen zurückgeschnitten werden. So gab es stets Gucklöcher, durch welche neugierige Spaziergänger einen Blick in den Garten werfen konnten.

Es dauerte noch eine Weile, bis die Pizza fertig vorbereitet war. Kaum hatte sie sie in den Ofen geschoben, blieb Anna am Fenster stehen und beobachtete Hannah, die den neuen Patienten zwischen die weisse und rote Echinacea pflanzte und sich zufrieden die Hände rieb. Kurz darauf verschwand sie mit einer Giesskanne ans andere Ende des Gartens.

Sofie kam die Treppe heruntergepoltert.

„Kann man essen? Ich muss gleich weg!", rief sie und blickte in den Garten, wo ihre Zwillingsschwester sich über das Zitronengras beugte.

„Hannah, komm herein!", rief sie ihr zu und setzte sich an den Tisch. Kaum hatte sich Hannah die Hände gewaschen, stellte Anna die verführerisch duftende Pizza auf den Tisch. Sie verteilte die dampfenden Stücke auf die Teller.

Nachdem sich Anna Komplimente in Form von vielen genüsslichen „Mmmmhs!" hatte anhören dürfen, wandte sie sich an Hannah.

„Also, ich habe mir Gedanken gemacht wegen dem Laptop, den du brauchst", begann sie. „Wenn du nicht auf meinem arbeiten willst, musst du mit deinem Vater darüber sprechen." Hannah zögerte kurz.

„Ach Mam, könntest du mit Paps sprechen?"

„Nein, du solltest das selber in die Hand nehmen."

„Habt ihr gehört?", schaltete sich Sofie ein. „Es gibt jetzt das neue iPhone. Absolut genial. Das muss ich unbedingt haben. Bitte, Mam, kaufst du mir eins? Alle meine Freunde bekommen eins."

„Nein, bestimmt nicht, Sofie. Mach es doch wie Tante Cordelia: Geh in den Shop, und nimm ein iPhone in die

Hand. Lauf damit, wenn es sein muss, eine Stunde, im Shop hin und her. Stell dir dabei vor, es gehöre dir. Und achte darauf, ob du dabei glücklicher bist als jetzt. Dann leg es zurück, und geh hinaus. Und wenn jemand von deinen Freunden dich anmacht, weil du kein iPhone hast, sag: „Ich hatte eins. Gefiel mir nicht. Ich telefoniere jetzt wieder mit meinem alten Gerät." Weisst du, wie dich deine Freunde bewundern werden, weil du eine eigene Meinung hast?"

Beide Mädchen sahen Anna fassungslos an.

„Mam, geht es dir noch gut?", fragte Sofie entsetzt, stand auf und rannte die Stufen hoch.

„Ja, es geht mir blendend!", rief Anna ihr nach. „Und ich meine es ernst. Probier es aus, du wirst merken, was ich meine. Deine Tante macht das seit Jahren so. Und sie spart viel Geld. Und weisst du, wieso? Sie merkt, bevor sie etwas kauft, dass sie es eigentlich gar nicht braucht."

„Du nimmst mich nie ernst. Alle meine Freunde bekommen eins, nur ich natürlich wieder nicht", klang es von der Treppe herunter.

„Sofie, das kann gar nicht sein. Wer sind denn all die vielen Freunde von dir, die ein iPhone bekommen?", fragte Anna. Doch Sofie antwortete nicht mehr. Sie schlug ihre Zimmertür zu.

Hannah stand auf und trug ihren und Sofies Teller in die Küche.

„Weisst du, was mit Sofie los ist?", fragte die Mutter ihre Tochter. „Sie war in den letzten Wochen unerträglich."

„Nein, wie sollte ich auch? Sie spricht ja nie mit mir", sagte Hannah, nicht sonderlich daran interessiert, über ihre Schwester zu sprechen. „Ich werde Paps eine Mail schreiben, vielleicht kauft er mir ja einen Laptop", sagte sie und stieg die Kellertreppe hinunter in den Arbeitsraum der Mutter, wo der Computer stand.

Anna sass vor den Überresten der Pizza und seufzte. Was war nun mit dem Austausch der Tops und Flops des Tages? Wieso verliess hier jede den Tisch, wann sie wollte? Anna war zu müde, um die Mädchen zurückzurufen. Kira legte ihr den Kopf aufs Knie und sah sie mit ihren treuen, braunen Augen an. Anna streichelte die kalte Schnauze der Hündin.

Mittwoch, 6. August

Bieri hat heute seine Eltern besucht, obwohl es Mittwoch ist – keine Ahnung, warum. Habe mich, gleich nachdem er weg war, rausgeschlichen. Sass stundenlang auf der Grossen Schanze. Habe zuerst nur getrunken, dann gekifft und schliesslich noch was eingeschmissen. Habe nicht gefragt, was es ist – ist ja egal. Im Club wars schrill. Viele junge Leute. Dann habe ich an die Prüfungen gedacht, Panik hat mich ergriffen. Ich musste da raus. Ich ging wieder hinauf auf die Schanze und setzte mich auf die Mauer. Unter mir die Postautos. Ich spielte mit dem Gedanken zu springen. In die Freiheit. Es fehlte mir aber der Mut. Da bin ich auf der Mauer hin- und hergelaufen. Habe in den Himmel hinaufgeschaut. Überliess es dem Schicksal, ob ich die Mauer verfehle. Aber es ist wohl noch nicht der Moment zu sterben. Habe mich dann auf eine Bank gelegt und geheult. Wie ein Wolf, laut und jämmerlich. Keiner, der vorbeiging, interessierte sich für mich. Als ich später zurück in den Club wollte, sah ich die Polizei. Sie machten eine Razzia. Ich ging ganz unauffällig zum Fahrradunterstand, klaute ganz unauffällig eines der Räder und fuhr ganz unauffällig davon. Das nenne ich Glück im eigenen Elend.

Donnerstag, 7. August

Die Resultate sind gekommen! Ich habe nicht nur bestanden, sondern auch noch die beste Prüfung geschrieben! Wie schlecht müssen die andern gewesen sein, wenn ich, trotz des Versagens in der Finanzbuchhaltung, die beste Durchschnittsnote habe. Bieri hat mir 500 Franken versprochen, wenn ich bestehe. Jetzt will ich das Doppelte! Ich will. Ich würde wollen. Als ob ich „wollen" dürfte. Ich weiss es schon jetzt, er wird mir gar nichts geben.

In dieser Beziehung ist er wie meine Mutter. Die hat auch dauernd etwas versprochen und nichts gehalten. Weisst du noch, Mutter? Was würdest du mir jetzt versprechen, wenn du nicht in der Hölle schmoren würdest? Weisst du, was mir die Kraft gegeben hat, diese Ausbildung zu machen? Du! Weil ich sicher nie so werden will, wie du mich haben wolltest. Nie! Ich sehe jetzt noch, wie du mich ungläubig angesehen hast, kurz bevor du starbst. Wie du mich angefleht hast! Wieso hätte ich dein Wimmern erhören sollen? Hast du je hingehört, wenn ich dich angefleht habe, wenn ich gebettelt habe, dass es aufhört? Es hat sich gut angefühlt, dich sterben zu sehen. Es fühlt sich noch immer gut an. Jedes Mal, wenn ich mir das Video anschaue. Und ich schaue es mir regelmässig an. Es ist mein Lieblingsfilm. Er versöhnt mich. Deine weit aufgerissenen Augen, die mich erschrocken anstarren, bis sie verstehen.

Freitag, 8. August

Ich bin unsterblich verliebt – in ihn. Wir haben immer noch nicht viel miteinander gesprochen. Er spricht nur sehr gebrochen deutsch. Aber was solls. Worte sind überflüssig bei diesem Sex. Hab so etwas noch nie erlebt. Ich liebe ihn, liebe ihn von Woche zu Woche mehr. Ich will nur noch ihn. Er ist ja so etwas von gut. Fast zu gut für mich. Nie ein böses Wort oder eine Kritik.

Montag, 11. August

Suche einen gut bezahlten Job. Hat keine interessanten Angebote im Stellenanzeiger. Hoffe, es liegt daran, dass Sommerferien sind. Muss mich gedulden. Muss achtsam sein. Bieri darf nicht merken, dass ich mir einen neuen Job suche. Ich will erst weg, wenn ich was Besseres gefunden habe. Der rastet aus, wenn er es merkt. Fünf Jahre arbeite ich jetzt für ihn. Immerhin hat er mir das KV ermöglicht. Dafür habe ich mich erkenntlich gezeigt. Er durfte mich fünf Jahre lang ficken, und ich habe während dieser ganzen Zeit für meine Arbeit nie Bargeld gesehen. Wohne bei ihm und lasse mich aushalten. Schenkte ihm meine besten Jahre.

Im September werde ich achtzehn! Dann bin ich volljährig und kann tun und lassen, was ich will. Fünf Jahre reichen. Ich habe meine Schuld jetzt bezahlt.

Mittwoch, 13. August
Bieri besucht heute und morgen verschiedene Einkäufer. Daher wird er nicht unangemeldet im Büro auftauchen. Das ist gut, denn ich habe angefangen, meinen Lebenslauf zu schreiben. Ist gar nicht so einfach. Habe im Internet Beispiele heruntergeladen. Überlege mir, ob ich besser ein kleines Schulhaus auf dem Land besucht haben will oder ein grosses hier in der Stadt. Ich denke, ich entscheide mich für das grosse Länggass-Schulhaus. Bin froh, muss ich keine Schulzeugnisse beilegen. Das Abschlusszeugnis der Lehre reicht. Sonst käme ich in arge Bedrängnis. Ich könnte natürlich auch schreiben, was wirklich gewesen ist. Aber dann werde ich mich psychiatrisch abklären lassen müssen. Das hat mir Bieri immer wieder und wieder erklärt. Ein Kind, das zwölf Jahre lang in einem Raum eingesperrt gewesen sei, müsse ja psychisch gestört sein. Dabei waren die nächtlichen Besuche viel schlimmer. Meine Träume gehen niemanden etwas an. Nur mich und mein Tagebuch. Ich werde meine Geschichte keinem alten Lüstling erzählen, damit er sich dran aufgeilen kann.

Freitag, 15. August
Pablo. Pablo. Pablo. Er heisst Pablo. Was für ein Name! Wie sehr ich ihn liebe, diesen Bären! Treffe ihn regelmässig jeden Freitag. Er fährt mit dem Motorrad vor, und ich steige auf. Wir gehen gar nicht mehr hinein in den Club. Wir gehen sofort in seine Wohnung. Dort trinken wir, rauchen wir und ficken wir. Die Wohnung ist fast leer. Ausser einem grossen Bett und vielen Spiegeln gibt es nur etwas Geschirr in der Küche. Keinen Fernseher, keine Wohnzimmereinrichtung. Ich habe ihn gefragt, warum die Wohnung leer ist. „No tengo ni la menor idea", das war alles, was er sagte.

Mittwoch, 20. August
Habe meine Bewerbungen fertig. Drei Stück habe ich abgeschickt. Vielleicht habe ich schon im September einen neuen Job? Bin aufgeregt.

Samstag, 23. August
Hatte wieder diese entsetzlichen Träume. Meine Mutter stand neben mir und hat auf mich eingestochen. Immer wieder und wieder und wieder. Aus meinem Bauch kamen Schlangen und Spinnen und Kakerlaken zu Hunderten, nein zu Tausenden. Sie krochen an mir hoch, alle gingen auf mein Gesicht los, suchten einen Eingang. Durch den Mund, die Ohren, die Nase und die Augen schlüpften sie hinein. Ich erstickte, konnte nicht schreien, mich nicht bewegen. Und dann kroch meine Mutter aus meinem Bauch. Mit einem Schnuller im Maul. Bieri hat mich geweckt. Ich muss geschrien haben. Ich war schweissnass, stand auf und nahm ein Bad. So viel Schmutz ist in mir, an mir. Ich werde ihn nie wieder los.

Donnerstag, 28. August
Habe immer noch keine Post. Gehe mittags regelmässig etwas früher aus dem Büro. Muss vor Bieri zu Hause sein. Muss die Post abfangen. Damit er nicht meine Briefe öffnet und liest. Aber noch niemand hat zurückgeschrieben. Auch nicht angerufen. Dabei ist es jetzt mehr als eine Woche her, dass ich die Bewerbungen abgeschickt habe. Ich halte diese Spannung kaum aus. Habe wieder Wachträume, Halluzinationen. Weiss manchmal nicht mehr, ob ich wach bin oder schlafe. Ich brauche dringend eine Auszeit.

Freitag, 29. August
Er ist nicht gekommen. Ich bin so was von wütend, verzweifelt - wie konnte er nur! Habe Fenster von ein paar Autos eingeschlagen. Die Hälfte hatte Alarmanlagen. Musste mich aus dem Staub machen, weil der Lärm Gaffer angezogen hat.

Samstag, 23. Mai 2009

Anna fühlte sich nicht erholt. Die schwüle Hitze liess die ganze Nacht nicht nach. Erst gegen zwei Uhr fiel sie in einen kurzen, unruhigen Schlaf. Als sie um sechs auf das Thermometer blickte, zeigte es über zwanzig Grad. Sie brauchte eine Abkühlung und beschloss, vor der Arbeit eine Runde im See zu schwimmen. Um diese Zeit waren noch keine Badegäste in der Bucht, weshalb sie Kira erlaubte mitzukommen. Sie legte ihr Badetuch auf die kleine Holzbank unter der Trauerweide und blickte zu den Schwänen, die friedlich in der Nähe des Holzstegs schliefen. Sie schwamm am Schilf vorbei hinaus zum grossen Badefloss, welches das ganze Jahr in der Bucht auf Schwimmkörpern vor sich hinschaukelte. Auch jetzt wiegte die hölzerne Liegefläche sich leicht im Wasser. Anna kletterte die Leiter hoch, vermied es jedoch, den zweiten Tritt zu berühren, da viele Wasserschnecken sich daran festgesetzt hatten. Zufrieden legte sie sich hin und genoss das Schaukeln und das Alleinsein. Ganz bewusst nahm sie die Morgenbrise wahr, die sanft über ihre nasse Haut strich. Wie aus weiter Ferne drang Kiras Bellen an ihr Ohr. Als sie es nicht mehr ignorieren konnte, setzte sie sich auf und schaute eine Weile zu, wie die Hündin am Ufer hin und her rannte. In regelmässigen Abständen wandte sie Anna den Kopf zu und bellte kurz, als würde sie ihr zurufen: „Komm sofort zurück ans Ufer!" Anna versuchte, Kira ins Wasser zu locken. Die Hündin konnte sich jedoch nicht entschliessen, zu ihr hinauszuschwimmen. Da sie Kira aus der Distanz nicht beruhigen konnte und befürchtete, die Anwohner könnten durch den Lärm gestört werden, erhob sie sich und sprang ins Wasser. Mit kräftigen Zügen schwamm sie zurück zum Ufer. Der ganze See schien ihr allein zu gehören. Kira trabte erfreut auf sie zu. Eine halbe Stunde später machten sie sich zusammen auf den Weg ins Büro.

Anna setzte sich hinter ihren Schreibtisch und sah die Post durch. Das meiste konnte sie an Marina delegieren. Sie rief die Kriminalassistentin zu sich und gab ihr die nötigen Anweisungen. Kurz vor acht erschien Basil mit Kaffe und Zeitung.

Er rapportierte Anna vom Besuch beim Zahnarzt und von der Begegnung mit Julia Kramer, der Raumpflegerin des Ehepaars Fässler. Gemeinsam aktualisierten sie die Pinwand sowie den Zeitplaner. Dann verliess er ihr Büro, um die Berichte zu schreiben. Anna blieb nachdenklich an ihrem Schreibtisch sitzen. Die ganze Aufklärung verzögerte sich, weil die Eltern und der Ehemann von Karin nicht erreichbar waren. Sie nahm den Zettel mit Verena Fässlers Anschrift, den ihr Basil gegeben hatte. Frau Fässler wohnte in Bremgarten. Anna überlegte, ob sie direkt zu ihr fahren oder zuerst anrufen sollte, als das Telefon klingelte.

„Guten Tag, Frau Calvin. Hier spricht Herr Blum, vom Gymnasium Neufeld. Hannah war so nett, mir Ihre Büronummer zu geben."

„Guten Morgen, Herr Blum. Sicher erinnere ich mich an Sie. Es ist zwar schon lange her, seit Sie mich in Mathematik und Naturwissenschaften unterrichteten. Was kann ich denn für Sie tun? So viel ich weiss unterrichten Sie meine Tochter nicht."

„Nein, aber ich bin inzwischen Prorektor. Und als solcher rufe ich Sie an."

„Dann muss es wichtig sein, wenn Sie mich am Wochenende anrufen."

„Die von Ihnen angegeben Handynummer ist nicht mehr in Betrieb. Also musste ich es über Ihren Heimanschluss versuchen. Und da konnte ich Sie die ganze Woche nicht erreichen."

„Ich bin zurzeit schwer erreichbar. Wir haben viel zu tun. Und ich habe neulich den Mobilfunkanbieter gewechselt und offenbar vergessen, die neue Handynummer der Schule mitzuteilen; entschuldigen Sie bitte die Umstände. Aber wie kann ich Ihnen helfen?"

„Ich würde gerne mit Ihnen so schnell wie möglich einen Termin für ein Elterngespräch vereinbaren. Am liebsten gleich am Montag. Der Leistungsabfall und das Verhalten von Sofie sind auffällig und bedürfen einer Intervention. Wir müssen handeln."

Anna brauchte einen Moment und dann noch einen zweiten, um die Bedeutung des Gehörten zu verstehen. Elterngespräch? Leistungsabfall? Das klang nicht gut. Annas Körper versteifte sich, und die Handknöchel ihrer Hand wurden weiss, so stark hielt sie den Hörer umklammert. Sie warf einen Blick in ihren Terminkalender:

„Ich werde mir auf jeden Fall die Zeit nehmen, Herr Blum. Seit wann lassen denn Sofies Leistungen nach?" Anna staunte über die sachlich kühle Stimme, mit der sie in den Hörer sprach.

„Seit ungefähr drei Monaten. Das müssten Sie aber wissen, weil Sie die Prüfungen alle unterzeichnet haben." Hatte sie das? Sie konnte sich nicht erinnern. Sie war gerade dabei, in ihrem Gedächtnis nach unterschriebenen Prüfungsblättern zu forschen, als Herr Blum in die Stille hinein fragte: „Sie haben die Prüfungen gar nicht unterschrieben?"

„Nein, ich muss Ihnen gestehen, ich hatte keine Ahnung von dieser Entwicklung. Ich dachte, meine Tochter sei eine gute Schülerin. Gestern erst hat sie erzählt, sie habe in Chemie die beste Prüfung geschrieben." Vielleicht verwechselte der Prorektor sie mit der Mutter eines anderen Kindes. Anna versuchte, sich zu erinnern, ob in Sofies Klasse noch ein Kind mit dem Namen Calvin war. Herr Blums Antwort liess diese Hoffnung jedoch zerplatzen.

„Nein, Sofies Notendurchschnitt ist im Moment ungenügend. Sie ist frech zu den Lehrpersonen, schwänzt den Unterricht und lernt nicht mehr. Vor sechs Wochen habe ich Ihnen einen Brief geschrieben und Sofie mitgegeben. Aber lassen Sie mich raten: Sofie hat auch diesen Brief selber unterschrieben." Anna schwieg.

"Könnten Sie es einrichten, am Montag in mein Büro zu kommen? Ich denke, eine Aussprache zwischen uns dreien ist dringend notwendig."

„Natürlich. Ich danke Ihnen, dass Sie mich in Kenntnis setzen. Es beunruhigt mich sehr. Ich habe zwar bemerkt, dass Sofie in letzter Zeit etwas schwieriger geworden ist, aber dass es so schlecht um sie steht, das war mir nicht bewusst. Wir werden am Montag um fünf in Ihrem Büro sein. Soll ich Sofie Bescheid sagen, oder übernehmen Sie das?"

„Ich denke, es ist besser, wir überraschen sie. Ich werde sie am Montag aus der letzten Stunde holen. Dann kann sie sich nicht drücken. Hoffen wir, sie schwänzt dann nicht wieder den Unterricht."

Nochmals nahm Anna den Faden auf, denn erst jetzt begann das Gehörte so richtig in ihr Bewusstsein zu dringen: „Herr Blum, haben Sie eine Erklärung für das Verhalten von Sofie?"

„Es gibt viele Gründe, die dafür in Frage kommen. Ich hoffe, Sofie selber wird uns darüber aufklären können. Dann bis bald, auf ..."

„Herr Blum, bitte, nur noch kurz: So, wie ich Sie verstanden habe, sind Sofies Leistungen schlecht geworden, und das schon seit Längerem. Sie steht aber kurz vor der Matura. Hat sie denn überhaupt noch eine Chance, die Reifeprüfung zu bestehen?"

„Ich würde das gerne mit Ihnen besprechen, wenn wir uns am Montag sehen. Ich habe die Unterlagen jetzt nicht bei mir, weiss Sofies aktuellen Notendurchschnitt nicht auswendig." Anna schwieg. Das letzte Zeugnis war in Ordnung gewesen. Das hatte sie unterschrieben. Daran konnte sie sich erinnern. Von weit her hörte sie Herr Blums Stimme.

„Ich sehe Sie also am Montag um fünf Uhr in meinem Büro, Frau Calvin. Auf Wiederhören." Anna legte auf. Die Nachricht des Prorektors hatte sie nicht nur beunruhigt, sie war erschüttert. Sie dachte an Sofie, an ihr Verhältnis zu ihr und daran, wie oft das Mädchen allein war, weil sie arbeitete. Sofie hatte sich verändert, aber Anna hatte es einzig den üblichen pubertären Entwicklungen zugeschrieben. Nun schien jedoch irgendetwas entgleist zu sein. Am liebsten hätte sie sofort mit ihrer Tochter gesprochen. Aber Anna verstand die Argumente des Prorektors. Wenn Sofie Unterschriften fälschte und ihre Mutter bezüglich Noten anlog, war es sicher besser, die junge Dame nicht vorzuwarnen.

Anna hatte das Bedürfnis, mit jemandem zu reden, und wählte Georgs Nummer. Nach ein paar Summtönen wurde sie vom Telefonbeantworter abgeblockt, verärgert legte sie auf. Nie war er da, wenn sie ihn brauchte. Anna stützte den Kopf auf die Hände und dachte nach.

In dieser Stellung fand Basil sie, als er nach kurzem Klopfen den Raum betrat.

„So nachdenklich?"

„Ich habe gerade einen ärgerlichen Anruf erhalten."

„Willst du darüber sprechen?"

„Nein, im Moment nicht. Lass uns lieber arbeiten. Das lenkt mich ab. Wir werden heute Udo Stein besuchen. Er hat sich noch nicht gemeldet, obwohl er bestimmt zurück ist. So machen wir ihm eben einen Überraschungsbesuch."

Anna stand auf und streckte sich. Sie warf einen fragenden Blick auf die Mappe, die Basil bei sich hatte. „Bringst du die Berichte?"

„Ja, ich habe sie fertig." Basil reichte Anna das Dossier.
„Danke. Ich schlage vor, wir fahren auf dem Weg zu Udo
Stein über Bremgarten und sprechen mit Karin Steins
Schwester. Vielleicht weiss sie ja, wie wir ihre Eltern erreichen können. Wenn du fährst, kann ich die Berichte
im Auto lesen." Anna warf ihm die Schlüssel zu. Er fuhr
fürs Leben gern, würde dieses Angebot nicht ablehnen,
sie brauchte deshalb keine Antwort abzuwarten. Ausser
sich selber traute er nämlich niemandem zu, ein Fahrzeug
sicher ans Ziel zu bringen.

Karins Schwester wohnte im obersten Stock eines kleinen
Mehrfamilienhauses im Berner Vorort Bremgarten. Es
gab hier keinen Lift. Obwohl die Fenster im Treppenhaus
geöffnet waren, klebte Basil das Hemd unangenehm am
Rücken. Er klingelte.
„Guten Tag. Sind Sie Frau Verena Fässler?", fragte Anna,
als eine Frau um die fünfzig die Tür öffnete.
„Ja, und wer sind Sie?" Misstrauisch wanderten ihre Augen von Basil zu Anna und zurück.
„Kommissarin Calvin von der Kriminalpolizei Bern, und
das ist Kommissar Klee." Sie streckten Frau Fässler ihre
Ausweise entgegen. „Dürfen wir eintreten?"
Frau Fässler betrachtete die Ausweise, ohne sie wirklich zu
lesen. Sie verglich aber die Fotos mit den Gesichtern der
beiden Fremden vor ihrer Tür. Zögernd trat sie zur Seite und liess die beiden Besucher in die Wohnung. Verena
Fässler war eine eher unscheinbare Frau, die älter wirkte,
als sie war. Langsam schloss sie die Tür hinter sich, liess
aber den Griff nicht los. Ihr Körper war gespannt wie
eine Feder.
„Warum kommen Sie zu mir? Ist etwas passiert?"

„Frau Fässler, können wir uns setzen?" Anna und Basil begleiteten die verwirrte Frau ins Wohnzimmer. Es war praktisch und etwas altertümlich möbliert. Hier wohnte jemand, der sich nicht gross Gedanken über Einrichtungen machte und vielleicht auch nicht die finanziellen Mittel besass, moderne Möbel zu kaufen. Auf dem Fenstersims standen mehrere Zimmerpflanzen. Davor ein Schemel, eine Giesskanne und diverses Topfpflanzenwerkzeug. Frau Fässler war offenbar mit ihren Pflanzen beschäftigt gewesen, als es an der Tür geklingelt hatte.

„Nehmen Sie bitte Platz", sagte Frau Fässler und setzte sich steif auf den Rand eines Stuhles.

„Frau Fässler, wir haben eine schlechte Nachricht für Sie. Ihre Schwester Karin wurde tot aufgefunden."

Einen Moment war es still. Anna war sich nicht ganz sicher, ob Karin Steins Schwester sie gehört hatte. Doch dann sagte Frau Fässler: „Das kann nicht sein, da muss ein Irrtum vorliegen." Sie sagte es sehr leise, Anna hätte es beinahe überhört.

„Leider liegt kein Irrtum vor. Es ist sicher Ihre Schwester Karin."

Frau Fässler sank in den Stuhl zurück und starrte Anna mit leerem Blick an. Langsam wurden ihre Augen feucht, und Tränen liefen ihr über die Wangen. „Mein Gott", sagte sie leise, „was ist denn geschehen?"

„Ihre Schwester ist vor einigen Wochen ertrunken." Anna erzählte keine Details. Nur das Nötigste. Es gab vieles, das ungesagt bleiben konnte. Schon das Wenige, das sie sagen musste, war grausam genug. Unter Schock stand Frau Fässler auf und lief ziellos im Zimmer umher. Sie nahm die Vase vom Fenstersims und stellte sie auf den Tisch. Dazu sprach sie leise murmelnd vor sich hin. Nach einer Weile nahm Verena Fässler eine Packung Papiertaschentücher und stellte sie auf den Tisch.

„Nehmen Sie Kaffee, oder möchten Sie lieber etwas Kaltes? Ich habe gekühlten Tee, wenn Ihnen das recht ist?"
Ohne eine Antwort abzuwarten, ging sie hinaus in die Küche.

Anna und Basil warteten. Es dauerte ziemlich lange, bis Frau Fässler zurückkam. Sie stellte einen Krug und sechs Gläser auf den Tisch. Dann schenkte sie eines der Gläser halb voll ein und setzte sich wieder auf ihren Stuhl.

„Ich möchte Ihnen unser Beileid aussprechen", sagte Anna und beobachtete Frau Fässler aufmerksam. Ihr Gegenüber schien sehr durcheinander zu sein. Unauffällig schob Anna die Gläser, die Frau Fässler zu viel gebracht hatte, zur Seite.

„Der Tod Ihrer Schwester tut uns sehr leid. Wir werden alles tun, um so schnell wie möglich zu klären, was geschehen ist."

Frau Fässler putzte sich die Nase. Ihre kleinen Augen waren rot und geschwollen. Dann setzte sie sich kerzengerade hin und sah Anna verächtlich an.

„Ich kann es nicht fassen!", sagte sie erregt. „Sie klingeln hier und sagen mir, meine kleine Schwester sei tot. Und ich soll Ihnen das glauben. Dann behaupten Sie auch noch, Karin sei ertrunken. Es ist nicht zu fassen. Sie sind verantwortungslos. Sie sollten zuerst überprüfen, ob sie an der richtigen Adresse sind, bevor sie unschuldigen Menschen solche Dinge an den Kopf werfen. Ich werde mich bei Ihrem Vorgesetzten beschweren. Sie sind hier an der falschen Adresse. Das lasse ich mir nicht gefallen. Ich kenne meine Schwester, sie meidet Wasser wie die Pest, seit sie als Zweijährige in den Dorfteich gefallen und beinahe ertrunken ist." Frau Fässler stand auf und lief aufgebracht im Zimmer hin und her. „Sie hat nie aufgehört, Angst, nein, Respekt vor dem Wasser zu haben. Als Kind hat sie sich geweigert, schwimmen zu lernen. Auch die Lehrer konnten sie nicht zum Schwimmunterricht bewegen. Wie soll sie da ertrunken sein?" Frau Fässler war gereizt, sprach abgehackt und atmete schwer.

„Ihre Schwester konnte nicht schwimmen?", fragte Anna. „Sind Sie sicher?"

„Aber natürlich bin ich sicher. Sie kann nicht schwimmen, Karin mied das Wasser schon immer. Ich habe sie nie anders erlebt."

Verena Fässler putzte sich erneut die Nase. Nach einer Weile fragte sie leise und mit veränderter Stimme: „Wann ist Karin denn ertrunken? Und warum? Was ist denn geschehen?" Sie hatte ihren Widerstand aufgegeben. Die eben noch zänkische Frau sass zusammengesunken auf ihrem Stuhl.

„Ihre Schwester ist vor etwa drei Wochen ertrunken. Den Grund dafür kennen wir noch nicht. Wir hoffen, Sie können uns etwas über ihre Schwester erzählen, das uns weiterhilft." Anna sprach ganz behutsam.

„Was wollen Sie denn wissen?" Erschöpft und wehrlos blickte die gebrochene Frau sie an.

„Wir würden gerne wissen, wie Karin Stein war."

Frau Fässler besann sich ein paar Sekunden. Die Erinnerungen an früher belebten sie.

„Sie war das Nesthäkchen, zwölf Jahre jünger als ich. Die ersten Jahre musste ich viel auf sie aufpassen. Wissen Sie, meine Eltern waren sehr arm. Vater verlor seine Arbeit und blieb viele Jahre arbeitslos, und Mutter putzte bei fremden Leuten, obwohl sie selber gehbehindert ist. Mein Vater kam selten nach Hause, Mutter ging nachmittags und abends oft weg. Daher musste ich nach der Schule das Baby hüten, füttern und ins Bett bringen. Als Karin etwas grösser war, musste ich sie mitnehmen, wenn ich meine Freundinnen treffen wollte. Das war für alle nicht einfach. Mit der Zeit hatte ich kaum noch Freundinnen.

Ich war froh, als ich nach der Lehre eine Arbeitsstelle in Genf fand und ausziehen konnte. Damals war Karin gerade sieben Jahre alt. Ich sah sie nur noch in den Ferien oder an Feiertagen. Sie wurde mir immer fremder. Wir hatten uns nichts mehr zu sagen. Sie war so anders als ich." Frau Fässler schwieg. Sie hing ihren Erinnerungen nach und vergass die Besucher.

„Inwiefern war Karin denn anders?", holte Anna sie in die Gegenwart zurück.

„Karin schämte sich ihrer Herkunft. Sie ertrug die ärmlichen Verhältnisse, in denen wir aufwuchsen, nur schwer. Meine Schwester sagte, sie gehöre nicht in unsere Familie, sei für etwas Besseres bestimmt. ‚Ihr werdet sehen, ich werde einen reichen Mann heiraten und nie wieder so in Armut leben!', hat sie jedes Mal wütend gesagt, wenn unsere Eltern ihr aus finanziellen Gründen einen Wunsch nicht erfüllen konnten. Karin war sehr verwöhnt und egoistisch. Alles, was sie interessierte, waren Jungs und ihr eigenes Vergnügen. Sie liess sich schon früh nichts mehr sagen, tat, was sie wollte, hielt sich nicht an Abmachungen und belog meine Eltern. Mit vierzehn wurde Karin schwanger. Sie besuchte mich in Genf und forderte von mir, ihr zu helfen, sonst würde sie zu den Eltern gehen. Das wollte ich auf keinen Fall. Unsere Eltern durften davon nichts erfahren. Das war mir wichtig. Es hätte meine Mutter umgebracht. Ich begleitete meine Schwester in die Klinik und bezahlte die Abtreibung." Nach einer kurzen Pause sagte Verena Fässler: „Ich würde mich nie für meine Eltern schämen. Ich war ihnen dankbar, eine Ausbildung machen zu können und dadurch finanziell unabhängig zu werden." Sie nahm einen Schluck Tee und fuhr fort:

„Mit achtzehn heiratete Karin Udo Stein. Ich war froh, meine Schwester versorgt zu wissen. So mussten sich meine Eltern ihretwegen nicht mehr dauernd Sorgen machen.

Udo ist ein erfolgreicher Architekt. Soviel ich weiss, geht es Karin finanziell gut, sie hat nun wirklich einen reichen Ehemann." Der Ton, in dem Frau Fässler das sagte, verdeutlichte die Missbilligung, die sie dem Verhalten ihrer Schwester entgegenbrachte. Verena Fässler stand auf, holte ein Fotoalbum vom Regal und blätterte darin. Als sie gefunden hatte, wonach sie suchte, zeigte sie Basil und Anna Fotos von der Hochzeit ihrer Schwester.

„Karin und Udo haben nur auf dem Standesamt geheiratet. Im engsten Kreis. Eingeladen waren lediglich die Eltern von beiden und die Trauzeugen. Mutter gab mir diese Abzüge." Frau Fässler schloss das Buch und legte es auf den Tisch.

„Können Sie mir ein aktuelles Bild von Ihrer Schwester geben?", fragte Basil.

„Nein, ein aktuelles Bild habe ich nicht. Die Hochzeitsfotos sind die letzten Bilder, die ich von Karin habe, und das war vor …", Frau Fässler begann leise zu rechnen. „Das war vor neunzehn Jahren. Neuere Fotos habe ich nicht. Aber ihr Mann hat sicher welche."

„Danke, ich werde ihn fragen. Können Sie uns etwas über Karins Ehe sagen?"

„Ich weiss nicht, ob Karin eine glückliche Ehe führte. Ich habe sie vor vier Jahren in Zürich getroffen. Ich machte zu jener Zeit eine Weiterbildung und traf sie zufällig am Bahnhof, in Begleitung eines Mannes, den ich nicht kannte. Sie standen eng umschlungen auf dem Perron. Als ich sie ansprach, tat sie, als würde sie mich nicht kennen. Sie sagte, ich müsse sie wohl mit jemandem verwechseln. Ich denke, es war ihr peinlich, sie wollte nicht erkannt werden. Ich insistierte nicht und ging weiter. Karin muss Angst gehabt haben, ich würde sie oder Udo darauf ansprechen, wenn ich ihnen begegne. Udo hätte eine Aussenbeziehung nie gebilligt, da bin ich sicher. Wohl aus dieser Angst heraus hat Karin danach den Kontakt zu mir und unseren Eltern ganz abgebrochen. Sie kam nicht mehr an die Familientreffen, schickte nicht einmal eine Weihnachtsgrusskarte. Ich habe seit diesem Vorfall nie wieder von ihr gehört, schicke ihr aber regelmässig zum Geburtstag und zu Weihnachten eine Karte. Mehr kann ich nicht tun."

„Könnte ihre Schwester Selbstmord begannen haben?"

Es dauerte eine Weile, bis Verena Fässler die Frage verstand, und sie brauchte weitere Zeit, um darüber nachzudenken. „Das kann und will ich mir nicht vorstellen", sagte sie schliesslich kühl und wandte sich ab.

„Frau Fässler, verstehen Sie die Frage bitte richtig. Wir versuchen herauszufinden, weshalb Ihre Schwester ertrunken ist. Leider ist die Wahrscheinlichkeit des Freitodes nicht auszuschliessen, so wie sich die Sachlage zum jetzigen Zeitpunkt zeigt." Anna beugte sich vor und nahm Verena Fässlers Hand in die ihre.

„Mein Gott", kam es flüsternd über Verenas Lippen. „Dann kommt das arme Ding in die Hölle. Das wird Gott ihr nie verzeihen." Anna war entsetzt. Wie kam Frau Fässler dazu, etwas so Absurdes zu sagen. Anna war nicht gläubig, aber wenn sie je an einen Gott glauben würde, dann an einen liebenden Vater und nicht an einen herzlosen Richter.

„Frau Fässler, bitte denken Sie nicht so. Gott liebt uns alle, ganz besonders die Menschen, die verzweifelt sind und keinen Ausweg mehr sehen."

Leise schluchzend schaute Verena Fässler Anna an.

„Meinen Sie, Karin war so unglücklich? Hätte ich mich besser um sie kümmern müssen?"

Basil mischte sich ein. „Frau Fässler, vermutlich ertrank ihre Schwester durch einen Unfall. Davon jedenfalls gehen wir aus. Um sicher zu sein, müssen wir wissen, ob Karin Stein als Kind oder Jugendliche zu Depressionen neigte."

Frau Fässler war sichtlich erleichtert.

„Oh, nein. Karin war ein fröhliches Kind. Sie weinte nur selten. Wenn ich sie mit einem Tier vergleichen müsste, dann war sie ein Schmetterling. Wenn sie traurig war, konnte man sie ganz einfach ablenken. Nein, sie hatte ein leichtes Gemüt – da neige eher ich dazu, mir das Leben schwerer zu machen als nötig."

„Frau Fässler, wir haben versucht, Ihre Eltern zu kontaktieren. Sie sind aber nicht erreichbar, daher konnten wir sie noch nicht über den Tod ihrer Schwester informieren. Auch Ihren Bruder haben wir bis jetzt noch nicht erreicht. Können Sie uns die Anschriften geben, damit wir mit ihnen in Kontakt treten können?"

Anna und Basil beobachteten, wie eine Veränderung in Frau Fässler vor sich ging. Sie war nicht mehr die grosse Schwester, die um Karin trauerte, sondern die Frau, die es gewohnt war, im Leben Entscheidungen zu treffen und die zu schützen, die sie liebte.

„Meine Eltern sind zurzeit für niemanden erreichbar", sagte sie kühl und gefasst. „Auch nicht für mich. Das war so ausgemacht. Mein Vater hat Krebs und nur noch wenige Wochen zu leben, und meine Eltern wollen diese Tage ungestört miteinander verbringen. Ich muss warten, bis sie sich bei mir melden. Es reicht, wenn sie von Karins Tod erfahren, wenn sie am Freitag zurückkommen. Sie jetzt zu informieren, wird Karin nicht wieder lebendig machen. Meinen Bruder werde ich selber anrufen. Sollte er die Sache mit unseren Eltern anders einschätzen als ich, gebe ich Ihnen Bescheid."

Basil war da anderer Meinung. „Ich verstehe Ihre Überlegungen gut. Aber bedenken Sie: Ihre Eltern könnten in der Zeitung vom Tod ihrer Tochter lesen, und das möchten wir vermeiden."

„Meine Eltern sind auf einer Kreuzfahrt. Mein Vater sieht fast nichts mehr, und meine Mutter hat noch nie Zeitungen gelesen. Die beiden sitzen gerne vor dem Fernseher. Wenn die Nachricht über Karins Tod nicht in der Tagesschau übertragen wird, sehe ich keine Gefahr."

„Denken Sie nicht, Ihre Eltern haben ein Anrecht darauf, sofort über den Tod ihrer Tochter informiert zu werden?", insistierte Basil.

„Herr Kommissar", widersprach Frau Fässler, „Karin ist ja schon einige Wochen tot, wenn ich Sie vorhin richtig verstanden habe. Dann kommt es auf die paar Tage auch nicht mehr an. Ich gebe Ihnen Bescheid, sobald meine Eltern zurück sind und ich ihnen die traurige Nachricht mitgeteilt habe. Jetzt sollen sie in aller Ruhe die Kreuzfahrt geniessen. Es ist das erste und wohl auch das letzte Mal, dass sie gemeinsam Ferien machen können. Als sie jünger waren, konnten sie es sich nicht leisten, und jetzt, wo Mutter etwas Geld geerbt hat, ist Vater todkrank."

Nachdem sie sich von Frau Fässler verabschiedet hatten, machten sich Anna und Basil auf den Weg zum Architekturbüro ‚Stein&Stein' in Murten. Anna fuhr nachdenklich auf die Autobahn. Nach einer Weile unterbrach sie das Schweigen.

„Ruf bitte Moser an. Sag ihr, der Name Karin Stein dürfe auf keinen Fall an die Presse gelangen, bevor wir nicht mit den Eltern gesprochen haben."

Moser schien nicht begeistert zu sein. Anna hörte, wie sich Basil etwas ungeduldig rechtfertigte.

„Natürlich würden wir sie informieren, wenn wir könnten. Aber die Eltern sind nicht erreichbar. Falls sie sich nicht von sich aus bei ihrer Tochter melden, werden wir sie erst nach ihrer Rückkehr am Freitag benachrichtigen können."

Nach einem weiteren Wortwechsel war das Gespräch

beendet. „Moser befürchtet, der Name könnte bereits an die Presse durchgesickert sein", fasste Basil für Anna zusammen und verstaute das Handy im Sack.

„Das ist schlecht, aber wir können es nicht mehr ändern. Hoffen wir das Beste."

In Murten brauchten sie eine Weile, bis sie einen schattigen Parkplatz innerhalb der Stadtmauern fanden. Anna liess Fenster und Heck des Mazdas offen, füllte Wasser in den Hundenapf und befahl Kira zu warten. Ein grobmaschiges Netz hinderte die Hündin daran, aus dem Auto zu springen. Dann ging sie mit Basil im Schatten der Arkaden zum Büro von Udo Stein. Sie musste zweimal klingeln, bis der Sekretär öffnete.

„Guten Tag, Frau Kommissarin", begrüsste er sie überschwänglich. Er drehte sich zu Basil, musterte ihn von oben bis unten. „Und wen haben wir denn da?", fragte er interessiert und wandte sich ganz Basil zu.

Verblüfft über diese Frage, stellte sich Basil nach einem kurzen Blickwechsel mit Anna vor. „Kommissar Klee."

Der Sekretär reichte Basil erfreut die Hand. „Ich bin Ronaldo Jauch. Sekretär von ,Stein&Stein'. Sie habe ich gestern aber nicht gesehen?" Mit diesen Worten zog er Basil sanft ins Innere des Raumes, ohne Anna weiter zu beachten. „Was kann ich denn für Sie tun, Herr Kommissar Klee?" Basil entzog dem Sekretär seine Hand und hielt die sich schliessende Tür auf. Er wartete, bis Anna eingetreten war, und stellte sich neben sie.

„Könnten wir bitte mit Herrn Stein sprechen?", fragte die Kommissarin. Der Sekretär verwarf seine Hände.

„Es tut mir leid, Herr Stein ist nicht hier. Er befindet sich zurzeit auf der Baustelle in Haut le Château." Zu Basil gewandt erklärte er: „Es müssen dort wichtige Entscheidungen getroffen werden." Basil nickte.

„Können Sie uns den Weg beschreiben?", fragte Anna.

„Kommen Sie mit. Ich werde Ihnen einen Lageplan heraussuchen." Damit tänzelte Ronaldo Jauch hinter die lang gezogene Empfangstheke. Es dauerte einige Minuten, bis er sich durch alle Ablagefächer durchgearbeitet hatte und fand, wonach er suchte.

„Ach, ja, hier haben wir ihn ja!", rief er fröhlich und kam wieder hinter der Theke hervor. Er trippelte an Anna vorbei und stellte sich neben Basil. Dann breitete er den Plan aus und zeigte Basil mit einem sorgfältig manikürten Zeigefinger die Route nach Haut le Château.

„Das ist aber viel, was Sie sich da merken müssen. Warten Sie einen Moment." Damit trippelte er erneut hinter die Theke und kam gleich darauf mit einem gelben Leuchtstift zurück.

„Ich zeichne Ihnen den Weg ein. Sie dürfen den Lageplan gerne behalten, ich habe noch mehr Exemplare." Er beugte sich wieder über die Karte und fuhr mit dem Leuchtstift die Strasse nach, die nach Haut le Château führte. Stolz über sein Werk hob er den Kopf, lächelte kokett und faltete den Plan zusammen. Er überreichte ihn Basil. „Ich hoffe, Sie finden die Baustelle. Ich würde Ihnen gerne anbieten, Sie zu begleiten, aber wir haben zurzeit sehr viel zu tun hier, und wenn ich mich jetzt nicht an die Arbeit setze, werde ich Überstunden machen müssen."

Basil nahm die Karte dankend an sich.

„Gibt es sonst noch etwas, das ich für Sie tun kann?"

„Danke, nein, Sie haben uns sehr geholfen."

Der Sekretär nickte Anna zum Abschied kurz zu und hielt Basil die Hand entgegen.

„Herr Kommissar Klee, es hat mich gefreut, Sie kennenzulernen", säuselte er, während Basil sich fragte, ob Ronaldo Jauch jetzt einen Handkuss erwarte. Er beliess es bei einem kurzen Nicken, verabschiedete sich vom Sekretär und hielt Anna die Tür auf.

Haut le Château war ein kleines, malerisches Dorf, das direkt an den Neuenburgersee grenzte. Die Baustelle war leicht zu finden, ein in der Sonne glitzernder Kran wies ihnen den Weg. Zwei Arbeiter waren dabei, Säcke aus einem Lastwagen zu heben. Auf die Frage, wo der Bauleiter sei, blickten beide zum Haus und wiesen mit dem Kinn Richtung Dach.

Anna und Basil kletterten über Bauschutt und Erdhaufen bis zu einem Gerüst, das an einem halb fertigen Bau angebracht war. Hier stiegen sie die Stufen hoch. Ein Arbeiter stellte sich ihnen in den Weg.

„Sie dürfen die Baustelle nicht betreten", sagte er. Nach einem Blick auf Annas Ausweis zuckte er mit den Achseln und machte sich wieder an die Arbeit.

Auf dem Dach standen zwei Männer über Pläne gebeugt. Beide blickten auf, als Anna und Basil näher kamen.

Udo Stein sah noch fast so aus wie auf dem Hochzeitsfoto, das Frau Fässler ihnen am Vormittag gezeigt hatte. Er war ein mittelgrosser, gut gebauter Mann, mit leichter Neigung zum Bauchansatz. Grau meliertes, kurzes Haar umrahmte das braun gebrannte Gesicht. Nicht unattraktiv, fand Anna. In seinen gut geschnittenen Markenjeans und dem gebügelten Hemd hätte er besser an einen Ferienort als auf eine Baustelle gepasst. Allein die groben Schuhe und der Helm liessen auf einen direkten Zusammenhang zwischen ihm und der Baustelle schliessen. Und die selbstsichere Art, mit welcher er über dem Plan gestikulierte. Die Brille mit dem schmalen Goldrand stand in starkem Gegensatz zu den vollen Augenbrauen. Udo Stein musterte die beiden Eindringlinge und kam mit schnellen Schritten auf sie zu.

„Guten Tag. Das Betreten der Baustelle ist für Unbefugte verboten. Verlassen Sie die Baustelle umgehend." Mit der rechten Hand wies er Anna und Basil an, sich zu drehen und den Weg, den sie gekommen waren, zurückzugehen.

„Wenn Sie ein bauliches Anliegen an mich haben: Mein Büro befindet sich in Murten, und mein Sekretär wird Ihnen gerne einen Termin geben." Mit der linken Hand berührte er Annas Schulter und lenkte sie mit leichtem Druck in die gewünschte Richtung.

Anna mochte es nicht, bedrängt zu werden. Energisch und unwirsch stiess sie den Arm von ihrer Schulter.

„Mein Name ist Calvin", sagte sie etwas lauter als nötig. „Kommissarin Calvin. Das ist mein Partner, Kommissar Klee. Ich habe bereits mit Ihnen telefoniert. Hätten Sie sich wie vereinbart nach Ihrer Rückkehr aus Antwerpen umgehend bei uns gemeldet, so wäre unser Erscheinen auf dieser Baustelle jetzt nicht nötig." Udo Stein hörte ihr schweigend zu. Das besänftigte sie ein bisschen. Sie zog ihren Ausweis aus der Tasche und hielt ihn dem Architekten entgegen. Udo Stein betrachtete ihn eingehend. Dann reichte er ihn zurück.

„Ich muss Sie trotzdem bitten, die Baustelle zu verlassen, es ist zu gefährlich. Wir können uns gerne unten unterhalten", beharrte er und ging vor. Sie folgten ihm über die Treppe nach unten. Als er in der Nähe ihres Autos stehen geblieben war, fragte Anna: „Ich möchte von Ihnen wissen, warum Sie sich nicht bei uns gemeldet haben?"

„Ich wurde hier auf der Baustelle gebraucht. Ich hätte mich heute noch bei Ihnen gemeldet. So dringend kann Ihr Anliegen ja nicht sein."

Anna ging nicht weiter auf diese Bemerkung ein. Er würde gleich selber entscheiden können, ob ihr Anliegen dringend war oder nicht. „Herr Stein, wann haben Sie Ihre Frau das letzte Mal gesehen?"

Stein horchte auf. „Meine Frau?", fragte er besorgt, „ist meiner Frau etwas zugestossen?" Er hatte zunächst noch gehofft, die Polizei habe Beschwerden wegen der Baustelle vorzubringen. Jetzt war er verunsichert.

Anna ignorierte seine Fragen und wiederholte: „Herr Stein, wann haben Sie Ihre Frau das letzte Mal gesehen?" Udo Stein zögerte einen Augenblick, bevor er antwortete. „Meine Frau ist mit einer Freundin in Österreich in den Ferien. Wir brauchen beide eine Auszeit, um über unsere Beziehung nachzudenken." Er nahm den kritischen Blick der Kommissarin wahr. „Wieso fragen Sie?"

„Vielleicht wäre es besser, wenn wir diese Unterhaltung in Ihrem Büro weiterführen würden." Der Mann tat ihr plötzlich leid.

„Ich habe hier kein Büro … Bitte sagen Sie schon: Ist meiner Frau etwas passiert?"

„Es tut mir leid, Ihnen das mitteilen zu müssen: Ihre Frau wurde tot am Strand von Salavaux aufgefunden." Stein stützte sich am Auto ab, um nicht zu fallen. Basil machte einen Schritt auf ihn zu und stützte ihn.

„Herr Stein, ich muss Sie bitten, uns ins rechtsmedizinische Institut zu begleiten, um die Formalitäten zu erledigen." Udo Stein, sichtlich um Fassung ringend, nickte langsam. „Ja, selbstverständlich." Er bat, kurz mit dem Vorarbeiter sprechen zu dürfen. Dann kam er zurück und setzte sich, ohne die Augen zu heben, auf den Rücksitz des Wagens. Er handelte mechanisch, wie ein Roboter. Kira hatte sich im Heck hingelegt und machte sich nicht bemerkbar. Schweigend fuhren sie nach Bern.

Kurz vor dem Ziel hörten sie Udo Stein fragen: „Wo, haben Sie gesagt, wurde meine Frau gefunden?"

„Am Strand von Salavaux", wiederholte Anna. Sie warf einen Blick in den Rückspiegel. Stein schien sie gar nicht gehört zu haben.

Sie liefen durch die langen Korridore der forensischen Abteilung. Ihre Schritte hallten durch die leeren Gänge. Links und rechts reihte sich Tür an Tür. Ihr Olivgrün unterschied sich kaum von dem schmutzigen Grau der Wände. Eine Tür schien wie die andere, für Udo Stein kaum zu unterscheiden, aber Anna und Basil liefen zielsicher durch das Ganglabyrinth, drehten schliesslich nach links und blieben vor einer der Türen stehen. Basil öffnete sie. Unfreundliche Kälte schlug ihm entgegen. Er liess Anna und Stein den Vortritt. Der Geruch des Konservierungsmittels Formaldehyd stieg ihnen in die Nase. Vor ihnen erhob sich eine Wand voller verschliessbarer Kühlfächer. Ein Mann in einem weissen Kittel schloss eine der überdimensionalen Schubladen, drehte sich um und trat auf sie zu.

„Guten Morgen, Otmar. Das ist Udo Stein, Karin Steins Ehemann." Otmar Roth gab Udo Stein die Hand.

„Mein Beileid. Ich bin Rechtsmediziner und habe Ihre Frau untersucht. Bevor wir zu ihr gehen, möchte ich kurz mit Ihnen sprechen. Darf ich Sie bitten, Platz zu nehmen?" Er zeigte auf einen kleinen Tisch mit drei Stühlen, der an der Wand gegenüber den Kühlfächern stand.

Udo Stein war froh, sich setzen zu können. Gedankenabwesend fuhr er mit dem Finger immer wieder über ein paar kleine Kratzer auf der Tischplatte. Unterdessen holte Dr. Roth aus einem Nebenraum eine Schachtel, mit Karin Steins Sachen.

Er überreichte Udo Stein den Schmuck und die Kleider und bat ihn, die Wertsachen zu identifizieren und deren Erhalt zu quittieren. Dann bereitete er ihn auf das vor, was ihn gleich erwarten würde.

„Herr Stein, Ihre Frau hat ungefähr drei Wochen im

131

Wasser gelegen. Dadurch hat sich ihr Äusseres stark verändert. Wasserleichen sind kein schöner Anblick. Ich kann ihn Ihnen ersparen, da wir ihre Frau anhand ihres Gebisses eindeutig identifizieren konnten. Wünschen Sie, Ihre Frau trotzdem ein letztes Mal zu sehen?" Dr. Roth blickte Stein fragend an.

„Ja. Ich muss mich vergewissern. Sonst werden mich mein Leben lang Zweifel plagen."

„Gut, dann bitte ich Sie, mir zu folgen."

Kopfnickend stand Dr. Roth auf. Am Ende des Zimmers öffnete er ein Kühlfach. Nachdem er die Lade bis zum Anschlag herausgezogen hatte, schlug er das Tuch zurück, und das Gesicht der Toten wurde sichtbar. Stein fröstelte. Er betrachtete das Gesicht, das einmal seiner Frau gehört hatte. Es war stark entstellt. Dennoch erkannte er sie. Er zwang sich, genau hinzuschauen.

‚Was hast du Karin angetan? Was hast du Karin angetan?', flüsterte eine leise Stimme in seinem Kopf. Sie wurde immer lauter und bestimmender. Udo Stein griff sich an die pochenden Schläfen. ‚Da siehst du, was geschieht, da siehst du es.'

„Ist das Ihre Frau?", hörte er die Stimme der Kommissarin wie durch Watte an sein Ohr dringen. Er nickte und wandte sich ab. Könnte er nur alles rückgängig machen, sein ganzes Leben noch einmal leben. Udo Stein brach in Tränen aus.

Anna und Basil führten ihn in einen angrenzenden Raum. Basil holte Wasser und schenkte allen ein Glas ein. Dann warteten sie, bis Stein sich wieder gefasst hatte. Stein war dünnhäutig. Anna war sich bewusst, wie schwierig sich das kommende Gespräch entwickeln konnte, wenn er die Kontrolle verlieren würde. Sie musste ihn sehr sachlich ansprechen und ihm keine Möglichkeit geben, sich in Gefühlen zu verlieren. Es war wichtig, ihm durch gespielte

Kühle den nötigen Halt zu geben, auf die Gefahr hin, dadurch herzlos zu wirken.

„Es tut mir leid, Herr Stein. Auch wenn das ein schwieriger Moment für Sie ist: Ich muss Ihnen einige Fragen stellen. Ich werde mich kurz fassen. Sind Sie in der Lage zu antworten?"

„Ja", murmelte Stein tonlos.

„Sie haben gesagt, Ihre Frau sei in den Ferien", begann Anna. „Wo genau hat sie ihre Ferien verbracht?"

„Sie war mit ihrer Freundin Katja Baumgartner für sechs Wochen in Österreich. Sie wollten Velo fahren, wandern und Golf spielen. Sie haben, soweit ich weiss, im Alpenhotel ‚Kracherle Moos' irgendwo im Südtirol ein Zimmer gemietet. Jedenfalls bekam ich von dort eine Postkarte. Die muss noch zu Hause rumliegen. Auf der Karte stand, sie würden vor Ort eine Wohnung suchen, da dies gemütlicher sei, als sechs Wochen in einem Hotel zu wohnen. Sie wollte sich dann wieder melden, wenn sie eine Wohnung gefunden hatten. Der Ehemann von Katja ist Manager. Er ist geschäftlich viel im Ausland und Katja daher oft allein. Katja und Karin haben sich im Fitnessstudio kennengelernt und angefreundet. Vor ein paar Wochen erfuhr ich von ihrem Plan, mit Katja nach Österreich in die Ferien zu fahren. Da ich ebenfalls wenig Zeit habe und wir eine Beziehungspause brauchten, fand ich die Idee der Reise gut. Wie gesagt, wir hatten ein paar Probleme, nichts Ernstes, das hätten wir sicher wieder in den Griff bekommen", versicherte Stein.

‚Die Männer sind alle gleich', dachte Anna. Ihr Ex hatte ihr damals auch immer einreden wollen, dass ihre Eheprobleme nicht so schlimm seien.

„Machten Sie sich keine Sorgen, als sich Ihre Frau nicht mehr meldete?", wollte Anna wissen. „So lange braucht man ja nicht, um eine Ferienwohnung zu finden."

„Nein, wieso sollte ich mich sorgen? Sie waren ja zu zweit. Wenn etwas gewesen wäre, hätte Katja sich sicher gemeldet. Wir hatten eine Auseinandersetzung gehabt, bevor sie wegfuhr, und ich dachte, sie wolle mich auf diese Weise bestrafen. Mein Stolz hat es nicht zugelassen, den ersten Schritt zu machen. Sie hatte gesagt, sie melde sich, also wollte ich warten. Sind Sie verheiratet? Dann kennen Sie das bestimmt. Machtspiele unter Eheleuten. Nichts Ungewöhnliches, nichts Ernsthaftes."

„Können Sie mir sagen, worüber Sie sich gestritten hatten, bevor Ihre Frau losfuhr?" Udo Stein schien sich zu überlegen, ob sein Streit mit Karin die Polizei etwas anging.

„Wir waren uns nicht einig, wann der richtige Zeitpunkt für Kinder war. Karin wollte schon länger welche, und ich fand es noch zu früh. Eigentlich bin ich mir gar nicht sicher, ob ich überhaupt Kinder will, und das habe ich ihr gesagt. Sie wurde wütend, hat mir allerlei an den Kopf geworfen. Sicher hat sie es am nächsten Tag bereut. Ich trage ihr nichts nach. Ich wollte auf jeden Fall einen Neuanfang mit meiner Frau", fuhr Stein fort.

„Wie haben Sie sich kennengelernt?"

„Wir waren Nachbarn, kennen uns, seit wir kleine Kinder sind. Ich liebte sie seit der ersten Klasse, als sie einem Jungen, der immer alle schlug, mit dem Besen des Abwarts ein Bein gestellt und er dann eine blutende Nase hatte. Damals entschied ich, sie zu heiraten. Geheiratet haben wir, als sie achtzehn war. Ich befand mich damals noch im Studium, Karin beendete gerade die Schule. Sie war eine intelligente, warmherzige Frau." Er wischte sich rasch über die Augen. Dann putzte er umständlich seine Brille.

„Ich beendete mein Studium", fuhr er fort, „und begann in einem Architekturbüro zu arbeiten. Ich war sehr fleissig und ehrgeizig, weil ich Erfolg haben wollte, um mein Versprechen an Karin einlösen zu können, ihr ein besseres

Leben zu bieten; sie stammte aus ärmlichen Verhältnissen. Nachdem ich beruflich immer mehr Erfolg hatte, machte ich mich vor sechs Jahren selbstständig. Dann habe ich uns in Murten ein Haus gebaut. Wunderschöne Lage mit Seeanstoss. Vor einem guten Jahr konnten wir einziehen."

Anna unterbrach den plötzlichen Redefluss des Mannes. „Können Sie sich vorstellen, wie Ihre Frau tot an den Strand von Salavaux kam?"

„Nein, beim besten Willen nicht. Sie wollte sechs Wochen in Österreich verbringen, ich habe sie nicht vor Mitte Juni zurückerwartet." Er blickte einen Moment lang vor sich hin. Plötzlich hob er den Kopf: „Katja Baumgartner und ihr Mann haben ein Haus in Salavaux."

„Das wirft ein neues Licht auf die Angelegenheit. Vielleicht sind die beiden Frauen nach Salavaux gekommen, ohne Ihnen das mitzuteilen? Vielleicht brauchte Ihre Frau noch mehr Zeit, um die Beziehung zu Ihnen zu überdenken."

„Ich weiss es nicht. Könnte sein." Anna fing einen müden, resignierten Blick von Udo Stein ein.

„Herr Stein, wir sind gleich fertig. Vorhin haben Sie betont, Sie wollten einen Neuanfang mit Ihrer Frau. Sah Ihre Frau das auch so, oder hatte sie andere Vorstellungen von der Zukunft?"

„Bis eben hätte ich geschworen, dass sie gleich dachte wie ich. Jetzt bin ich mir nicht mehr sicher. Ich bin etwas durcheinander."

„Bitte geben Sie uns die genaue Adresse von Frau Baumgartner, damit wir Ihre Aussagen überprüfen können."

„Strandweg 1 in Salavaux. Sie können es unmöglich verfehlen. Es ist die einzige Villa auf der Südwestseite mit Seeanstoss", erklärte Udo bereitwillig.

„Lassen wir es vorerst gut sein", beendete Anna das Gespräch. „Halten Sie sich für weitere Fragen zur Verfügung, und verlassen Sie das Land nicht ohne unsere Erlaubnis."

Besorgt sah sie ihn an. „Wie kommen Sie nach Hause? Haben Sie jemanden, mit dem Sie sprechen können?"

„Ich komme zurecht", versicherte Stein und verabschiedete sich, klemmte den Karton mit den Kleidern und Wertsachen seiner Frau unter den Arm und verliess mit schleppenden Schritten den Raum. Er war nicht mehr der selbstsichere Mann, der alles im Griff hatte. Seine Schultern waren gebeugt, als liege die ganze Last der Welt auf ihnen.

Stein lief die Strasse hinunter. Er musste zwei Häuserblocks passieren, bis er ein Leuchtschild sah, das zu einer Bar gehörte. Er trat ein und wurde von schummrigem Licht empfangen. Die Luft war verbraucht und von Qualm vernebelt, es raubte ihm fast den Atem. Als sich seine Augen an die Dunkelheit gewöhnt hatten, nahm er undeutlich ein paar Tische wahr und eine lange Bar, die den Raum dominierte. An der Bar befanden sich nur wenige Leute, ausschliesslich ältere Männer, die hinter ihrem Bier sassen und trübsinnig vor sich hinstarrten.

Unter normalen Umständen hätte er diese Bar sofort wieder verlassen. Jetzt aber setzte er sich an einen der hinteren Tische und bestellte einen doppelten Cognac. Er brauchte jetzt etwas Starkes. Die düstere Atmosphäre und der abgestandene Geruch nach Schweiss, ranzigem Öl, Rauch und Alkohol passten zu seiner momentanen Verfassung. Er kippte das volle Glas und leerte es in einem Zug. Der Schnaps, der ihm durch die Kehle rann, brannte wie Feuer. Das beruhigte ihn ein wenig, und er bestellte sofort einen zweiten.

Er dachte an seine letzte Begegnung mit Karin, bevor sie entschied, nach Österreich zu fahren. Er hörte noch, wie sie ihm ins Gesicht schrie, sie habe endgültig genug und würde, wenn sie zurück sei, die Scheidung einreichen. Und sie würde um jeden Rappen kämpfen. Sie würde ihn nackt ausziehen. Nackt bis aufs Hemd.

Wann war das Ganze aus dem Ruder gelaufen? Wann hatte diese Eigendynamik begonnen, die sich nicht mehr kontrollieren liess? Er dachte an sein Haus, seine Firma, seine Arbeit, seine Träume, seine Wünsche. Er fragte sich, wie lange er noch vor der Öffentlichkeit verbergen konnte, wie es wirklich um ihn stand. Hätte er sich mehr anstrengen müssen? Nun war es zu spät. Und ihr Tod war ein hoher Preis, den er für seine Träume bezahlen musste.

Anna und Basil fuhren nach Salavaux. Wie Udo Stein prophezeit hatte, fanden sie die Villa der Baumgartners auf Anhieb. Sie lag mitten in einem riesigen Park. Langsam schritten sie über den Kiesweg. Links und rechts standen Kirschbäume.

„Was für eine Pracht muss das sein, wenn die Kirschbäume im Frühling blühen", sagte Anna zu Basil und dachte an Hannah. Wie sehr ihr dieser Anblick gefallen würde! Kira rannte erfreut zwischen den Bäumen hin und her. Die schlichte und anmutige Villa verschmolz in vollkommener Weise mit dem üppigen Garten. Die Fassade war in einem kühlen Lachsrot gestrichen. Neben der Haustür befand sich eine altmodische Klingel an einer Kette. Als Basil daran zog, ertönte ein melodiöser Klang, der das ganze Haus erfüllte.

Niemand öffnete.

„Sag nur noch, dass die Baumgartners ebenfalls in den Ferien sind", sagte Anna frustriert. Basil, der sich suchend umschaute, sah, wie ein Gärtner aus dem Nebengebäude kam und einen Rasenmäher hinter sich herzog. Der Kommissar ging auf den Gärtner zu und stellte sich vor. Dann fragte er, wo er Katja Baumgartner finden könne. „Das Ehepaar Baumgartner ist, soviel ich weiss, noch für gut zehn Tage in den Vereinigten Staaten."

„Haben Sie Frau Baumgartner kürzlich gesehen? War sie vor ihrer Abreise hier?"

„Ich weiss es nicht. Ich führe hier nur die Arbeit aus, die mir zugeteilt wurde. Der Chef machte eine Bemerkung, ich solle den Ersatzschlüssel mitnehmen, da die Besitzer weg seien. Mehr weiss ich nicht."

Basil bedankte sich und ging zurück zu Anna, die vor dem Haus gewartet hatte.

„Sie sind noch für die nächsten zehn Tage verreist."

„Das darf doch nicht wahr sein! Wie sollen wir unsere Arbeit machen, wenn niemand da ist?"

Nach einer kurzen Pause wandte sie sich erneut an Basil und fuhr etwas ruhiger fort: „Versuche, an Baumgartners E-Mail-Adresse zu kommen, und maile sie mir dann. Ich will sobald wie möglich mit dieser Frau sprechen. Sie ist vermutlich die Person, die Karin am besten kannte und vielleicht sogar als Letzte lebend gesehen hat. "

„Mach ich", versprach Basil.

Zu Hause angekommen, schlüpfte Anna in eine leichte Hose aus dunkelbrauner Baumwolle und in ein ärmelloses T-Shirt. Barfuss lief sie durch das Haus und genoss den frisch geputzten Fussboden. Keine Krümel und keine Hundehaare, die an ihren Fusssohlen klebten. Sie war froh, waren die vierzehn Tage und somit Frau Modrics Ferien vorbei. Da die Kinder heute nicht zum Essen kamen, entschied sie, sich für einmal nicht an den Herd

zu stellen. Sie öffnete den Kühlschrank und blickte überrascht auf die frisch zubereiteten Salate. Frau Modric hatte
nicht nur das ganze Haus sauber gemacht, sie hatte auch
noch für ihr leibliches Wohl gesorgt. Salat, frisches Brot
und ein Glas Rosé waren genau das, wonach Anna Lust
hatte. Frau Modric war ein Engel. Sie setzte sich mit einem
reichlich gefüllten Teller und einem Glas Dôle Blanche an
den kleinen Bistrotisch neben dem Brunnen. Finn preschte
aus dem Nachbarsgarten, sprang ihr auf den Schoss und
forderte seine Streicheleinheiten ein. Kira liess ein warnen-
des Knurren hören und legte den Kopf auf den Thymian-
strauch am Wegrand.

Anna kaute langsam und genoss die Ruhe. Von Zeit zu
Zeit warf sie einen Blick auf ihr Handy. Der Abend war
noch jung, und sie war heute aller häuslicher Pflichten
entbunden. Sie dachte an Karin Stein. Sollte sie noch
einmal nach Salavaux? Vielleicht konnte sie am Fundort
besser nachdenken. Zu Fuss wäre es von hier, dem Ufer
entlang, ein Spaziergang von einer knappen Stunde.

„Komm, Kira, wir machen nochmals einen Ausflug." Kira
sprang auf und bellte laut.

„Still, sofort, sonst gehe ich allein!", drohte Anna liebevoll.

Als sie eine gute Stunde später beim „Chez Nelly" eintra-
fen, schloss Ilona Santos gerade die Tür zur Segelschule
ab. Überrascht begrüsste sie die Kommissarin und strich
Kira über das dunkle Fell.

„Möchten Sie zu mir?", fragte sie, ohne sich anmerken zu
lassen, wie erfreut sie über dieses Zusammentreffen war.

„Nicht direkt. Ich habe nachgedacht, und mein Spaziergang hat mich hierhergeführt", sagte Anna.

„Ich mache gerade Feierabend und wollte auf meine Jacht
gehen und bei einem Glas Wein die Ruhe geniessen. Wenn
Sie mögen, lade ich Sie gerne auf ein Glas ein." Ilona
schenkte der Kommissarin ein warmes Lächeln.

„Kommen Sie mit Ihren Ermittlungen voran? Ich stehe Ihnen gerne zur Verfügung, falls ich Ihnen beim Nachdenken helfen kann."

„Danke, das ist nett von Ihnen. Leider stecken die Ermittlungen im Moment fest. Wir versuchen, Kontakt mit den Verwandten und Bekannten von Karin Stein aufzunehmen, die meisten sind jedoch nicht erreichbar."

„Karin Stein? Wieso Karin Stein? Was hat sie mit dem Fall zu tun? ... Oh nein, war die Tote Karin?" Ilona klang entsetzt. Sie blieb stehen und schaute Anna mit weit aufgerissenen Augen an. Anna erschrak. Damit hatte sie nicht gerechnet. Wie konnte sie nur so unachtsam sein. Hatte sie denn nichts gelernt in all den Jahren?

Sie berührte Ilona sanft an der Schulter. „Es tut mir leid. Ich wusste nicht ... Es tut mir aufrichtig leid, so mit der Tür ins Haus zu fallen. Der Name hätte mir nicht herausrutschen dürfen."

Ilona setzte sich in den Sand und schwieg ein paar Sekunden, bevor sie immer wieder flüsterte: „Das ist ja nicht zu fassen. Wie konnte das passieren?"

Betroffen setzte sich Anna neben Ilona und hielt beruhigend ihre Hand. Dabei beobachtete sie die Frau neben sich aufmerksam.

„Frau Santos, kannten Sie Karin Stein?", fragte sie leise und eindringlich. „Frau Santos, Ilona, bitte sprechen Sie mit mir. Kannten Sie Karin Stein?"

„Ja. Wir waren zusammen auf dem Gymnasium", sagte Ilona Santos leise. Langsam gewann sie ihre Fassung zurück. „Als Karin heiratete, war ich ihre Trauzeugin. Dann haben wir uns aus den Augen verloren. Erst vor etwas mehr als zwei Jahren sind wir uns wieder begegnet. Karin nahm bei Marc Tauchunterricht. Sie kam zweimal in der Woche. Freitag- und Samstagnachmittag. Sicher kann Ihnen Marc noch mehr erzählen."

„Marc? Der Tauchlehrer?"

„Ja, er sah sie regelmässig. Ich begegnete ihr nicht so oft, und wenn, dann waren es nur kurze Gespräche zwischen Tür und Angel."

„Es tut mir leid, dass ich so unachtsam war."

„Es ist in Ordnung. Sie konnten ja nicht wissen, dass ich Karin kannte, und ich hätte das nie vermutet. Ich war nicht darauf vorbereitet. Aber auf solche Situationen kann man sich wohl nur schlecht vorbereiten. Machen Sie sich keine Gedanken. Es war nur der erste Schreck. Ich kannte sie gut, aber wir waren nicht Busenfreundinnen." Ilona setzte sich gerade hin und sah die Kommissarin an. Sie hatte wieder Farbe im Gesicht.

„Kann ich Ihnen vielleicht bei Ihren Überlegungen helfen?"

„Vermutlich können Sie das. Ich erhoffe es mir jedenfalls und bin froh um jeden Hinweis. Aber vielleicht möchten Sie jetzt lieber allein sein und den Feierabend wie geplant auf Ihrer Jacht verbringen?"

„Nein, Frau Kommissarin, jetzt möchte ich auf keinen Fall allein sein."

Anna fragte nach kurzem Überlegen: „Wissen Sie vielleicht, ob man das Tauchen lernen darf, wenn man nicht schwimmen kann?"

„Nein, das weiss ich nicht. Darüber habe ich mir noch nie Gedanken gemacht. Wenn Sie die Segelprüfung machen wollen, dann müssen Sie schwimmen können. Vermutlich ist es für das Tauchen ganz ähnlich geregelt." Ilona schüttelte den Kopf. „Nein, ich weiss es nicht. Aber Marc kann Ihnen diese Frage sicher beantworten."

Anna zog die Schuhe aus und grub ihre Füsse in den Sand. Der kühle Sand fühlte sich angenehm an. Da Ilona schwieg, sagte sie: „Ich würde mir gerne ein genaueres Bild von Karin Stein machen. Könnten Sie mir etwas über sie erzählen?" Ilona dachte einen Augenblick nach.

„In der Schule war sie eher still und angepasst. Sie musste sich sehr anstrengen, um die Matura zu bestehen. Sie sagte immer wieder, sie würde die vielen Formeln und Tabellen nie in ihren Kopf kriegen. Wir haben Lerngruppen gebildet, um uns gegenseitig zu helfen. Sie nahm es aber nicht ernst. Sie wollte sowieso nicht studieren. Eigentlich war es ihr egal, ob sie die Prüfungen bestehen würde oder nicht. Sie besuchte das Gymnasium nur, weil sie sich von der Arbeiterschicht distanzieren wollte. Sie wollte später einen reichen Mann heiraten, der für sie sorgen würde. In vielerlei Hinsicht hatte sie verzerrte Vorstellungen vom Leben, von der Gesellschaft, von Sein und Haben, und es brachte nichts, mit ihr darüber zu diskutieren. Sie war bestimmt keine Person, die man leicht durchschauen konnte. Sie hatte viele Facetten. Ich weiss nicht, wie ernst ihr das war mit der Heirat eines reichen Mannes. Denn schliesslich heiratete sie Udo Stein, als er noch arm war. Als ich sie bei den Hochzeitsvorbereitungen fragte, weshalb sie ihn heiraten wolle, sagte sie, er habe ihr versprochen, alles zu tun für den finanziellen Erfolg."

Anna hatte inzwischen ihre Füsse unter einem Sandhügel vergraben. „Komisch. Ich weiss nicht, ob mir ein solches Versprechen von jemandem genügen würde. Vor allem, wenn mir Reichtum so wichtig wäre, wie er Karin offenbar war. Jedenfalls scheint es ihrerseits keine Liebesheirat gewesen zu sein?"

„Nein, es war keine Liebesheirat ihrerseits. Karin liebte nur sich selbst. Die Welt drehte sich nur um sie."

Anna befreite ihre Füsse vom Sand und begann, mit dem Finger verschiedene Muster in den Sand zu malen. „Was hatte Karin Stein für eine Gemütsverfassung? Sie sagten, Karin habe viele Facetten gehabt. War sie labil? Launisch? Depressiv?"

„Ich verstehe Ihre Frage nicht."

„Denken Sie, Frau Stein könnte sich das Leben genommen haben?"

„Ach, so meinen sie das." Ilona dachte nach. „Karin war launisch, ja. Aber sie war nicht labil und auch nicht depressiv. Ich glaube nicht ... Nein, das glaube ich nicht. Sie hatte ja alles, was man sich nur wünschen konnte. Waren Sie schon in Karins Haus? Als ich letzten Sommer am Tag der offenen Tür mit Marc dort war, verschlug es mir die Sprache. Ich kenne niemanden, der so wohnt wie Karin. Wohnte … Ihr Mann muss ihr jeden Wunsch von den Augen abgelesen haben. Nein, Frau Kommissarin, Karin hat sich das Leben sicher nicht selbst genommen."

Ilona schwieg und schaute aufs Wasser hinaus. Dann erhob sie sich abrupt und lief vor Anna hin und her.

„Vielleicht habe ich ihr Unrecht getan. Vielleicht war sie einsam und unglücklich, und ich habe mich von dem Luxus, der sie umgab, blenden lassen. Wie schnell urteilt man über andere Menschen? Schaut nicht mehr hin, weil man alles über sie zu wissen glaubt? Ich glaube, ich war ziemlich neidisch: Karin, die sich nie angestrengt hatte, hatte im Leben viel mehr erreicht als ich. Zumindest, was die finanzielle Situation betraf. Sie kam in die Segelschule, und alle richteten sich nach ihr. Manchmal liess Marc eine Gruppe von acht Tauchern warten, nur weil Karin sich verspätete." Anna war ebenfalls aufgestanden und machte einige Schritte auf das Wasser zu.

„Wissen Sie, ob Frau Stein Feinde hatte. Oder ob sie krank war?"

„Ich weiss es nicht", erwiderte Ilona. „Sie hat nie etwas erwähnt. Sicher gab es Menschen, die neidisch waren und sie nicht mochten – wenn ich ehrlich bin, auch ich habe sie nie wirklich ins Herz schliessen können. Karin lebte in Saus und Braus. Sie konnte sich jeden Luxus leisten, und das liess sie alle anderen spüren. Sie konnte sehr herablassend sein, wenn sie wollte. Sie hat sicher einige Menschen vor den Kopf gestossen."

Anna unterbrach sie: „Wollen wir ein Stück gehen? Es wird schnell kühl jetzt, wenn man sich nicht bewegt." Sie gingen schweigend nebeneinander her.

Nach einer Weile nahm Ilona den Faden wieder auf. „Karin konnte Menschen gut vor den Kopf stossen. Ich glaube, immer wenn sie unsicher war, wurde sie arrogant. Und das passierte oft. Karin war ein unsicherer Mensch. Sie hatte kein grosses Selbstvertrauen. Das war schon in der Schulzeit so. Wenn sie vor der Klasse stehen und etwas sagen musste, sprach sie sehr leise. Niemand verstand sie. Das Einzige, wofür sie sich wirklich interessierte, war ihr Äusseres. Sie war sehr hübsch und hatte früh gelernt, aus ihrer Schönheit Kapital zu schlagen. Während der Schulzeit war sie mit fast jedem aus der Klasse einmal liiert. Die anderen Mädchen schimpften sie eine Hure. Ich nicht, mich interessierte es nicht, mit wie vielen Jungs sie zusammen war. Ich war nicht an Jungs interessiert und gönnte sie ihr gerne."

Ilona, die vor sich hinblickte, merkte nicht, wie Anna sie nachdenklich musterte.

„Ich denke, sie fragte mich damals, ob ich Trauzeugin sein will, weil ich mich in der Schule immer aus diesen Streitereien herausgehalten hatte. Vermutlich dachte sie, dass ich sie möge. Und damit hatte sie auch nicht Unrecht. Sie konnte sehr amüsant sein. Die Menschen, die sie mochte, behandelte sie loyal. Sie genoss das Leben in vollen Zügen, verpasste keine Feier. Ihr Bedürfnis nach Anerkennung war gross. Oft verhielt sie sich auffällig. Wenn sie zu viel trank, konnte sie sehr verletzend werden. Sie redete sich ein, sie sei etwas Besseres, nur weil ihr Mann viel verdiente. Wenn sie zum Tauchunterricht kam, trug sie in der Regel viel Schmuck. Ich weiss es, weil Marc einmal eine Bemerkung machte. Er sagte, Karin würde vielleicht eines Tages nicht mehr an die Oberfläche kommen, weil sie das Gewicht ihres Schmuckes auf den Grund zöge. Was ihre Gesundheit betrifft, müssen Sie Marc fragen. Ich vermute jedoch, sie war in guter Verfassung, denn zum Tauchen braucht man eine stabile Gesundheit und eine gute Kondition." Wieder schwiegen beide. Ilona genoss es, neben Anna herzugehen und mit ihr über Karin zu sprechen.

„Frau Kommissarin, verstehen Sie mich richtig. Karin war im Kern bestimmt ein netter, vielleicht einfach allzu harmoniesüchtiger Mensch. Sie nahm die Menschen, wie sie waren. Sie liess jedoch nur wenige an sich heran. In der Regel ging sie ihnen aus dem Weg. Daran hat sich seit der Schulzeit nicht viel geändert." Ilona schwieg erneut. Sie hing ihren Erinnerungen nach. Anna streichelte sanft Kiras Kopf. Dann fragte sie: „Das Angebot, eine Bootsfahrt zu machen, steht das noch?"

„Klar. Wenn Sie wollen, können wir morgen hinausfahren. Ich habe am Nachmittag noch keine Termine", schlug Ilona vor.

„Ich werde es mir einrichten. Möglicherweise wird mich Kommissar Klee begleiten. Wissen Sie, ob Herr Schneider morgen da ist? Ich würde mich gerne noch mit ihm unterhalten."

„Ich werde es ihm ausrichten. Über Mittag essen wir im ‚Chez Nelly'. Sie werden uns dort antreffen."

Kira legte ein Stück Holz vor Annas Füsse und schaute ihre Herrin erwartungsvoll an. Anna ergriff die Herausforderung. Sie warf das Holz so weit wie möglich ins Wasser. Wie der Blitz rannte Kira ihm nach. Kurze Zeit später stand sie wieder hechelnd vor ihr, stiess mit dem Stock an ihre Beine und schüttelte sich ausgiebig. Anna wiederholte das Spiel einige Male und sagte dann entschieden: „So, das reicht."

Gehorsam legte sich Kira in den Sand, um genüsslich das Holz zu zerkauen. Ilona sah den beiden zu. Sie konnte die Augen nicht von Anna lassen. Seit ihrer ersten Begegnung ging ihr die Kommissarin nicht mehr aus dem Kopf. Sie kannte sich gut genug, um zu wissen, was das zu bedeuten hatte. Sie war im Begriff, sich zu verlieben. In eine Hetero-Frau, die sich in keiner Weise für Frauen interessierte. Anna hatte sich von Kira abgewandt und suchte Ilonas Blick. Ilona drehte schnell das Gesicht weg, aus Furcht, Anna könnte ihre wahren Gefühle erkennen.

„Es ist langsam Zeit für mich, nach Hause zu gehen. Ich habe einen weiten Weg."

„Wenn es Ihnen nichts ausmacht, begleite ich Sie noch ein Stück. Es ist noch etwas früh zum Schlafen. Zudem möchte ich noch nicht allein sein. Ein Spaziergang täte mir gut." Schweigend spazierten sie durch die Nacht in Richtung Muntelier.

Montag, 1. September
Jetzt bin ich achtzehn. Volljährig. Bieri hat sich einen neuen Laptop gekauft und mir seinen alten geschenkt. Der hat nicht einmal ein CD-Laufwerk. Schrott. Geiziges Arsch. Achtzehn, und nur altes Eisen kriegt man geschenkt … Hatte gehofft, mit achtzehn würde das Leben besser. Habe nicht einmal ein bisschen Geld bekommen. Als er vor dem Fernseher eingedöst war, löschte ich seine Festplatte. Der wird sich morgen ärgern. Hat wohl gedacht, ich würde sein Passwort nicht rauskriegen. War um elf im Bett. Er kam gegen Mitternacht. Hat wohl zu tief ins Glas geschaut. Wollte, dass ich mich erkenntlich zeige. Dann hat er sich übergeben. In meinem Bett. Ich bring ihn um die Sau, ich bring ihn um, ich halte das nicht mehr aus!

Dienstag, 2. September
Bin abgeschlichen ins Milieu. Brauche dringend Geld. Habe gearbeitet bis vier Uhr morgens. Dann hatte ich einen Tausender. Kam leise nach Hause, aber Bieri wachte auf. Hatte die Peitsche in der Hand und wollte mich auspeitschen. Da bin ich ausgerastet. Habe sie ihm aus der Hand gerissen. Er bekam Angst. Ich hab es in seinen Augen gesehen. Das hat mir gut getan. Ganz langsam ging ich auf ihn zu und holte aus. Er hat gezittert wie eine Memme. Aber ich habe mich beherrscht und mich umgedreht. Ging wortlos in mein Zimmer und verschloss die Türe. Es hat nicht viel gefehlt, und ich hätte ihn ausgepeitscht. Aber ich habe noch keine neue Bleibe.
Nachtrag: Er hat vorhin geklopft. Hat gesagt, ich könne es wiedergutmachen, wenn ich ihn hereinlasse. Ich stellte mich schlafend.

Donnerstag, 4. September
Hört das denn nie auf? Auf alle Bewerbungen nur Absagen. Und immer der gleiche Scheiss von wegen fehlenden Arbeitszeugnissen und Referenzlisten. Wo soll ich die denn hernehmen? Habe versucht, eines zu fälschen. Bringt aber nichts, die fragen ja nach. Wenn ich das

Telefon entgegennehmen und mich als Bieri ausgeben könnte. Aber der lässt mich nicht ran. Es ist, als würde er meine Absichten durchschauen. Scheisse. Ich könnte kotzen vor Wut und Verzweiflung.

Freitag, 5. September
Habe Pablo kurz gesehen. Er verreist für ein paar Tage mit seinem Padre. Muss auf Liebkind machen. Sein Diplomatendaddy hat ihm eine Deadline gesetzt. Er muss nächsten Sommer die Abschlussprüfungen machen. Pablo glaubt nicht, dass er das schafft. Die Vorlesungen sind ja alle auf Deutsch, und mi amor de mis amores versteht kaum die Hälfte. Er studiert Naturwissenschaften. Jetzt ist er achtundzwanzig und plagt sich seit acht Jahren mit diesem Studium herum, der Arme. Ich muss endlich den Durchbruch schaffen. Für uns beide. Mein armer cariño ist finanziell genauso abhängig wie ich. Muss gehorchen. Ich verspreche dir, Liebster, ich werde es ändern. Vertrau mir. Das ist das letzte Mal, dass du mit deinem Alten verreisen musst!

Mittwoch, 10. September
Ich habe versucht, mit Bieris Bankkarte Geld abzuheben – ging nicht – sie war gesperrt. Meinetwegen? Muss aufpassen, darf ihn nicht verärgern.

Samstag, 13. September
Ich sehe ihn erst Ende Monat wieder. Nun sitze ich die Abende zu Hause und lerne Spanisch. Übe auf livemocha.com – eres un muy buen maestro. Te quiero cada dia un poco mas –, ich sei begabt sagt er. Wenn ich so weitermache, kann ich bald besser Spanisch als er. Bieri meint, ich sei häuslich geworden. Meint, ich bleibe wegen ihm. Hätt er wohl gern.

Freitag, 19. September
Ich brauche Hilfe. Professionelle Hilfe. Die Albträume lassen mich nicht mehr los. Ich werde wahnsinnig. Nachts meine Mutter, am Tag Bieri. Ich werde zum Monster. Die machen mich zum Monster. Meine

Nerven liegen blank. Ich schreie und weine die halbe Nacht. Kann mich nicht wehren. Und Pablo? Der ist immer noch nicht zurück. Wo ist er nur? Er fehlt mir so!

Montag, 22. September
Bieri hat seinen Notgroschen vermehrt. Er verstaut das Geld unter der vierten Diele. Es ist die, die knarrt. Ich kann ihn durch den Spalt der Zimmertür beobachten. Wenn er das nächste Mal weg ist, werde ich nachsehen, wie viel da liegt. Vielleicht reicht es ja, um einige Zeit zu überbrücken?
Die Schule fehlt mir. Nicht die Schule, aber die Abwechslung, die ich dadurch hatte. Jetzt sitze ich von Montag bis Freitag in Bieris Büro. Im Moment haben wir viel zu tun. Das Weihnachtsgeschäft beginnt. Fast wöchentlich treffen Einkäufer ein und müssen herumgeführt werden. Erinnert mich sehr an die Arbeit auf dem Strich. Immer höflich, immer zuvorkommend und nie ganz ehrlich.

Freitag, 26. September
Endlich. Ich habe ihn endlich wiedergesehen. Er ist braun gebrannt und durchtrainiert. Ich rieche die Sonne und das Salz auf seiner Haut, jetzt auch auf meiner. Sprach mit ihm spanisch. Verstehe ihn gut, wenn er nicht in Dialekt verfällt. Wie dynamisch und kraftvoll diese Sprache aus seinem Mund klingt. Wir haben gefickt wie am ersten Tag. Gegen Morgen schliefen wir vor Erschöpfung ein.
Ein Geräusch an der Tür weckte mich. Ich bekam Panik. Dachte, es sei Bieri. Sprang auf, war völlig orientierungslos, fiel über den Nachttisch und schnitt mich am Arm. Pablo hielt mich und beruhigte mich. Diese starken Arme. Wie gut das tut. Dann zeigte er auf meine Kleider und sagte: ¡despabila! Da wusste ich es. Das war gar nicht seine Wohnung. Er schleppt mich hier in eine billige Studentenabsteige. Scheisse. Ich bin so was von enttäuscht. Bin ausgerastet. Hab mit den Fäusten gegen seine Brust geschlagen und geweint. Ich habe geheult wie ein Schlosshund. Habe ich mich so in ihm getäuscht? Ein privates kleines Bordell? Wen schleppt er denn sonst noch hierher? Habe

149

verlangt, dass er mich mit zu sich nimmt und seinem Vater vorstellt. Da war er entsetzt. Sein Padre dürfe nie etwas von mir erfahren, sonst sei er nicht nur enterbt, der bringe ihn gleich um. Das sei mit seiner mexikanischen Ehre nicht zu vereinbaren. Ich musste ihm versprechen, nie bei ihm zu Hause aufzutauchen. Ich habe es versprochen. Ich liebe ihn und will ihm keinen Ärger machen.

Samstag, 27. September
Muss das ganze Wochenende arbeiten. Bieri hat mich gefragt, ob ich die chinesischen Einkäufer nach Murten begleiten wolle. Ich habe zugestimmt, muss mich jetzt in die Fakten einarbeiten.

Sonntag, 24. Mai 2009

Als der Wecker um halb sieben klingelte, lag Anna bereits seit einer halben Stunde wach. Sie dachte an Sofie. Hoffentlich ging es ihr gut. Anna hatte kurz vor Mitternacht versucht, ihre Tochter zu erreichen. Sofie ging nicht an ihr Handy. Vermutlich hörte sie das Klingeln in der lauten Musik des Open-Air-Konzertes nicht.

Anna stand auf, trank einen Kaffe und machte sich auf den Weg zur Arbeit.

Im Büro überprüfte die Kommissarin ihre Mails. Basil war noch nicht da. Er hatte ihr jedoch die E-Mail-Adressen und die Handynummer von Kurt Baumgartner geschickt. Anna setzte sofort einen Brief auf, mailte ihn an alle drei Adressen und schrieb eine SMS. Es dauerte keine zehn Minuten, da piepste ihr Handy. Herr Baumgartner schrieb: „Wir sind gegen 23.30 Uhr Ortszeit über den angegebenen Skype-Namen erreichbar." Anna schaute auf die Uhr. Es war acht. Für Kalifornien musste sie neun Stunden zurückrechnen. Sie würde in einer halben Stunde anrufen können. Anna notierte die Angaben in ihr Adressbuch. Sie ging hinüber zu Marina, die Wochenenddienst hatte, und bat sie, die neuen Berichte abzutippen.

Um punkt halb neun stellte Anna die Skype-Verbindung her. Sie liess es klingeln und wartete. Nach einem Moment öffnete sich das Chat-Fenster, und die eingebaute Kamera ermöglichte es ihr, Kurt Baumgartner zu sehen. Er trug einen eleganten Abendanzug und schien eben erst nach Hause gekommen zu sein. Foulard und Handschuhe hielt er immer noch in der Hand.

„Guten Abend, Herr Baumgartner. Mein Name ist Anna Calvin. Ich bin Kommissarin des Dezernats für Leib und Leben bei der Berner Kantonspolizei in Murten und muss dringend mit Ihrer Frau sprechen."

„Guten Abend, Frau Kommissarin. Halten Sie bitte Ihren Ausweis vor die Kamera", sagte Herr Baumgartner und wartete. Anna stand auf, holte ihren Ausweis und hielt ihn dicht vor das kleine runde schwarze Auge.

„Danke. Warum wollen Sie mit meiner Frau sprechen?" Herr Baumgartner schien ein ziemlich skeptischer Mensch zu sein.

„Ich muss ihr ein paar Fragen stellen."

„Worüber?"

„Das werde ich direkt mit Ihrer Frau besprechen. Rufen Sie Frau Baumgartner bitte ans Telefon." Anna verlor langsam die Geduld. Was für eine Grenzüberschreitung. Sie würde sich bedanken, wenn sie ihre Anrufe nicht selber entgegennehmen könnte.

„Ich würde wirklich gerne wissen, warum die Polizei mit meiner Frau sprechen will, Frau Kommissarin." Herr Baumgartner liess nicht locker.

„Herr Baumgartner, dies ist ein dienstlicher Anruf in einer Angelegenheit, die Sie nichts angeht. Ich werde mich jetzt mit Ihrer Frau unterhalten. Wenn Frau Baumgartner will, kann sie mit Ihnen später darüber reden. Ich rate Ihnen, die polizeilichen Ermittlungen nicht unnötig zu verzögern." Annas Stimme klang jetzt eisig. Es wirkte. Nach kurzem Zögern verschwand Herr Baumgartner von der Bildfläche, und der Kopf von Katja Baumgartner erschien auf dem Bildschirm.

„Guten Tag", klang es etwas unsicher. „Sie wollen mich sprechen?"

„Guten Tag, Frau Baumgartner. Es tut mir leid, Ihnen eine traurige Mitteilung machen zu müssen. Ihre Freundin Karin Stein wurde vor ein paar Tagen tot aufgefunden."

Es dauerte einen Augenblick, bis die Nachricht auf dem anderen Kontinent angekommen war. Frau Baumgartner schrie entsetzt auf.

„Was ist denn passiert?", fragte sie mit heiserer Stimme.

„Karin Stein ist ertrunken." Einen Moment blieb es still. Anna sah, wie Frau Baumgartner einen Stuhl herbeizog und sich hinsetzte. Für einen Augenblick sah Anna nur noch ihren Haarscheitel.

„Mein Gott. Das ist ja furchtbar." Nachdem Katja Baumgartner die Kamera auf ihre Sitzposition eingestellt hatte, erschien ihr Gesicht wieder auf dem Bildschirm. „Wie konnte das passieren?"

„Wir wissen es leider nicht. Wir bemühen uns aber nach Kräften, es herauszufinden. Von Herrn Stein haben wir erfahren, dass Sie mit seiner Frau in Österreich in den Ferien waren. Können Sie mir sagen, wann Sie zurückgekommen sind? Sind Sie gemeinsam zurückgereist?"

„Ja, wir kamen beide am 28. April zurück."

„Weshalb haben Sie Ihre Ferien vorzeitig abgebrochen?"

„Die Schwester meines Mannes ist unerwartet verstorben. Er bat mich, sofort nach Hause zu kommen und ihn nach Kalifornien zu begleiten. Seine Schwester hatte dort gelebt. Karin mochte nicht alleine in Österreich bleiben und kam mit mir zurück."

„Hat Frau Stein Ihnen erzählt, was sie zu tun plante?"

„Sie wollte auf meine Rückkehr warten, damit wir die unterbrochenen Ferien wieder aufnehmen können. Ich bat sie, in unserem Haus in Salavaux von Zeit zu Zeit nach dem Rechten zu sehen."

„Frau Baumgartner, Sie waren vermutlich die letzte Person, der sich Karin Stein anvertraut hat. Hat sie Ihnen etwas gesagt, das für uns wichtig sein könnte?" Katja Baumgartner sah sich vorsichtig um. Sie wirkte verlegen. „Ich weiss nicht."

Anna beobachtete die Frau auf dem Bildschirm aufmerksam. Katja wirkte verunsichert. Unruhig blickte sie sich immer wieder um. Was wusste sie?

„Ist Ihnen an Frau Steins Verhalten irgendetwas aufgefallen? War sie anders als sonst?"

„Nein, gar nichts." Ihre Mimik strafte ihre Worte Lügen. Da ertönte im Hintergrund das Klingeln eines Telefons. Katja drehte den Kopf, vermutlich zu ihrem Mann.

„Ja, Schatz, in Ordnung, ich komme gleich." Einen Moment blieb es ruhig, und Anna hörte, wie eine Tür sich schloss. „Karin sagte mir", erklang Katjas Stimme erneut, und ihr Kopf kam ganz nahe an den Bildschirm „sie wolle sich scheiden lassen. Die Meinungsverschiedenheiten mit ihrem Mann seien zu gross. Sie wusste noch nicht, wo sie hingehen wollte, nur zurück zu ihrem Mann, das kam nicht in Frage. Daher bot ich ihr an, bis zu unserer Rückkehr in unserem Haus zu wohnen; sie nahm dankbar an." Katja vergewisserte sich mit einem Blick, dass sie allein im Raum war. „Ich konnte das vorhin nicht sagen. Mein Mann weiss nichts davon. Er hätte es nicht toleriert."

„Wissen Sie, warum Karin Stein nicht nach Hause wollte? Hatte sie Angst?"

„Nein, ich weiss es nicht. Karin erzählte mir allerdings von einem Mann, den sie kennengelernt habe. Vielleicht war das der Grund?"

„Kennen Sie seinen Namen?"

Frau Baumgartner schaute in die Kamera und schüttelte den Kopf. „Nein, den wollte sie mir nicht verraten. Karin war sich nicht sicher, wie sich die Beziehung weiterentwickeln würde, und behielt die Details lieber für sich."

„Wie muss ich das verstehen?"

„Seit wir uns kannten, hatte Karin immer wieder Affären und hoffte jedes Mal, den Mann gefunden zu haben, mit dem sie glücklich werden würde. Und immer wieder wurde sie enttäuscht. Dieses Mal wollte Karin es langsamer angehen."

„Hat Ihre Freundin denn über ihre Ehe geklagt?"

„Wenn ich Karin richtig verstanden habe, gab sie ihrer Ehe keine Chance mehr. Sie hatte mit ihrem Mann vor unserer Abreise über ihren Entschluss gesprochen, sich scheiden zu lassen. Das mit Udo sei gar keine Ehe, erklärte mir Karin. Er sei nie da. Sie fühle sich einsam. Er wollte keine Kinder, und wenn ich richtig verstanden habe, auch keinen Sex. Karin wollte beides. Sie meinte, ohne Kinder hätte sie keine sinnvolle Lebensaufgabe. Also holte sie sich die Anerkennung anderer Männer. Wenn ein Mann sich für sie interessierte, gab das ihrem Leben Sinn."

„Könnte Frau Stein depressiv oder gar lebensmüde gewesen sein? Könnte sie sich selber etwas angetan haben?" Katja Baumgartner starrte schweigend auf den Bildschirm.

„Nein, das kann ich mir nicht vorstellen. Dazu war sie viel zu lebenslustig. Ausserdem war sie ja frisch verliebt." Nach kurzem Klopfen öffnete sich Annas Bürotür, und Basil erschien wie jeden Morgen mit duftendem Kaffee. Doch Annas ganze Aufmerksamkeit blieb auf den Bildschirm gerichtet. Neugierig stellte sich Basil neben sie, achtete jedoch darauf, von der Webcam nicht erfasst zu werden.

„Wusste Herr Stein von diesen ausserehelichen Beziehungen?" Basil sah, wie Annas Augen freudig aufblitzen, als sie den Pappbecher wahrnahm.

„Ich weiss nicht, ob er darüber Bescheid wusste. Vielleicht hat er etwas vermutet. Karin flirtete immer ganz offen mit jedem Mann, der ihr gefiel, selbst im Beisein von Udo."

Anna hörte, wie sich die Tür im Hintergrund öffnete, gleichzeitig änderten sich die Lichtverhältnisse. Sie konnte Frau Baumgartner am Bildschirm nur noch erahnen und hörte Herr Baumgartners Stimme, die ungeduldig nach seiner Frau rief. „Es tut mir leid, ich muss das Gespräch jetzt beenden", sagte Katja Baumgartner und erhob sich.

„Würden Sie sich bitte bei mir melden, wenn Sie wieder in der Schweiz sind?"

„Ja, das mache ich. Auf Wiedersehen."

„Frau Baumgartner, warten Sie: Wissen Sie bereits, wann Sie zurückkommen?"

Frau Baumgartner hatte die Frage nicht mehr gehört. Dem Klicken in der Leitung folgte Stille. Frau Baumgartner hatte bereits aufgelegt.

Anna dachte nach. Wie konnte Stein behaupten, mit seiner Frau einen Neuanfang zu wollen, wenn sie ihn über ihre Scheidungsabsichten in Kenntnis gesetzt hatte? Anna machte eine Notiz und klebte diese an die Pinwand.

Gegen elf Uhr machten sich Basil und Anna auf den Weg nach Salavaux. Sie trafen Ilona Santos und Marc Schneider auf der Terrasse des Restaurants „Chez Nelly". Die Kommissarin begrüsste die beiden.

„Dürfen wir uns zu Ihnen setzen?"

„Sicher, bitte nehmen Sie Platz", sagte Marc und rutschte mit seinem Stuhl etwas zur Seite. Basil blieb neben dem Tisch stehen. „Nimmst du auch einen Kaffe, Anna?"

Anna nickte und setzte sich neben Ilona. Basil betrat das Restaurant und bestellte bei der Wirtin zwei Espressi und zwei Glas Wasser.

„Herr Schneider", begann Anna Calvin, „ich nehme an, Frau Santos hat Sie über unser gestriges Gespräch informiert?" Marc nickte und nahm ein Päckchen Zigaretten hervor.

„Wir versuchen, möglichst viel über die Verstorbene zu erfahren. Sie waren mit Frau Stein bekannt?"

„Ja, ich kannte sie. Ihr Tod hat mich erschüttert." Er drehte sich zu Basil, der soeben Platz nahm.

„Stört es Sie, wenn ich rauche?"

„Ja", sagte Basil, „Ich habe erst vor Kurzem aufgehört und

wäre Ihnen dankbar, wenn sie es unterlassen könnten."
Marc, der sich bereits eine Zigarette in den Mund gesteckt
hatte, sah Basil anerkennend an. „Ich möchte schon lange
aufhören, es gelingt mir aber nicht. Vielleicht verraten Sie
mir bei Gelegenheit, wie Sie es geschafft haben?" Er legte
die Zigarette weg und wandte sich wieder an Anna.
„Karin nahm seit zwei Jahren bei mir Tauchunterricht.
Das heisst, dieses Jahr wäre die dritte Saison gewesen.
Freitag- und samstagnachmittags finden die Kurse für
die Fortgeschrittenen statt. Sie kam regelmässig an beiden Tagen. Manchmal waren wir eine Gruppe von bis zu
sieben Personen. Oft war ich auch allein mit ihr. Nicht
jeder kann es sich leisten, zweimal in der Woche Unterricht zu nehmen."
„Fanden Sie es nicht seltsam, als Karin Stein plötzlich
nicht mehr zum Unterricht erschien?"
„Nein. Karin meldete sich vor ein paar Wochen bei mir
ab, sagte irgendetwas von einer Auslandreise, die sie vor-
habe. Sie konnte mir nicht sagen, wie lange sie weg sein
würde, wollte sich aber nach ihrer Rückkehr melden. Ich
war gar nicht so unglücklich über diese Pause. Karin war
eine anstrengende Schülerin. Obwohl ich froh sein konnte,
sie zu haben, denn dank ihr hatte sich meine finanzielle
Situation enorm verbessert."
„Können Sie mir genauer erklären, was ich unter ,anstren-
gend' verstehen muss?" Anna kannte keinen Erwachsenen,
der auf Dauer nicht anstrengend wurde.
„Karin war ziemlich besitzergreifend. Wenn andere
Teilnehmer mitkamen, stellte sie sich viel ungeschickter
an, als wenn wir alleine waren. Sie wollte meine ungeteilte
Aufmerksamkeit. Eigentlich hätte Karin mich gar nicht
mehr gebraucht. Sie war erfahren genug. Nur ging es ihr
ja gar nicht um den Sport. Sie kam im Grunde zweimal
die Woche in meinen Unterricht, um ihre Angst vor dem

Wasser zu überwinden. Karin war eine schlechte Schwimmerin. Eigentlich hätte sie gar nicht tauchen dürfen. Sie konnte die für das Absolvieren von Tauchkursen vorausgesetzten fünfhundert Meter nicht schwimmen. Sie hatte Angst, im Wasser zu sein. Egal, ob sich ihr Kopf unter oder über der Wasseroberfläche befand. Das klingt jetzt möglicherweise widersprüchlich, da Frau Stein ja seit zwei Jahren bei mir den Unterricht besuchte. Und das freiwillig. Es war wie eine Therapie für sie: Sie zwang sich zu tauchen, in der Hoffnung, dadurch ihre Angst und Abscheu vor dem Wasser zu verlieren." Marc blickte auf die Uhr.

„Ich habe ihr immer wieder gesagt, Tauchen sei keine geeignete Therapieform gegen ihre Angst. Karin glaubte mir nicht. Sie ist in den zwei Saisons zwar etwas geschickter geworden im Wasser, eine schlechte Schwimmerin ist sie dennoch geblieben, und Angst hatte sie nach wie vor."

Anna stellte sich Karin vor. Eine Fast-Nichtschwimmerin, die in ihrem Sommerkleid im Murtensee ertrinkt.

„Hatten Sie den Eindruck, Karin Stein sei labil? Könnte sie sich das Leben genommen haben?"

„Nein, das kann ich mir nicht vorstellen. Wenn Karin sich das Leben hätte nehmen wollen, hätte sie sicher nicht Tod durch Ertrinken gewählt. Wenn sie suizidgefährdet gewesen wäre, hätte Karin eine andere Form gesucht. Da bin ich ganz sicher."

„Was macht Sie so sicher?"

„Menschen, die sich das Leben nehmen, haben die Hoffnung aufgegeben. Sie haben resigniert. Karin Stein war weit davon entfernt, zu resignieren. Sie war eine Kämpferin, glaubte daran, etwas verändern zu können. Und überdies war sie alles andere als masochistisch veranlagt: Wer bringt sich schon dort um, wo er sich am meisten fürchtet?"

„Hat sie je mit Ihnen über ihre Beziehung zu ihrem Mann gesprochen?"

„Ja, das hat sie. Bei der Abmeldung deutete sie Beziehungs-probleme an. Frau Stein achtete ihren Mann nicht beson-ders. Sie flirtete mit jedem. Mir hat sie – entschuldigen sie die Offenheit – richtiggehend nachgestellt. Irgendwann sagte ich ihr, ich sei schwul, damit sie mich in Ruhe lässt."

Ilona warf ihm einen erstaunten Blick zu. Marc bemerkte ihn: „Nein, Ilona, ich bin es nicht. Das war eine Notlüge aus Selbstschutz."

„Ich danke Ihnen für das Gespräch. Falls Ihnen noch etwas zu Frau Stein einfällt, melden Sie sich bitte bei mir", sagte Anna und reichte ihm ihre Visitenkarte.

Er steckte die Karte in sein Portemonnaie. „Das werde ich, selbstverständlich." Er blickte zu Kommissar Klee. „Wissen Sie, ich bin leidenschaftlicher Krimileser und weiss daher, wie wichtig die unscheinbaren Details sein können." Er stand auf und gab Anna und Basil die Hand. „Es warten fünf Schüler auf mich. Ich muss mich etwas beeilen." Marc Schneider winkte Ilona zu und zündete sich im Gehen eine Zigarette an.

„Wenn wir mit dem Boot hinausfahren wollen, sollten wir uns jetzt auf den Weg machen", sagte Ilona und schaute fragend von Anna zu Basil.

„Basil, ich habe mich gestern mit Frau Santos für heute verabredet. Wir fahren mit ihrer Jacht hinaus. Möchtest du mitkommen?"

„Wenn du mich nicht dringend brauchst, würde ich lie-ber gehen. Heute ist bei uns das Quartierfest, und Pia ist es wichtig, dass wir uns blicken lassen. Weil sie aber nicht gerne alleine auf solche Feste geht, bat sie mich, sie zu begleiten." Basil blickte Anna fragend an.

„Das geht in Ordnung. Ich kann gut alleine mit Frau Santos hinausfahren, um mir die Küste genauer anzusehen. Wenn ich die Antworten auf meine Fragen gefunden habe, mache ich ebenfalls Feierabend."

Basil verabschiedete sich. Ilona versuchte sich ihre Erleichterung nicht anmerken zu lassen.

Der Hafen von Salavaux lag da wie ausgestorben. Kein Wunder, bei diesem Wetter; auf dem See wimmelte es dafür von Schiffen aller Art. Ilonas Jacht schaukelte sanft zwischen zwei Fischerbooten. Im Näherkommen konnte Anna den Schriftzug lesen. Ilonas Jacht hiess „GIRLFRIEND" und überragte die umliegenden Boote um einiges. Anna verstand nichts von Booten und Schiffen, doch Ilonas Jacht gefiel ihr auf Anhieb. Sie sah aus, als sei sie leicht und wendig. Vor dem kleinen Steg, der das Schiff mit dem Quai verband, blieb Ilona stehen.

„Anna", fragte sie ernst, „können Sie schwimmen?"

„Aber sicher!", lachte Anna und fühlte sich mit einem Mal befreit und beschwingt. „Ich konnte schwimmen, bevor ich laufen lernte. Meiner Mutter war es wichtig, weil wir die Ferien immer am Meer verbrachten." Ilona sprang leichtfüssig auf die Jacht und streckte Anna die Hand entgegen.

„Wunderbar. Willkommen an Bord! Kommen Sie, ich zeige Ihnen zuerst alles." Sie führte Anna herum. „Die Jacht ist mein Zuhause. Ich habe mich unter anderem für die Tobago A 26 entschieden, weil ich sie alleine zu Wasser lassen kann. Eine knappe Stunde reicht, um sie segelklar zu haben. Dadurch bleibe ich unabhängig."

Anna hatte bis anhin nur Pedalo- und Gummibooterfahrungen gesammelt. Neugierig schaute sie sich um, als Ilona sie unter Deck führte. Die Segellehrerin hatte den Innenausbau der Tobago ihren Bedürfnissen angepasst. Rechts im Rumpf gab es eine Kombüse mit Spülbecken und Kühlschrank.

Ilona nahm einen Krug Eistee heraus, schenkte ein und hielt der Kommissarin ein Glas hin. „Lassen Sie uns auf unsere erste Fahrt anstossen. Ich finde es schön, haben Sie Zeit dafür gefunden."

„Danke. Ich freue mich auf den Nachmittag." Sie tranken beide. Anna war beeindruckt von der so praktischen wie eleganten Einrichtung auf so kleinem Raum. Sie zeigte auf die drei Türen links neben dem breiten Bett. „Was ist hinter diesen Türen?"

„Hinter der ersten Tür verbirgt sich mein Kleiderschrank. Hinter der zweiten befindet sich ein kleiner Abstellraum. Und hinter der dritten Tür ist die Toilette."

Wieder an Deck, liess Ilona den Aussenbordmotor anspringen. Anna sah ihr zu, wie sie das Boot geschickt aus dem Hafen lenkte und mit beschleunigter Geschwindigkeit auf den See hinausfuhr. Das Wasser glitzerte in der Sonne. Anna lehnte sich an die Reling, schloss die Augen und genoss den Fahrtwind. Nach einer Weile berührte Ilona sie am Arm.

„Wir sind jetzt weit genug draussen", meinte sie. „Ich werde gleich wenden. Dann können Sie versuchen, einen freien Grillplatz ausfindig zu machen, so wie das Adrian und seine Freunde gemacht haben." Ilona fuhr einen Bogen und steuerte dann langsam auf den Strand zu. Anna konzentrierte sich auf die Grillplätze. Nach einer Weile riss Ilona sie aus ihrer Konzentration.

„Näher an den Strand fahre ich lieber nicht. Hier gibt es Untiefen."

Anna blickte sie verständnislos an.

„Das Wasser wird hier stellenweise zu seicht für die Tobago", erklärte Ilona. „Wir haben ziemlich Tiefgang und ich möchte nicht auf eine Sandbank auflaufen. Haben Sie genug gesehen? Oder soll ich noch etwas mehr nach rechts, näher zum Gebüsch fahren?"

„Nein, danke, ich habe genug gesehen", sagte Anna. Sie sah rechts den Steg und hinter dem Steg das Gebüsch, wo die Leiche entdeckt worden war. Trotz ihres Interesses für den Fundort, wandte sie ihren Blick immer wieder dem Strand zu. Ihre Aufmerksamkeit galt dem Treiben der Menschen im Wasser und am Ufer.

Anna kramte in ihrer Tasche nach dem Diktafon. Langsam und deutlich sprach sie in das kleine Gerät: „Es ist unmöglich, vom Schiff aus die Leiche zu sehen. Das Gebüsch wirft einen breiten Schatten. Wir sind ungefähr zwei Stunden früher unterwegs als die Jugendlichen am vergangenen Donnerstag, und die Lichtverhältnisse sind ungünstig. In zwei Stunden ist der Schatten noch breiter. Mit grösster Wahrscheinlichkeit lag die Leiche bereits im Gebüsch, als die jungen Leute an Land gingen."

Ilona, die sich neben sie gestellt hatte, nickte. Sie drehte den Kopf und blickte direkt in Annas blaue Augen.

„Ja, Sie haben recht. Ausserdem ist das Gebüsch völlig uninteressant. Vielleicht würde ich mich ihm zuwenden, wenn auf dem Steg Leute wären. Aber so … Ich denke, wenn die jungen Leute beim Hinausfahren ohne Schwierigkeiten die Seemitte hätten ansteuern können, wäre ihnen die Leiche nicht aufgefallen. Ich würde sogar so weit gehen, zu behaupten, sie hätten die Frau nicht gesehen, wenn Christof im Boot geblieben wäre und nur mit einem Ruder Gegensteuer gegeben hätte. Was ist das?", fragte Ilona neugierig und zeigte auf das Gerät in Annas Hand.

„Das ist mein Diktafon. Ich spreche meine Berichte darauf, und Marina, unsere Perle im Büro, tippt sie später ab." Sie reichte es Ilona. Diese nahm das Gerät und sah es sich genau an. Dann gab sie es zurück. „Danke. Haben Sie meine Bemerkungen von vorhin ebenfalls aufgenommen?"

„Klar!", lachte Anna und spulte zurück. Ilona lauschte ihrer eigenen Stimme.

„Klingt eigenartig, das sollten Sie besser wieder löschen."

„Ich weiss, es ist nicht dasselbe, die eigene Stimme direkt oder über ein Gerät zu hören. Aber keine Angst, wenn Marina es abgetippt hat, werde ich es löschen." Anna legte das Diktafon zurück in ihre Tasche.

„Wollen Sie ein zweites Mal auf den Strand zufahren?"

„Nein, ich habe mir bereits ein Bild machen können."

„Was halten Sie davon, wenn wir hinausfahren und in einer Bucht schwimmen?"

„Eine gute Idee. Aber ich habe keinen Badeanzug dabei", meinte Anna und bereute es wirklich, denn die Vorstellung, der heissen Luft für ein paar Augenblicke zu entkommen und dafür das kühle Wasser auf der Haut zu spüren, war zu verlockend.

„Das ist das geringste Problem; ich habe sicher etwas Passendes für Sie an Bord."

Ilona wendete die Jacht. Anna schaute ihr eine Weile zu und beobachtete dann, wie die Dörfer am Fusse des Mont Vully vorbeiglitten. Der Hafen von Murten wurde immer kleiner. Es war ideales Wetter zum Segeln. Viele kleine Boote fuhren in alle Himmelsrichtungen, Windsurfer glitten über die Wasseroberfläche. Wasserskifahrer versuchten ihr Glück. Wer kein eigenes Boot besass, sonnte sich auf dem Deck eines der Kursschiffe. Anna fühlte sich wohl wie schon lange nicht mehr. Alle Probleme schienen in weite Ferne gerückt zu sein.

Nachdem Ilona die Jacht in einer abgelegenen Bucht an einer Boje befestigt hatte, sagte sie: „Kommen Sie, ich leihe Ihnen einen Bikini." Gemeinsam verschwanden die beiden Frauen unter Deck.

Mit einem kritischen Blick entschied Anna, den schwarzweiss gestreiften Bikini anzuprobieren. Ilona kletterte wieder nach oben. Als Anna umgezogen an Deck erschien, war Ilona dabei, eine kleine Aussenbordleiter zu befestigten.

„Wohnen Sie das ganze Jahr auf der Jacht?"

„Nein, nur während der warmen Jahreszeit. Wenn es zu kalt wird, miete ich ein Zimmer in der Gegend."

Anna stellte sich an die Reling. Sie schaute zur kleinen Bucht hinüber. „Ich frage mich, ob Karin Stein von einem Boot gestossen wurde. Und wenn ja, weshalb. Falls sie gestossen wurde, wird es schwierig sein, dies nachzuweisen. Wenn ich doch nur mehr Fakten hätte, damit ich aufklären kann, was wirklich geschah." Anna war immer leiser geworden, die letzen Worte hatte Ilona kaum noch verstanden.

Anna, ganz in ihre Gedanken versunken, merkte nicht, wie Ilona sich ihr langsam und lautlos näherte. „Wollen wir ins Wasser?", fragte Ilona leise, und ohne eine Antwort abzuwarten, ergriff sie Annas Hand und sprang mit ihr über die Reling.

Anna machte einige kräftige Schwimmzüge Richtung Bucht. Ilona schwamm ihr nach. Von Weitem rief sie besorgt: „Alles in Ordnung? Haben Sie sich wehgetan?"

„Nein, nein. Sie haben mir die Arbeit erspart, mich anzunässen. Gut, ist das Wasser so warm."

Anna sah, wie Ilona untertauchte, um kurze Zeit später wie ein Fisch neben ihr hochzuschiessen. Dabei bildete sich eine Wasserfontäne, die sich über Anna ergoss. Lachend spritzte Anna zurück. Dieses Spiel wiederholten sie ein paar Mal. Karin Stein war für den Moment vergessen. Nach einer halben Stunde kletterten sie erschöpft und zufrieden an Bord.

Sie legten sich in die Sonne und genossen die Stille. Anna, die sich den Aufenthalt in und auf dem Wasser nicht gewohnt war, schlief nach kurzer Zeit ein.

„Ich habe uns einen Snack zubereitet", weckte Ilona die Kommissarin. Anna setzte sich auf.

Die Stimmung auf dem See war märchenhaft. Es war kaum auszumachen, wo der Mont Vully aufhörte und wo sein Spiegelbild begann. Die Wasseroberfläche war ganz ruhig und glatt.

„Wie freundlich, danke!" Anna bediente sich. „Jetzt merke ich erst, wie hungrig mich die Seeluft gemacht hat. Wie spät ist es eigentlich? Habe ich lange geschlafen?"

„Eine ganze Weile", lachte Ilona. „Ich denke, es wird langsam Zeit, wieder nach Salavaux zu fahren."

Eine knappe Stunde später fuhr Ilona ihre Jacht in den Hafen von Salavaux ein. Gerade als Anna sich von ihr verabschieden wollte, klingelte ihr Handy.

„Wir haben eine neue Leiche", hörte sie Basils Stimme. „Sie wurde vor einer Stunde von einer Spaziergängerin im Wäldchen bei Constantine entdeckt, keine drei Kilometer von Salavaux entfernt. Wann kannst du am Tatort sein?"

Anna seufzte, schaute auf die Uhr. „Ich beeile mich", sagte sie, wieder ganz Kommissarin. „Gib mir zehn Minuten." Sie legte auf. Dann wandte sie sich an Ilona.

„Es war ein wunderschöner Nachmittag. Ich habe ihn sehr genossen, auch wenn ich einen grossen Teil davon verschlafen habe. Ich fühle mich erholt, wie nach einem Urlaub. Herzlichen Dank. Leider muss ich sofort los, ich wurde zu einem Einsatz gerufen." Sie gab Ilona die Hand und sprang vom Boot. Schnellen Schrittes ging sie zu ihrem Auto. Ilona sah ihr wehmütig nach. Sie hätte diesen Tag gerne mit der Kommissarin zusammen ausklingen lassen.

Als Anna in Constantine ankam, fuhr sie über den ersten Kreisel in Richtung Dorfzentrum. Kurz darauf kam eine Weggabelung. Die linke Strasse führte hinauf zum Wald, die rechte zum Dorfkern. Ein Verkehrspolizist wies sie an, rechts abzubiegen. Sie liess das Fenster hinunter und streckte dem älteren Herrn ihren Ausweis entgegen. Er prüfte ihn, gab ihn Anna zurück und öffnete für sie die Absperrung. Die Strasse führte steil nach oben und mündete in eine starke Linkskurve. Nach hundert Metern sah sie linkerhand die Suzuki von Basil stehen und rechts einen schmalen Waldweg. Am Strassenrand standen fünf weitere Autos, darunter zwei Dienstautos der Polizei und der graue Mercedes von Dr. Roth. Die beiden anderen Wagen kannte sie nicht. Langsam fuhr sie daran vorbei. Der Weg war in schlechtem Zustand, und als zum zweiten Mal ein Stein an der Unterseite des Autos kratzte, hielt sie an und stieg aus.

Es war kühl geworden. Die Abendbrise liess Anna frösteln. Sie war noch immer mit Shorts und trägerlosem T-Shirt bekleidet. Im Frühjahr hatte sie es versäumt, eine Zeckenimpfung zu machen, und ärgerte sich nun. Sie wollte nicht mit nackten Armen und Beinen im Wald herumstehen. Sie sah im Heck des Wagens nach und fand einen Pullover, den sie sich sofort überzog.

In der Ferne hörte sie Stimmen. Sie folgte ihnen zielstrebig auf dem schmalen Weg, der in den Wald hineinführte. Als Anna um eine Biegung kam, sah sie Basil mit einer jungen Polizistin sprechen. Die Spurensicherung hatte einen Scheinwerfer installiert, und ein Teil des Wäldchens war hell erleuchtet, was die ganze Szene unwirklich erscheinen liess. Anna hatte das Gefühl, eine Filmszene zu betreten.

Als Basil die Kommissarin erblickte, verabschiedete er sich von der Polizistin und ging seiner Partnerin entgegen.

„Gut, bist du da. Eine junge Frau ist mit ihrem Hund hier spazieren gegangen", begann er ohne Umschweife. „Als der Hund plötzlich aufgeregt bellte, folgte sie ihm ins Dickicht. Dann sah sie hinter einem Gebüsch dort oben einen Mann am Boden liegen und dachte, ein Spaziergänger sei hingefallen und habe sich verletzt. Als sie näher kam, sah sie die Platzwunde am Hinterkopf. Sie sprach ihn an und fragte, ob er sie hören könne. Der

Mann reagierte jedoch nicht. Sie traute sich nicht, ihn zu berühren, nahm aber an, dass er tot sei, und alarmierte die Polizei. Das hat mir die junge Polizistin erzählt, mit der ich mich eben unterhalten habe", erklärte Basil. Er zeigte mit der Hand auf einen steilen, schmalen Pfad, der einen dicht bewachsenen Hügel hinaufführte. „Komm, schau es dir mal an." Er liess Anna den Vortritt.

„Die junge Frau stehe unter Schock, sagte mir die Polizistin weiter. Sie hat sie aber nicht nach Hause geschickt, da sie vernehmungsfähig sei. Falls du sie sprechen möchtest: Sie sitzt im Auto und wartet. Die Beamtin wollte deine Anweisungen abwarten."

Anna antwortete nicht, sie gingen schweigend den schmalen Waldpfad entlang und gelangten auf eine kleine Lichtung, an deren Rand, halb verdeckt durch einen Wacholderstrauch, die Leiche lag.

Anna drehte sich zu Basil um. „Vielleicht wäre es gut, wenn du mit der Zeugin sprichst. Möglicherweise ist ihr in der Zwischenzeit noch etwas eingefallen. Wenn du mit ihr fertig bist, kann sie nach Hause gehen. Bitte die Polizistin, die Frau zu begleiten. Sie soll so lange bei ihr bleiben, wie die Frau das wünscht. Dann kann sie ebenfalls nach Hause. Wir brauchen sie heute nicht mehr. Ich möchte mich jetzt mit Dr. Roth unterhalten. Treffen wir uns nachher beim Auto." Dann wandte sie sich ab und näherte sich dem Rechtsmediziner.

Dr. Roth beugte sich gerade über den toten Körper. Heute war der Rechtsmediziner sportlich-leger gekleidet, vermutlich hatte er seinen freien Tag. In seiner Freizeitkleidung hätte Anna ihn beinahe nicht erkannt.

„Es scheint, als sähen wir uns jetzt öfters", begrüsste Dr. Roth Anna und warf einen Blick auf ihre nackten Unterschenkel. „Hattest du deinen freien Tag?" Und mit besorgter Stimme fügte er hinzu: „Hier ist Zeckengebiet."

„Ja, ich weiss." Anna hatte das Gefühl, eine Erklärung schuldig zu sein. „Ich war auf einer Bootsfahrt und kam so schnell wie möglich her. Es fehlte mir die Zeit, passende Kleidung zu besorgen."

Roth wandte sich wieder der Leiche zu. „Ich kann dir bereits einiges sagen." Er schien heute in besonders zuvorkommender Stimmung zu sein.

„Es handelt sich um eine männliche Leiche, ungefähr vierzig Jahre alt, und sie kann noch nicht lange hier gelegen haben. Höchstens vierundzwanzig Stunden. Ist dir die Schleifspur aufgefallen? Ziemlich sicher ist er nicht hier gestorben, sondern wurde nachträglich hierher gebracht."

Dr. Roth drehte den Mann etwas zur Seite und sprach weiter: „Siehst du die klaffende Wunde am Hinterkopf? Sie ist eindeutig durch einen Sturz verursacht worden." Dr. Roth betrachtete die Wunde eingehend. Er runzelte die Stirn und schüttelte dazu leicht den Kopf. „Bei einem Sturz versucht der Mensch, sich zu schützen und den Aufprall abzufangen. Das scheint hier nicht stattgefunden zu haben. Der Mann muss ziemlich viel getrunken haben, damit die Schutzreflexe so versagen konnten."

„Warum ist es so eindeutig ein Sturz und nicht ein Schlag? Wenn der Mann sich nicht geschützt hat, könnte er ja auch unbemerkt von hinten erschlagen worden sein?"

„Nein, schau, die Wunde ist unterhalb der Hutkrempe. Für einen Schlag sitzt sie zu tief. Ich werde dir morgen meinen Bericht schicken." Er drehte den Mann zurück, richtete sich auf und gab den Leuten von der Spurensicherung ein Zeichen.

„Wenn die Schutzreflexe nicht mehr funktionierten, könnten da auch andere Drogen ausser Alkohol im Spiel gewesen sein?"

„Gut möglich. Ich werde auf jeden Fall entsprechende Laboruntersuchungen vornehmen."

Dr. Roth verabschiedete sich von Anna, nicht ohne ihre unpassende Kleidung noch einmal zu erwähnen, und nickte Basil höflich zu, der soeben von seiner Befragung zurückkam. Danach machte er sich leise summend auf den Weg zu seinem Auto.

„Das müssen die berühmten zweiten Flitterwochen sein", meinte Basil spöttisch, während er dem gut gelaunten Dr. Roth nachschaute.

„Vielleicht ist der Grund ein süsses Geheimnis, von dem wir alle nichts wissen", erwiderte Anna. „Hast du bei der Befragung der Zeugin etwas herausgefunden?"

„Nein, die Frau ist ziemlich durcheinander und konnte dem, was sie bereits der Polizistin zu Protokoll gegeben hat, nichts hinzufügen." Anna nickte.

Die Leute von der Spurensicherung packten alle Utensilien ein. Sie wickelten den Leichnam vorsichtig in eine Folie, um ihn nach Bern zu bringen. Einige Beamte blieben zurück, um aufzuräumen, und Anna und Basil machten sich auf den Heimweg. Solange sie den Bericht nicht hatten und nicht wussten, um wen es sich handelte, konnten sie nichts anderes tun als abwarten. Anna wollte sich gerade von Basil verabschieden, als Theo Balmer in Begleitung eines Fotografen auf sie zukam.

Sie kannte Theo noch aus der Studienzeit. Er hatte damals Journalismus studiert, und sie wohnten im gleichen Studentenwohnheim. Theo war ein aufgeweckter und humorvoller junger Mann, er war beliebt und immer zur rechten Zeit am rechten Ort.

Als Anna geheiratet hatte, brach der Kontakt ganz abrupt ab. Wie sie später von einer Kommilitonin erfuhr, war Theo während der ganzen Studienzeit in sie verliebt gewesen. Anna hatte davon nichts bemerkt gehabt. Sie hatte sich nicht für ihn interessiert, er war nicht ihr Typ. Seine politischen Ansichten und seine endlosen Streitgespräche hatte sie immer als äusserst anstrengend empfunden. Jedenfalls hatten sie sich aus den Augen verloren. Erst vor vier Jahren waren sie sich wieder begegnet. Davor war Theo längere Zeit im Ausland tätig gewesen. Als bei ihm aber Multiple Sklerose diagnostiziert worden war, kam er für die Behandlung zurück in die Schweiz. Nun arbeitete er als freier Journalist.

„Fahr du schon mal", sagte Anna zu Basil. „Ich spreche noch kurz mit Theo."

Freitag, 3. Oktober
Pablo hat geweint, als ich mich von ihm verabschiedete. Es hat mir fast das Herz gebrochen. Ich habe ihm immer wieder gesagt, es sei nur für drei Wochen. Und Murten sei ja nicht am Ende der Welt. Er könne mich auch besuchen kommen. Die ganze Zeit musste ich selber gegen das Heulen ankämpfen. Habe keine Ahnung, wie ich drei Wochen ohne ihn überstehen soll.

Montag, 6. Oktober
Ich wurde Herrn Wung to Mei vorgestellt. Er musterte mich von unten bis oben und nickte dann. Ich kam mir vor wie bei einer Viehschau. Hätte mich nicht gewundert, wenn er mir das Maul aufgerissen und die Zähne überprüft hätte. Habe mich am Abend bei Bieri darüber beklagt. Er hat gesagt, ich solle mich zusammenreissen. Schliesslich seien das gute Kunden, und dank ihnen könnten wir uns den Luxus leisten, in dem wir leben. Wir! Scheiss drauf. Er sackt das Geld ein, und ich halte den Arsch hin.

Dienstag, 7. Oktober
Bieris Mutter hat sich was gebrochen. Liegt im Spital, und Bieri sitzt bei ihr. Jetzt habe ich Zeit, mich zu rächen. Ich bin ja so was von supergenial! Unter dem Fussboden, in Bieris „ Versteck", lagen mehr als fünfundzwanzigtausend Franken. Fünfundzwanzigtausend Franken! Ich habe eine Note genommen und im Geschäft Farbkopien davon gemacht. Vorderseite und Rückseite, wie es sich gehört. Jetzt liegen unter der Diele fünfundzwanzig Farbkopien. Soll er nur dran schnuppern. Habe die Kopien an den echten Noten gerieben – wenn die abspritzen könnten, es wäre hier alles überschwemmt, so fest habe ich gerieben. Das merkt er nie. Nie, nie, nie. Die sehen nicht nur echt aus, die riechen auch so. Oh Bieri, wenn du wüsstest, wie gut mir das tut. Ich schwebe im Glücksrausch.

Donnerstag, 9. Oktober

Ist gar nicht so leid, mein Zimmer im Hotel „Schiff". Würde Pablo gefallen, so nah am See. Bieri gibt sich wortkarg. Hat mich am Bahnhof verabschiedet und ist gleich zurück zu seiner Mutter gefahren. Es geht ihr schlecht. Liegt im Sterben. Das kenne ich, meine lag auch im Sterben. Aber nicht in einem warmen Spitalzimmer, liebevoll vom eigenen Kinde gepflegt. Nein. Draussen. Allein in eisiger Nacht. Gelitten hat sie. Geschrien. Dreimal durchs Höllenfeuer wurde sie getrieben. Und in der Hölle bleibt sie, bis in alle Ewigkeit. Ich muss morgen einige Vorbereitungen treffen, Wung to Mei und sein Gefolge kommen erst am Samstag. Gehe jetzt schauen, was Murten zu bieten hat.

Freitag, 10. Oktober

Ging gestern in die Hotelbar – da sass einer, alleine, schien interessiert – ganz Mann von Welt. Gab ihm unmissverständliche Zeichen und verliess dann das Lokal. Wusste, er würde mir folgen. Versteckte mich hinter der Linde. Beobachtete ihn, als er den Weg zum See runterkam. Wie ein verängstigtes Tier hat er sich umgesehen. Ist hin- und hergelaufen und hat leise geflucht. Als er weggehen wollte, kam ich hinter dem Baum hervor. Ging an ihm vorbei. Er folgte mir. Hab es ihm gemacht in einer der Toiletten am Hafen. Der wird mich nicht so leicht vergessen. Habe mich selber überboten, war wohl lange auf Entzug. Er will mich wiedersehen. Sonntag, gleiche Zeit, gleicher Ort.

Samstag, 11. Oktober

Wung to Mei und seine Leute sind angekommen. Habe sie herumgeführt. Jetzt sitzen sie im „Des Bains" und geniessen den Abend. Ich habe mich entschuldigt. Meine Kopfschmerzen sind unerträglich. Mutter! Ich kann dich jetzt hier nicht brauchen. Respektiere meinen Freiraum. Verschwinde aus meinen Träumen. Aus meinem Leben!

Sonntag, 12. Oktober

Kam absichtlich zu spät zu meinem Date. Er wartete ungeduldig. Er war erleichtert, als er mich erblickte. Ich nahm ihn mit in mein Hotel-

zimmer. Das mache ich sonst nicht. Aber es erschien mir richtig so. Er ist gut gebaut, es gefällt mir, von ihm gefickt zu werden. Danach war er sehr redselig. Er ist Bauingenieur. Er will mir seinen Namen nicht sagen. Ein Verheirateter. Ich solle ihn Urs nennen. Reicher Stinker, fuhr mit dem Ferrari vor. Sagte, er fahre dieses Auto nur am Wochenende. Unter der Woche sei er mit seinem BMW unterwegs. Als er weg war, ging ich ins Hotel zu Wung to Mei. Der war erbost. Bieri und er hätten andere Zeiten ausgehandelt. Manchmal pocht es hinter meinen Schläfen, und dann habe ich das Gefühl, ich sei besessen. Besessen von dem Wunsch, zu zerstören.

Donnerstag, 16. Oktober
Urs hats erwischt. Er ist süchtig nach mir. Kam jeden Abend und wartete, bis ich dem Schlitzauge entwischen konnte. Diesem kleinen, widerlichen, gelben Bieri-Klon. Wie mich diese schlaffen, blassen, wabbeligen Bäuche ekeln. Ich dachte die ganze Zeit nur an die fünf- undzwanzigtausend Franken. Das machte es erträglicher. Habe Urs erzählt, dass ich eine neue Arbeit suche. Und dass ich viel Erfahrung habe, aber kein Arbeitszeugnis und keine Referenz angeben könne. Er wollte wissen, wieso. Habe ihm was vorgeheult von „Missbrauch" und „mich wehren". Ist ein sensibles Bürschchen, der Urs. Meinte, es käme nicht in Frage, dass mit mir so umgesprungen werde. Er kenne jemanden, der eine Bürokraft suche. Er hat mir versprochen, mit ihm zu reden. Nun hat er mich angerufen und gesagt, der Freund sei daran interessiert und bezahle mir, was ich verlange. Endlich ein Lichtblick. Endlich werden meine Träume wahr!

Freitag, 17. Oktober
Wurde ohne Vorstellungsgespräch eingestellt. Beginne am 1. Novem- ber. Habe mich erkenntlich gezeigt. Und wie! Diese Nacht wird er nicht so schnell vergessen.

Sonntag, 19. Oktober
Habe mich lange und intensiv von Urs verabschiedet. Dabei bat ich

ihn darum, zu schauen, ob er in Murten oder Umgebung eine freie Wohnung findet. Ich könne ja nicht in einem Hotel leben. Er will sich darum kümmern.

Montag, 20. Oktober
Bin wieder in Bern. Bieri ist noch wortkarger geworden. Spricht überhaupt nicht mehr mit mir. Das ist auch besser, weil wir jetzt sicher einen Riesenstreit bekämen. Ich muss mir nichts mehr gefallen lassen. Ich bin jetzt frei.
Die letzten Nächte waren entsetzlich. Wieso nur? Jetzt, wo ich demnächst frei sein werde? In meinem Kopf läuft alles Amok. Ich kann mich nicht mehr auf meine eigenen Sinne verlassen. Ich höre ihre Stimme, sehe ihr Gesicht, rieche sie, ihre Freier und das schmutzige Laken im Hinterzimmer. Es ist so real, realer als die realste Realität.

Freitag, 24. Oktober
Pablo und ich haben die ganze Nacht gefeiert. Ich habe uns ein Hotelzimmer bezahlt. Im „Schweizerhof". Erst in den Morgenstunden, als wir total erschöpft waren, habe ich ihm erzählt, was in Murten vorgefallen ist. Er wollte sich gar nicht recht mit mir freuen. Er sieht nur, dass wir uns so nicht mehr regelmässig sehen. Ich habe ihm gesagt, dass das nichts an unserer Liebe ändern würde, dass ich regelmässig nach Bern kommen könne, dass sich so für uns alles nur zum Besseren wende. Ich glaube, er braucht Zeit.

Sonntag, 26. Oktober
Bieri wollte wieder in mein Bett. Ich warf ihn raus. Er sagte mir, ich solle augenblicklich die Wohnung verlassen. Ich schlug ihn. Zuerst ins Gesicht und dann zwischen die Beine. Dann schloss ich meine Zimmertür ab.

Mittwoch, 29. Oktober
Habe gepackt. Bieri ist kaum zu Hause. Vermutlich hat er Angst. Morgen setze ich mich in den Zug und gehe für immer weg von hier.

Montag, 25.Mai 2009

Anna sass, den Kopf in die Hände gestützt, an ihrem Schreibtisch und starrte unverwandt auf die Pinwand. Nur der brummende Ventilator störte die Stille. Sie brauchte neue Fakten. Wo blieb der Bericht des Gerichtmediziners? Und wo war Basil?

Sie gab sich einen Ruck und holte eine zweite Pinnwand aus Basils Büro. Sie füllte diese mit den bekannten Fakten zum zweiten Mord. Danach druckte sie die Fotos aus, die gestern im Wald gemacht wurden, und hängte sie dazu. Sie war gerade fertig, als das Telefon klingelte.

"Guten Morgen, Anna. Frau Fässler ist am Apparat. Soll ich durchstellen?", hörte sie Marinas Stimme. Anna bejahte und meldete sich.

„Guten Morgen, Frau Kommissarin", klang es kühl und distanziert aus dem Hörer. „Ich hatte Ihnen versprochen, mich bei Ihnen zu melden, wenn ich mit meinem Bruder gesprochen habe. Wir sind der Meinung, dass wir unsere Eltern nicht informieren, falls sie vor Freitag anrufen. Wir bitten Sie, unsere Entscheidung zu respektieren."

Anna willigte ein, beendete das Telefongespräch und öffnete ihre Mailbox. Die Polizeikommandantin wollte Anna umgehend sehen und bat sie per elektronische Post hinunter in ihr Büro. Sicher wollte ihre Vorgesetzte über den neuen Fall aufgeklärt werden.

„Das muss jetzt warten, bis ich den Bericht des Rechtsmediziners gelesen habe", murmelte Anna.

Basil erschien. Zeitungen und Bericht unter den Arm geklemmt. Geschickt balancierte er zwei Becher Kaffee. Er zwängte sich durch die schmale Türöffnung und kletterte über die Papierstapel. Er brachte es fertig, ihren Schreibtisch zu erreichen, ohne einen Tropfen zu verschütten.

Anna nahm ihm die Kaffeebecher ab. Sie setzten sich an

den Beistelltisch. Anna informierte ihn über das Telefongespräch mit Frau Fässler.

Basil hörte ihr aufmerksam zu. Dann schweifte sein Blick über die zweite Pinwand. „Seit wann bist du denn im Büro?", fragte er erstaunt, trat vor die Pinwand und studierte die neuen Beiträge. „Ich habe bereits einen Blick in Roths Bericht geworfen", fuhr er fort. „Er hat die Leiche identifiziert. Es handelt sich um einen Architekten namens Peter Känel. Daraufhin habe ich mich sofort im Internet schlau gemacht. Weisst du, es ist verrückt. Dieser Känel hat mit Udo Stein studiert. Ich würde gerne wissen, ob die beiden auch nach dem Studium in irgendeiner Verbindung zueinander standen. Ich vermute es schwer. Zumal Känel wie Stein in Murten wohnte."

Anna, die soeben im Bericht des Rechtsmediziners zu lesen begonnen hatte, hob den Kopf. „Dann müssen wir in Betracht ziehen, dass die beiden Todesfälle irgendwie in Zusammenhang stehen. Lass mich den Bericht lesen. Dann gehe ich zu Moser. Sie will mich sehen. Ergänze bitte die Pinwand, damit wir die neue Situation diskutieren können. Sei so lieb, und ruf Paul dazu. Ich möchte, dass er bei der Diskussion dabei ist."

Dann war es eine Weile still im Büro, nur Papierrascheln liess sich vernehmen, bis Anna plötzlich aufsprang und rief: „Basil, das musst du dir anhören: ‚In der Jackentasche des Toten befand sich nur eine Fotografie. Auf der Rückseite des Bildes steht: Karin Stein Sommer 07.'"

Basil pfiff leise durch die Zähne. „Interessant, endlich etwas Brauchbares."

Anna hatte ein eher angespanntes Verhältnis zu ihrer Chefin. Barbara Moser war vor zwölf Jahren zur Polizeikommandantin gewählt worden. Sie war die erste Frau und die jüngste je in dieses Amt gewählte Person. Moser war weder verheiratet, noch schien sie überhaupt ein Privatleben zu führen. Egal, wie lange Anna sich im Präsidium aufhielt: Die Polizeikommandantin war noch da, wenn Anna das Kommissariat verliess, und bereits da, wenn sie morgens kam.

Ein einziges Mal war Anna dem Menschen begegnet, der sich hinter der Polizeikommandantin verbarg. Das war, als Moser sie in ihr Büro rief und ihr die Position als Kommissarin anbot. Als Anna gezögert hatte, hatte sie sich neben sie gesetzt. „Wissen Sie, Anna", hatte Moser gesagt und zum ersten und bisher letzten Mal ihren Vornamen benutzt, „wenn wir Frauen nicht die Chancen ergreifen, die das Leben uns bietet, dürfen wir uns nicht wundern, wenn die Welt sich nie zum Besseren verändert. Ich erwarte Ihre Antwort noch vor morgen früh." Damit hatte sie sich erhoben und in die Polizeikommandantin zurückverwandelt. Anna war entlassen.

Für einen kleinen Moment hatte sie sich solidarisch verbunden gefühlt mit dieser Frau. Dieser kurze Augenblick hatte ihre Entscheidung, die Beförderung anzunehmen, massgeblich beeinflusst. Nur, seither hatte sie ihre Chefin nie wieder so erlebt. Ihre Gespräche waren kühl und distanziert, und Anna fragte sich zuweilen, ob sie sich jenen Anflug von Vertrautheit damals nur eingebildet hatte.

Energisch klopfte sie an die Tür der Polizeikommandantin. Nachdem ein vages Brummeln an ihr Ohr gedrungen war, das nach „Herein" geklungen hatte, drückte sie die Klinke und trat ein. Moser stand hinter ihrem schweren, dunklen Schreibtisch und sah Anna mit leicht hochgezogener linker Augenbraue entgegen.

„Sie wollten mich sprechen", begann Anna und schloss die Tür. Sie erreichte den Schreibtisch, blieb davor stehen.

„Frau Calvin. Setzen Sie sich bitte." Moser wartete, bis Anna ihrer Einladung gefolgt war.

„Ich bin etwas besorgt! Wie ich Ihren Berichten entnehme, konnten Sie die Eltern der Toten immer noch nicht erreichen. Bitte kümmern Sie sich umgehend darum. Jetzt, mit der zweiten Leiche, werden wir die Presse nicht mehr hinhalten können."

Anna fühlte sich nicht wohl. Der Sessel war viel zu weich. Sie versank darin wie in Treibsand. Moser stand hinter ihrem Schreibtisch, und es sah nicht danach aus, als wolle sie sich hinsetzen. In spätestens zwei Minuten würde Anna einen steifen Nacken haben.

„Wie Kommissar Klee Ihnen bereits mitgeteilt hat, sind die Eltern nicht erreichbar. Diese Tatsache ändert sich nicht, nur weil wir eine zweite Leiche haben. Übrigens wurde die zweite Leiche identifiziert. Es handelt sich um einen Peter Känel, der mit Udo Stein Architektur studiert hatte. Diese Tatsache bringt ein völlig neues Licht in die Untersuchung. Sollte Peter Känel mit Udo Stein in Kontakt gestanden haben, müssen wir von der Vermutung ausgehen, dass es zwischen den beiden Todesfällen eine Verbindung gibt. Wir haben in der Jackentasche von Peter Känel eine Fotografie von Karin Stein gefunden. Wir werden nach weiteren allfälligen Verbindungen suchen. Und trotz der rechtsmedizinischen Berichte, die Mord ausschliessen, in beiden Fällen einen Mord in Betracht ziehen, bis das Gegenteil bewiesen ist."

„Na gut, machen Sie weiter, ich will so schnell wie möglich Resultate sehen."

„Es sind ja erst wenige Tage vergangen", erinnerte Anna, „wenn wir seriös ermitteln wollen, benötigen wir noch etwas Zeit."

„Kümmern Sie sich ausschliesslich um die Aufklärung dieser beiden Todesfälle. Alle andern Angelegenheiten können Sie an mich weiterleiten. Ich stelle Ihnen Müller und Spar zur Seite, falls Sie mehr Leute brauchen."

„Ich habe schon Stefan Hafner und seine Praktikantin …" Moser unterbrach Anna.

„Stefan Hafner hat sich beklagt. Er schrieb, es sei untragbar, wenn er kurzfristig umdisponieren müsse. Sie hätten seine Einwände und Lösungsvorschläge nicht zur Kenntnis nehmen wollen. Was haben Sie dazu zu sagen?" Anna atmete tief durch. „Stefan Hafner ist der Qualifizierteste unter uns, was das Ermitteln auf einem Campingplatz betrifft. Es wäre inkompetent meinerseits, wenn ich die Ressourcen und speziellen Fähigkeiten meiner Mitarbeiter und Mitarbeiterinnen nicht optimal nutzen würde. Wenn Kommissar Hafner einen geregelten Arbeitsalltag wünscht, muss er sich einen anderen Arbeitsplatz suchen. Morde richten sich nicht nach seinem Terminkalender. Paul Egger konnte seinen Termin übernehmen; er ist ebenfalls in den Fall Meinhard eingearbeitet. Ich habe bereits mit Stefan Hafner gesprochen und bin erstaunt, dass er sich wiederum an Sie gewandt hat. Marina ist dabei, das Protokoll des Gesprächs zwischen Stefan und mir abzutippen. Ich meinte eigentlich, die Sache mit ihm geklärt zu haben."

Moser wandte den Kopf etwas zur Seite und hob erneut die linke Augenbraue.

„Ich habe ihm drei Dinge klar gemacht. Erstens: Stefans direkter Dienstweg geht über mich. Falls auf diese Weise eine Klärung zwischen ihm und mir nicht möglich ist, habe ich ihm die Alternative einer Supervision angeboten. Zweitens: Ich bin verantwortlich für die Planung der Einsätze, und meine Mitarbeiter führen meine Anweisungen aus. Ich habe Stefan Hafner deutlich gesagt, dass ich, wenn sich ein Mitarbeiter mehrfach weigert, dessen Versetzung veranlassen werde. Drittens:

Mitarbeiter, die nachweislich Mobbing betreiben, werden zur Rechenschaft gezogen."

War das der Anflug eines Lächelns auf dem Gesicht der Polizeikommandantin, oder hatte das Licht Anna einen Streich gespielt?

„Wann genau haben Sie dieses Gespräch geführt?", fragte Moser.

„Am vergangenen Freitag gegen drei Uhr. Hat Stefan Hafner seine Beschwerde vor oder nach unserem Gespräch eingereicht?"

„Ich müsste nachsehen. Aber lassen wir es doch dabei bewenden, wir haben zurzeit Wichtigeres zu tun. Schicken Sie mir dann bitte eine Kopie des Protokolls für die Akte." Moser beugte sich demonstrativ über einen Stapel Blätter. Dann hob sie kurz den Kopf und entliess Anna mit einer nonchalanten Handbewegung. „Setzen Sie alles daran, diesen Fall schnellstmöglich zu lösen. Und bitte, wirbeln Sie nicht unnötig Staub auf, das wäre nur ein gefundenes Fressen für die Presse. Ich will Resultate sehen."

Anna fragte sich, weshalb die Polizeikommandantin sich vor dem Interesse der Presse dermassen fürchtete. Der Grund konnten nicht allein Karin Steins Eltern sein, die noch nicht informiert waren. Vorstellbar war, dass sie unbedingt Erfolge vorweisen wollte, ja musste: Die Berner Kantonspolizei war in letzter Zeit vermehrt in die Schlagzeilen geraten, weil sie etliche Fälle ungeklärt hatte ablegen müssen. Allerdings war dies nicht in erster Linie auf mangelnde Ermittlungen zurückzuführen. Es waren die unliebsamen Folgen der Sparmassnahmen.

Und das mit Hafner würde sie nicht auf sich beruhen lassen. Sie würde die Sache zu einem späteren Zeitpunkt nochmals mit Moser besprechen müssen.

Anna betrat ihr Büro. Basil stand mit Paul vor der zweiten Pinwand, die er mit Fakten zu Peter Känel ergänzt hatte. Kleine Pfeile klebten wie Brücken zwischen den beiden Pinwänden. Über die linke hatte Basil in Grossbuchstaben KARIN STEIN geschrieben. Über der rechten stand gut leserlich PETER KÄNEL. Basil schrieb Notizen auf grüne Blätter, die er mit Klebeband an der Containerwand befestigte.

„Wir wissen nun, dass Peter Känel und Udo Stein sich gekannt haben. Im Gegensatz zu Stein hatte Känel sich jedoch nicht selbstständig gemacht. Er arbeitete für ein Architekturbüro in Ins", sagte Basil zu Paul und wiederholte es etwas lauter, als er Anna bemerkte, die das Büro betrat. „Känel war Junggeselle. Ihm gehörte im Städtchen eine Dachwohnung mit Blick auf den See. Ausserdem hatte er auf dem Campingplatz in Salavaux das ganze Jahr über einen Wohnwagen stehen."

„Und Karin Stein wurde am Strand von Salavaux gefunden," sagte Anna nachdenklich.

Sie stellte sich neben Paul an die Pinwand. „Was schreibst du denn auf die grünen Zettel?"

„Gemeinsamkeiten der Toten", erklärte Basil. Anna las: „Erstens: Beide Todesfälle deuten auf Unfall hin − kann das sein? Zweitens: Wir müssen davon ausgehen, dass Stein zu beiden in einer Beziehung stand − Dreiecksspannungen? Drittens: Karin Stein und Peter Känel wohnten beide in Murten. Viertens: Beide waren stark alkoholisiert, als sie starben. Fünftens: Sowohl Karin Stein als auch Peter Känel waren im Sommer oft in Salavaux. − Kannten sie sich? − Das Foto spricht eher dafür. − Gute Arbeit", lobte Anna ihren Partner.

„Danke", sagte Basil, nahm den Bericht des Rechtsmediziners in die Hand und blätterte darin. Nach einer Weile fand er, was er suchte.

„Dr. Roth schreibt hier: ‚Laut der Hutkrempenregel muss Känel gestürzt sein. Zudem ist er im Rauschzustand gestürzt: Nebst Alkohol ist eine hohe Dosis Benzodiazepin im Blut nachweisbar. Das Benzodiazepin verstärkt die Wirkung des Alkohols. Vermutlich ist er ungebremst auf den harten Untergrund aufgeschlagen und hat sich so seine schwere Kopfverletzung zugezogen, an welcher er starb. Soweit spricht alles für einen Unfall."

Er legte den Bericht auf den Tisch zurück.

„Halt, Basil, warte mal!" Anna legte ihre Hand auf seinen Arm. „Wie kommt denn das Benzodiazepin in Känels Blut? War er medikamentensüchtig? Schluckte er regelmässig Beruhigungsmittel, wie Valium oder so? Oder hat ihm jemand den Stoff ins Getränk gemischt?" Sie wandte sich an Paul: „Kläre bitte ab, welche Medikamente Benzodiazepin enthalten und in welchen Dosen."

Paul nickte zur Bestätigung.

„Wird gemacht."

„Was wollte eigentlich Moser?", fragte Basil.

„Wir sollen uns nur noch um die Aufklärung dieser beiden Todesfälle kümmern. Andere Pendenzen, die nicht warten können, sollen wir an sie weiterleiten. Die Presse habe recht aggressiv reagiert, und sie befürchtet, die Wasserleiche von letzter Woche könnte in den Medien spekulativ breitgetreten werden, wenn wir nicht bald Resultate liefern. Wenn nötig, stellt sie uns noch Müller und Spar zur Seite. Ich habe dankend abgelehnt."

Basil drehte sich wieder der Pinwand zu. „Gut, machen wir weiter. Anhand des Mageninhalts hat Känel kurz vor Todeseintritt Teigwaren und Rindfleisch gegessen, möglicherweise eine Lasagne. Das Essen war noch unverdaut.

Zudem hat Känel Unmengen von Alkohol konsumiert. Zwei Komma fünf Promille. Er muss bereits vor dem Essen getrunken haben."

„Entweder war er in Schwierigkeiten verwickelt, oder er hatte ganz einfach ein massives Alkoholproblem", unterbrach ihn Anna. „Paul, wenn du schon am recherchieren bist, stell bitte fest, ob Känel wegen übermässigen Alkoholkonsums bekannt war, und überprüfe, ob die Angestellten eines Restaurants in der Nähe des Tatortes sich an ihn erinnern. Bei dem Rausch wird er wohl kaum selber gekocht haben. Da wir wissen, was und zu welchem Zeitpunkt er gegessen hat, dürfte es nicht so schwierig sein, das entsprechende Restaurant ausfindig zu machen. Kläre bei dieser Gelegenheit auch, ob Känel allein gegessen hat oder jemand bei ihm war." Paul nickte und machte sich Notizen. Basil fuhr fort: „Laut Dr. Roths Bericht trat der Tod abends um acht ein. Um halb zehn hat die Frau ihn gefunden und uns benachrichtigt. Kannst du dich an den schmalen, steilen Waldpfad erinnern. Die Leiche muss da hinaufgeschleppt worden sein. Von der anderen Seite kommt man nicht an die Lichtung."

„Dann ist der Täter mit hoher Wahrscheinlichkeit ein Mann", schlussfolgerte Anna.

„Oder es waren mehrere Täter", gab Basil zu bedenken.

„Das kann uns die Spurensicherung bestimmt sagen. Auf jeden Fall lag Känel nur kurze Zeit im Wald." Anna sah auf die Uhr. Es war kurz vor elf. „Paul, kümmere dich bitte umgehend um die offenen Fragen, und gib mir oder Basil Bescheid, wenn du etwas herausgefunden hast." Damit nickte sie ihm zu und packte ihre Tasche. „Es ist Zeit, dem Architekten Stein nochmals einen Besuch abzustatten. Ich muss spätestens um fünf wieder zurück in Bern sein. Basil, lass uns losfahren. Wir können ja unterwegs ein Sandwich kaufen."

Anna und Basil trafen Udo Stein in seinem Büro an. Sie waren dem Sekretär unaufgefordert gefolgt, als dieser sie anmelden wollte, und hatten das Büro betreten, ohne auf eine Einladung zu warten. Entrüstet schloss der Sekretär die Tür hinter ihnen.

„Herr Stein", begann Anna und blieb vor Steins Schreibtisch stehen, „ich habe leider eine weitere traurige Nachricht für Sie."

Als sie sah, dass Stein sie verständnislos anblickte, fuhr sie fort: „Wir haben die Leiche Ihres Studienfreundes Peter Känel gefunden." Sie beobachtete ihn genau. Stein sank langsam in sich zusammen. Er war noch eine Spur bleicher geworden, seine Augen hatten jetzt einen hektischen Ausdruck, ein Zucken um das rechte Augenlid verriet grosse Nervosität. Erst jetzt bemerkte Anna seine Kleidung. Sie war zwar sauber, jedoch schlecht gebügelt. Die gestreifte Krawatte passte farblich nicht zum Hemd. Und die Wahl der grob karierten Tweedjacke war zweifellos ein Fehlgriff. Nicht mehr viel war übrig von dem gepflegten Mann, dachte sie, erschüttert über die Wandlung.

„Herr Stein, es tut mir sehr leid. Trotzdem muss ich Ihnen einige Fragen stellen." Sie wartete ein paar Sekunden, und da Stein schwieg, fragte sie: „Wann hatten Sie das letzte Mal Kontakt mit Ihrem Studienfreund?"

Stein legte einen kurzen Moment das Gesicht in die Hände. Als er wieder aufblickte, wirkte er um Jahre gealtert.

„Wir haben uns gelegentlich zu einem Bier getroffen. Ich habe ihn das letzte Mal auf der Messe in Antwerpen gesehen."

„Kannte Ihre Frau Peter Känel?"

„Nein, sie kannte ihn nicht. Ich hatte privat keinen Kontakt zu Peter. Wir arbeiteten beide als Architekten in der gleichen Region und begegneten uns dadurch zwangsläufig. Privat verkehrten wir jedoch nicht in den gleichen Kreisen."

„Sie sind sicher, dass Ihre Frau ihn nicht gekannt hat?"

„Ja. Wieso fragen Sie?"

„Weil Peter Känel ein Bild Ihrer Frau in der Innentasche seines Blazers trug. Das war übrigens der einzige Gegenstand, den man bei ihm fand."

„Nur ein Bild von meiner Frau?", fragte Stein irritiert. „Warum?"

„Wir haben gehofft, dass Sie uns die Antwort darauf geben können." Stein schüttelte langsam den Kopf.

„Herr Stein", mischte sich Basil ein: „Sie haben uns gesagt, Ihre Frau und Sie hätten einen Neuanfang geplant. Wie wir erfahren haben, wollte Ihre Frau aber die Scheidung und hatte nicht vor, zu Ihnen zurückzukehren. Könnte Peter Känel der Grund für diesen Scheidungswunsch gewesen sein?"

„Ach, Sie verstehen das nicht. Die Scheidung war nur eine Drohung. Karin hätte sich niemals von mir scheiden lassen. Meine Frau wäre bestimmt bei mir geblieben. Ich konnte ihr den Luxus bieten, den sie sich immer gewünscht hatte. Sie konnte sich ein Leben ohne Luxus gar nicht mehr vorstellen." Udo Stein wirkte jetzt genervt.

„Wenn das stimmt, wie kommt Peter Känel dann zu einem Bild Ihrer Frau?"

„Woher soll ich das wissen?", gab Stein unwirsch zurück. „Ich arbeite den ganzen Tag. Also kann ich nicht wissen, wie meine Frau die Tage verbrachte. Wir haben in der letzten Zeit kaum noch miteinander gesprochen. Durch meine Arbeit kam ich immer erst spät nach Hause."

„Wenn Sie nicht wissen, was Ihre Frau tagsüber gemacht hat, woher wollen Sie dann wissen, mit wem sie sich traf und ob sie mit Herrn Känel bekannt gewesen war?"

Stein sah Anna direkt an. Er entspannte sich offensichtlich, wurde ganz ruhig.

„Sie haben recht. Möglich ist alles."

„Herr Stein, Ihre Frau wollte sich von Ihnen scheiden lassen. Auch wenn Sie die Drohung Ihrer Frau nicht ernst genommen haben, dürfen sie sie nicht vor uns verheimlichen. Unehrlichkeit wirft ein schlechtes Licht auf Sie. Es macht Sie verdächtig. So, wie die Sachlage sich zeigt, gehören Sie zu den möglichen Verdächtigen. Sie hatten ein Motiv: Ihre Frau wollte Sie verlassen. Es wäre klug, wenn Sie in Zukunft die Wahrheit sagen und mit uns zusammenarbeiten würden."

Stein konnte Annas Blick nicht mehr standhalten. „Wessen bin ich denn verdächtig? Meine Frau wurde ja nicht umgebracht."

"Es gibt keine Anzeichen von Gewalt, daher scheint ein Unfall wahrscheinlicher als ein Mord, ja. Ihr Verhalten hat uns jedoch misstrauisch gemacht. Wir werden beide Möglichkeiten in Erwägung ziehen, bis sich eine davon klar widerlegen lässt. Ihre Falschaussage kann als Verschleierung eines Motivs gedeutet werden. Wenn Sie sich nicht selber belasten wollen, rate ich Ihnen zu absoluter Ehrlichkeit und Kooperation."

Udo Stein sah Anna kurz an und nickte.

„Hatte Peter Känel ein Boot?"

„Soviel ich weiss, ja. Aber warum ..."

„Wo befindet sich sein Bootsplatz?"

„Ich glaube, in Salavaux. Dort hat er jedenfalls seinen Wohnwagen stehen. Wieso fragen Sie?"

Anna bedankte sich und verabschiedete sich, ohne auf seine Frage einzugehen.

„Warum hast du dich nach einem Boot erkundigt?", fragte auch Basil, als sie sich auf dem Gang befanden.

Leise erklärte Anna: „Gehen wir einmal davon aus, Karin Stein sei ermordet worden. Dann wurde dieser Mord auf dem Wasser ausgeübt. Schliesslich ist sie ertrunken und hatte Kleider an. Und weiter: Känel hatte ein Foto von Karin Stein in der Tasche. Er musste sie gekannt haben, mindestens dem Bild nach. Nehmen wir an, er war ihr ebenfalls bekannt, sie begleitete ihn auf sein Boot, und er brachte sie um."

„Ja", meinte Basil spöttisch, „zwingend bringt man seine Bekannten um, vor allem, wenn man ein Boot hat."

„Nicht so laut, Basil … Komm, lass uns rausgehen."

Der Sekretär war nirgends zu sehen, sodass sie ungehindert die Réception passieren konnten. Basil hielt Anna die Tür auf, während sie laut weiterdachte: „Ich weiss, es ergibt keinen Sinn. Noch nicht. Aber ein Gefühl sagt mir, dass es sich lohnt, diesen Gedanken weiterzuverfolgen. Fragen wir nochmals im ,Chez Nelly' nach. Jetzt haben wir eine konkrete Spur. Vom Strandrestaurant aus hat man einen guten Blick auf die Boote. Wenn wir den Leuten beide Bilder zeigen, das von Karin Stein und das von Peter Känel, bringen wir womöglich ihr Gedächtnis in Schwung."

Sie schwieg eine Weile. „Glaubst du, Stein war fähig, seine Frau zu ermorden, weil sie die Scheidung verlangt hat?

„Schwer zu sagen. Schwer einzuschätzen, dieser Stein. Mit den aktuellen Fakten lässt sich das wohl kaum erhärten."

„Zudem können wir keine Alibis überprüfen, solange wir den genauen Todeszeitpunkt nicht kennen. Es ist wie verhext, wir drehen uns im Kreis." Sie schwieg eine Weile und hing ihren Gedanken nach.

„Ist dir übrigens der Stimmungswechsel bei Stein aufgefallen? Er wurde vorhin plötzlich ganz ruhig."

„Ja, nachdem du gefragt hast, ob seine Frau mit Peter Känel bekannt gewesen sein könnte, ohne ihn darüber informiert zu haben."

„Ich habe ihm eventuell mit meiner Frage das Argument geliefert, mit dem er sich entlasten kann, falls er mit den beiden Todesfällen etwas zu tun hat."

Anna kramte ihr Handy hervor und rief Kommissar Hafner an. Sie informierte ihn über die Neuigkeiten.

„Stefan, ruf bitte den Platzleiter vom Camping an, und melde die Spurensicherung an. Lass Känels Wohnwagen und Boot untersuchen. Am besten fährst du gleich selber hin und überwachst die Sache."

Anna und Basil bewegten sich langsam Richtung Wagen. Einige Meter davor blieb Anna stehen.

„Grauenhaft. Ich werde ihn waschen müssen. Der Ausflug ins Wäldchen hat seine Spuren …" Sie hielt abrupt inne und warf Basil einen Blick zu. Wie auf Kommando drehten sich beide um und rannten zurück ins Haus. Der Sekretär, der sich jetzt wieder an seinem Platz hinter der Theke befand, schoss aus seinem Sessel hoch und verwarf entsetzt die Hände, als die beiden an ihm vorbeistürmten.

„Bleiben Sie nur sitzen, wir kennen den Weg!", rief Anna und eilte direkt auf Steins Büro zu. Sie klopfte hastig und öffnete, ohne eine Antwort abzuwarten. Stein sass noch immer in der gleichen Stellung wie zuvor an seinem Schreibtisch, lediglich seine Tweedjacke hatte er ausgezogen. Geistesabwesend starrte er die beiden Kommissare an, vollkommen unbeeindruckt von ihrem überfallartigen Eindringen.

„Entschuldigen Sie die erneute Störung, Herr Stein. Wir würden uns gerne Ihr Auto ansehen. Bitte zeigen Sie uns, wo es steht."

Stein erhob sich wortlos und ging voran. Durch mehrere Türen und über ein paar Treppen gelangten sie in die

Tiefgarage. Sein BMW stand in der Ecke. Anna beugte sich hinunter und versuchte, bei der dämmrigen Beleuchtung etwas zu erkennen. Sie hatte sich nicht geirrt: Die Schmutzspuren waren unübersehbar und erinnerten Anna auffallend an diejenigen an ihrem Wagen.

„Haben Sie eine Erklärung dafür, dass Ihr Auto so schmutzig ist?" Stein schwieg. „Sie haben das Recht zu schweigen. Alles, was Sie jetzt sagen, kann vor Gericht gegen Sie verwendet werden. Möchten Sie Ihren Anwalt anrufen?" Stein schwieg immer noch.

Basil trat vor ihn hin. „Ich muss Sie bitten, mit uns auf das Revier zu kommen. Sie werden verdächtigt, den Tod Peter Känels verschuldet zu haben." Basil zog die Handschellen hervor und legte sie Stein um. Dann ergriff er dessen Oberarm und führte ihn zurück ins Treppenhaus. Anna nahm die Wagenschlüssel an sich und rief die Spurensicherung an.

Eine Stunde später betraten sie zu dritt den Verhörraum. In der Mitte standen ein Tisch mit einem Aufnahmegerät und vier Stühle. Stein schwitzte stark. Die dunklen Schweissringe unter seinen Achseln zeichneten sich im grellen Licht der Neonröhren deutlich ab. Erst jetzt fielen Anna die feinen Bartstoppeln und die Augenringe auf. Stein wirkte müde. Sie wies ihm einen Platz gegenüber dem Einwegspiegel zu. Sie selbst setzte sich mit Basil auf die andere Seite des Tisches. Anna drückte auf den Aufnahmeknopf, nannte die Namen der Anwesenden, das Datum und die Uhrzeit.

„Herr Stein" begann sie, „möchten Sie immer noch keinen Anwalt?" Stein schüttelte den Kopf.

„Sagen Sie bitte laut und deutlich Nein, wenn Sie keinen

189

Anwalt wünschen. Dem Tonbandgerät ist es leider nicht möglich, Ihre Kopfbewegungen aufzuzeichnen."

„Nein, ich will keinen Anwalt", knurrte Stein.

„Danke. Wir werden dieses Gespräch aufzeichnen, Herr Stein, und Ihnen später die schriftliche Version davon zum Unterschreiben vorlegen. Haben Sie das verstanden?"

„Ja, ich habe alles verstanden, ich bin ja nicht auf den Kopf gefallen. Da ich nichts verbrochen habe, brauche ich keinen Anwalt, und wenn ich mit Ihrem Protokoll einverstanden sein sollte, werde ich es unterzeichnen", erklärte Stein aggressiv. Haben Sie sonst noch Fragen?"

„Herr Stein, was haben Sie gestern Abend gegen zwanzig Uhr gemacht?" Stein schwieg. Die Stille lastete schwer in dem kleinen Raum, eine Minute verstrich, die Luft wurde immer stickiger. „Ist meine Frage bei Ihnen angekommen?", durchbrach Anna nach einer Weile das Schweigen. Stein sah ihr direkt in die Augen, antwortete aber nicht. Offenbar hatte er seine Taktik geändert und versuchte nun, die Kommissarin durch sein Verweigern zu provozieren. In wortloser Übereinstimmung sassen Anna und Basil da und warteten, wer das Schweigen länger aushalten würde. Irgendwann, nach unendlich langen Minuten, stand Basil auf und verliess den Raum. Er kam mit Kaffee für sich und Anna zurück. Schweigend tranken sie und warteten. Nach einer weiteren Ewigkeit, in der Basil gegen die aufkommende Müdigkeit ankämpfen musste und nur mit Mühe das Gähnen unterdrücken konnte, hielt es Stein nicht länger aus.

„Soweit ich mich erinnere, war ich gestern Abend zu Hause und habe mir eine Fernsehsendung angesehen."

„Haben Sie Zeugen dafür?"

„Nein, ich war alleine."

„Welche Sendung haben Sie sich angesehen?"

„Das weiss ich nicht mehr, ich glaube, es war ein Krimi."

„Versuchen Sie sich bitte zu erinnern. Ihr Alibi ist unglaubwürdig, wenn Sie uns nicht sagen können, was genau sie sich angesehen haben", drängte Basil.

Erneutes Schweigen. Anna versuchte, ein inneres Zeitgefühl zu entwickeln. Es wäre kontraproduktiv gewesen, jetzt auf die Uhr zu schauen. Sie konnten diesen Kampf nur gewinnen, wenn Stein das Gefühl bekam, Zeit sei für sie irrelevant. Ihre innere Nervosität stieg beim Gedanken an den Termin um fünf bei Konrektor Blum. Hoffentlich kam sie hier rechtzeitig wieder hinaus.

Stein zuckte zusammen, als es an der Tür klopfte und ein Beamter den Kopf hereinsteckte.

„Frau Kommissarin Calvin, sie werden kurz verlangt."

Anna gab Basil ein Zeichen, ihr zu folgen, und beide verliessen den Raum. Zurück blieb ein orientierungsloser, schwitzender Stein, der mit der passiven Haltung von Anna und Basil nicht so richtig umzugehen wusste. Anna gab dem Beamten den Auftrag, im Verhörraum Wache zu stehen.

Am Ende des Ganges wartete ein Fahrradkurier mit einem dicken Umschlag. „Ich soll Ihnen diesen Umschlag überreichen. Können Sie bitte hier quittieren?" Anna sah sich den Absender an. Der Briefumschlag kam von der Spurensicherung. Sie bedankte sich, quittierte und öffnete den Umschlag. Sie nahm den Laborbericht heraus und reichte Basil die beigelegte Kopie. Es war die Analyse von Steins BMW. Die Beweise waren erdrückend. Noch fehlten einige Werte. Doch das Blut, das auf der Nackenstütze klebte und anhand eines Schnelltests analysiert worden war, war zweifelsfrei dasjenige von Känel. Die von der Spurensicherung aufgenommenen Fotos der Reifenspuren im Wald entsprachen den Goodyear-Dura-Grip-Reifen an Steins Wagen. Auf dem Beifahrersitz waren zudem Haare gefunden worden, die ebenfalls mit grösster Wahrscheinlichkeit Känel gehörten; der DNA-Bericht hierzu stand noch aus. Ob die Verunreinigung der Räder und die Spritzer an der Unterseite des Wagens von dem besagten Waldweg stammten, war ebenfalls noch abzuklären. Aber es brauchte diese Informationen nicht mehr, um Stein zu überführen.

„Etwas stimmt dennoch nicht", meinte Anna zu Basil. „Entweder hat Stein im Affekt gehandelt, oder jemand will ihn belasten. Bei klarem Verstand kann er kaum so unüberlegt gehandelt haben."

„Ja, womöglich will ihn jemand belasten", überlegte Basil. „Na, wir werden es in Kürze erfahren", meinte Anna zuversichtlich. Sie begaben sich wieder zum Verhörraum. Moser erwartete sie vor der Tür.

„Ihr solltet jetzt etwas Druck machen, sonst sitzt ihr morgen noch hier." Anna schaute auf ihre Uhr und nickte zustimmend. Sie drehte sich um und betrat mit Basil den Raum.

Stein sass zusammengesunken und unbeweglich auf seinem Stuhl. Anna musterte ihn kurz. Sie hatte das bereits mehrfach beobachtet: Wenn Verdächtige längere Zeit im Verhörraum gesessen hatten, verloren sie die Nerven. Die Anspannung, die unbekannte Umgebung und die ungewohnte Behandlung wurden irgendwann zu viel.

Am besten, sie konfrontierte Stein mit den nackten Tatsachen, bevor er durchdrehen würde. Deshalb begann Anna ohne Umschweife: „Herr Stein, in ihrem Auto fanden wir Blutspuren von Peter Känel. Ihre Reifen haben auf dem Waldweg Abdrücke hinterlassen. Peter Känel hatte eine schwere Kopfwunde, an der er gestorben ist. Diese Wunde hat er sich nicht im Wald zugezogen. Können Sie uns etwas dazu sagen?" Sie hatte eindringlich, ernst und mit autoritärem Ton gesprochen, der keine Widerrede zuliess. Sie spürte, wie Steins Widerstand schwand.

„Gut", begann er zögernd, „ich habe Ihnen nicht die ganze

192

Wahrheit gesagt. Ich kannte Känel nicht nur flüchtig. Wir hatten geschäftlich miteinander zu tun. Aus diesem Grund trafen wir uns gestern Abend zum Essen."

„In welchem Restaurant haben Sie gegessen?"

„Wir waren im ‚Goldbarsch' in Murten." Anna warf ihrem Partner einen Blick zu. Er erhob sich und verliess den Verhörraum.

„Was waren das für Geschäfte, die Sie mit Peter Känel verbanden?", fragte Anna.

„Wir waren beide am Projekt der Neugestaltung des Bahnhofplatzes Bern beteiligt. Den Wettbewerb habe ich nicht alleine gewonnen. Die Jury konnte sich nicht zwischen mir und Känel entscheiden, und so teilten wir uns den ersten Preis. Känel verzichtete auf seine Hälfte und überliess mir den Auftrag, noch bevor die Medien über unseren gemeinsamen Sieg informiert worden waren. Im Nachhinein muss ihn Reue überkommen haben. Vermutlich als er sah, wie es sich finanziell auswirkte. Er wollte die Hälfte des Geldes, das ich für die Überbauung kassiert hatte. Ich war jedoch nicht bereit, ihm etwas zu geben. Da tickte Peter aus", erklärte Stein.

„Herr Stein, wieso sollte Känel auf den Wettbewerbsieg verzichten? Das macht doch keinen Sinn", widersprach Anna.

„Ja, für Sie macht es keinen Sinn, er hatte allerdings seine Gründe. Er schuldete einigen Gläubigern Geld. Er wollte in keiner Art öffentlich auffallen."

„Wie verlief der Abend weiter?"

„Nach dem Essen kam es zu einer verbalen Auseinandersetzung. Ich bezahlte und verliess das Lokal. Peter holte mich auf dem Parkplatz ein. Er war bereits angetrunken gewesen, als er zum Treffen gekommen war. Während des Essens hatte er reichlich weitergetrunken. Als ich ihn verliess, war er in einem desolaten Zustand. Er lallte mit schwerer Zunge, wollte mich zurückhalten und warf die Gläser auf dem Tisch um." Stein machte eine kurze Pause.

„Känel folgte mir nach draussen, und als er mich bei meinem Wagen eingeholt hatte, versuchte er, mir einen Schlag zu verpassen. Ich wich instinktiv aus. Er stürzte unglücklich und schlug mit dem Kopf auf den Asphalt. Ich geriet in Panik, schleppte ihn auf den Beifahrersitz und fuhr in den nächstgelegenen Wald. Das Wäldchen bei Constantine, wie Sie ja wissen. Nachdem ich ihn dort abgeladen hatte, fuhr ich nach Hause und reinigte das Auto, so gut ich konnte." Erschöpft schwieg er.

„Warum liessen Sie Känel nicht auf dem Parkplatz liegen und riefen die Ambulanz oder die Polizei? Vermutlich lebte er da noch. Es hätte Ihnen niemand etwas vorgeworfen. So haben Sie sich wegen versäumter Hilfeleistung schuldig gemacht. Nein, noch schlimmer, Herr Stein, Sie haben sich der fahrlässigen Tötung schuldig gemacht."

„Nein, er lebte nicht mehr. Er war sofort tot. Ich geriet in Panik. Ich hatte Angst, sie würden den Unfall als Totschlag auslegen und mich als Schuldigen verdächtigen, nachdem bereits meine Frau umgebracht worden ist."

Anna sah Stein scharf an. „Gibt es jetzt doch plötzlich einen Grund für Sie, anzunehmen, Ihre Frau sei ermordet worden?"

„Nein", nuschelte ein völlig verstörter Stein, „ich weiss nicht, ich hatte einfach angenommen, Sie könnten mich verdächtigen."

Anna stand auf und blickte auf Stein hinunter. Nach einem kurzen Augenkontakt drehte sie sich um und verliess den Raum. Dem Beamten vor der Tür gab sie die Anweisung, Stein ein Glas Wasser zu bringen.

Sie trat zu Basil, der neben Moser stand und ihr rapportierte: „Das Restaurant bestätigt die Aussage. Als Stein das Restaurant ‚Zum Goldbarsch' verlassen habe, sei Känel arg betrunken gewesen. Er sei auf die Tür zugetorkelt, sagt der Kellner. Er habe Känel vorgeschlagen, ein Taxi zu rufen. Känel soll ihn unwirsch abgewiesen und das Restaurant verlassen haben."

„Sie werden Stein gehen lassen", befahl Moser. „Laut rechtsmedizinischem Bericht starb Känel an der Verletzung, die er sich durch den Sturz zugezogen hat. Wir erheben Anklage wegen versäumter Hilfeleistung sowie Behinderung und Irreführung der Polizei. Lasst ihn die Anzeige unterschreiben. Er muss sein Einverständnis geben, das Land nicht zu verlassen. Unter Umständen ist ja an Ihrer Hypothese etwas Wahres. Falls Stein den Tod seiner Frau verschuldet hat, werden wir das nur herausfinden, wenn er sich in Sicherheit wiegt. Ich danke euch jedenfalls für euren Einsatz und den Durchbruch, den wir heute erzielt haben."

‚Wir', dachte Anna leicht belustigt. Was wohl Moser dazu beigetragen hatte? Nun gut, sie war ihre Vorgesetzte und trug die Verantwortung.

Anna sah, wie Mosers Lob Basil guttat. Sie nickte ihm zu. „Ich werde Marina Roos die Anzeige aufsetzen lassen. Könntest du bitte Stein informieren? Er kann nach der Unterzeichnung der Anzeige und des Protokolls nach Hause, muss sich allerdings für weitere Fragen zur Verfügung halten." Anna schaute auf die Uhr. „Ich habe jetzt den Termin beim Konrektor." Auf dem Weg nach oben traf sie Paul.

„Hast du etwas herausgefunden?", fragte sie ihn.

„Ja, Känel war bekannt dafür, regelmässig zu trinken, ist jedoch nie negativ aufgefallen. Leider konnte ich bis jetzt noch nicht herausfinden, wo er zu Abend gegessen hat. Ich lege dir die Berichte auf deinen Schreibtisch."

„Danke, Paul. Wir wissen inzwischen, dass er im ‚Goldbarsch' zu Abend gegessen hatte. Und wir wissen auch, dass er in Begleitung von Udo Stein dort gewesen war. Stein hat es uns soeben gesagt, und Basil hat es bereits überprüft. Weisst du schon mehr über das Benzodiazepin?"

„Ja, Benzodiazepin ist in Beruhigungsmitteln wie zum Beispiel Valium enthalten, und in Verbindung mit Alkohol verstärkt sich die Wirkung gegenseitig."

„Das erklärt dann wohl auch, weshalb bei Peter Känel die Reflexe versagten, als er stürzte." Anna bedankte sich.

Völlig verschwitzt kam Anna im Gymnasium Neufeld an. Das Verhör hatte sich in die Länge gezogen. Sie hatte zehn Minuten lang in der Neubrückstrasse eingeklemmt zwischen anderen Autos warten müssen, bis sie von einem Verkehrspolizisten das Zeichen bekam, weiterzufahren. Herrn Blum hatte sie – Handy sei Dank! – über ihre nun drohende Verspätung informiert. Die ganze Neubrückstrasse war eine einzige Baustelle, und immer zur Feierabendzeit kam es zu Staus. Auf der Höhe des Tennisclubs parkierte sie auf einem freien Privatparkplatz und legte den Rest der Strecke zu Fuss zurück. Als sie die Kreuzung erreichte und das Abbiegeverbot sah, war sie froh, den Wagen abgestellt zu haben.

Anna eilte die Bremgartenstrasse hinunter, durchquerte die Einstellhalle, stieg die Treppe hoch, am Nordgebäude vorbei zum Haupteingang. Alte Erinnerungen wurden wach, als sie auf das Gebäude zulief. Als sie kurz darauf eintrat, blieb sie einige Atemzüge lang stehen. Sie wischte sich eine Haarsträne aus dem Gesicht und liess die Umgebung auf sich wirken. Es roch noch wie damals, als sie hier zur Schule gegangen war, und doch hatte sich viel verändert. Das Schulhaus war vor zwei Jahren saniert und modernisiert worden.

Fünfzehn Minuten zu spät! Anna hastete nach oben, klopfte ausser Atem an die Bürotür des Konrektors und trat ein. Der Raum war gross und hell und wurde von einem riesigen Schreibtisch dominiert. Im vorderen Teil standen ein kleiner Tisch und drei Stühle. Sofie sass auf dem Stuhl in der Ecke. Man sah ihr an, wie unwohl sie sich fühlte. Dr. Blum, der Anna entgegengekommen war, hiess sie willkommen und bat sie, Platz zu nehmen. Anna nickte Sofie zu und setzte sich dann links neben ihre Tochter.

Es war ihr wichtig, wo sie sich hinsetzte, denn die Wahl des Platzes war ausschlaggebend für die Dynamik des Gesprächs. Anna berührte kurz Sofies Hand, die auf der Stuhllehne lag, und lächelte ihr zu.

„Ich bin froh, konnten Sie es einrichten, Frau Calvin", eröffnete Dr. Blum das Gespräch, nachdem er sich gesetzt hatte. „Wie ich Ihrer Tochter bereits erklärt habe, machen wir uns Sorgen. In allen Prüfungsfächern ist ein deutlicher Abfall ihrer Leistungen zu beobachten. Die Maturaprüfung ist gefährdet. Es wäre gut, Sofie, wenn Sie uns für diesen Leistungsabfall eine Erklärung liefern könnten." Er blickte Sofie fragend an.

Sofie hatte ihren verschlossenen Gesichtsausdruck. Anna kannte ihn nur zu gut und wusste, wie sinnlos es dann war, auf eine Antwort zu beharren. Zu ihrem Erstaunen brach Sofie das Schweigen.

„Ich weiss nicht, was ich darauf sagen soll." Tränen liefen ihr über die Wangen. „Sie werden das sowieso nicht verstehen. Ich verstehe mich ja selber nicht."

„Sofie, soviel ich weiss, waren Sie vor Kurzem noch Klassenbeste. Wie konnte es zu diesem Leistungseinbruch kommen?", hakte der Konrektor nach.

„Ich weiss es nicht."

„So kommen wir nicht weiter. Wir sind auf Ihre Antwort angewiesen. Bitte denken Sie nach. Haben Sie Kummer?

Beschäftigt Sie etwas?" Herr Blum trommelte mit seinem Kugelschreiber auf die Schreibunterlage.

„Ich mag nicht immer die Beste sein. Die Lehrer mögen mich nur, weil ich gute Noten schreibe. Bei den Mitschülern mache ich mich damit unbeliebt, gelte als Streberin. Ich will lieber Freunde haben, als bei den Lehrern beliebt zu sein."

„Sofie, ich denke, Sie sind klug genug, um zu wissen, was es heisst, durch die Prüfungen zu fallen. Was sind das für Freundschaften, für die man seine Zukunftschancen verbauen muss? Würden Ihre Freunde das ebenso für Sie in Kauf nehmen?"

„Als ob Schule alles wäre im Leben!", stiess Sofie wütend hervor. Sie schluchzte leise vor sich hin.

„Sofie, ich frage Sie jetzt ganz direkt: Konsumieren Sie Drogen?" Der Konrektor schaute Sofie aufmerksam an. Anna war bei dieser Frage leicht zusammengezuckt. Diese Möglichkeit hatte sie überhaupt nicht in Erwägung gezogen. Oder unbewusst verdrängt?

„Nein", flüsterte das Mädchen zwischen zwei Schluchzern und sank etwas tiefer in den Stuhl.

„Frau Calvin", wandte sich der Konrektor an Anna. „Ich denke, Ihre Tochter braucht Hilfe. Sie war eine gute Schülerin, und ihr auffälliges Verhalten ist meines Erachtens ein Hilferuf. Ist zu Hause etwas geschehen, das Sofies Verhalten erklären könnte?"

„Nicht dass ich wüsste. Ich werde Sofies Vater noch fragen, sie verbringt jedes zweite Wochenende bei ihm." Sie wandte sich an Sofie. „Ist etwas passiert, als du bei Papa warst?"

Da Sofie nicht antwortete, fuhr Dr. Blum fort: „Oft sind Drogen der Grund, wenn Schüler plötzlich einen so abrupten Leistungsabfall zeigen. Sofie hat bereits dreiundsiebzig unentschuldigte Absenzen. Das ist viel und macht sich in einem Abschlusszeugnis nicht besonders gut. Sie hat Ihre Unterschrift auf allen Prüfungen gefälscht, desgleichen auf dem Brief, den ich ihr für Sie mitgegeben hatte. Ich rate Ihnen, über Ihren Arzt abzuklären, ob Drogen im Spiel sind. Ihre Tochter muss sich auffangen, damit sie die Prüfungen schafft."

„Hat sie denn überhaupt noch eine Chance, die Prüfungen zu schaffen. Sie sind ja bereits Mitte Juni."

„Die mündlichen beginnen in vierzehn Tagen. Ich habe mir Sofies Vorschlagsnoten angesehen, die sind mit wenigen Ausnahmen gut. Wenn sie sich schnell auffängt und sofort wieder aktiv am Unterricht teilnimmt, hat sie eine reelle Chance, ja."

Anna spürte, wie die Mutter in ihr das Zepter übernahm. Die Prüfung, die Schule, der Konrektor, alles wurde unwichtig. Hier ging es um das Wohl ihrer Tochter. Sofies Seele durfte keinen Schaden erleiden. Wut stieg in ihr auf, am liebsten hätte sie alles kurz und klein geschlagen. Ihre Schwester hatte sie einmal eine Löwenmutter genannt. Ja, jetzt war sie eine Löwin. Eine Löwin, die über Leichen ging, um ihre Brut zu beschützen. Die Schule war zum jetzigen Zeitpunkt nicht der richtige Ort für ihre Tochter.

„Dr. Blum", begann sie, nach aussen vollkommen ruhig, „ich werde Sofie untersuchen lassen. Ich bin Ihrer Meinung. Meine Tochter braucht Hilfe. Jedoch mehr Hilfe als nur den Rat, sich schnell aufzufangen. Und kompetentere Hilfe als bloss einen Arzt, der sie auf Drogenkonsumation untersucht. Tatsache ist, dass sie offenbar unglücklich ist. Daher ist es unwichtig, ob sie die Prüfungen in diesem Jahr schafft oder nicht. Sofie kann das Jahr wiederholen und im nächsten Jahr die Schule abschliessen. Zuerst muss sie ihr inneres Gleichgewicht wieder erlangen. Ich melde Sofie hiermit offiziell krank. Sie werden von unserem Hausarzt ein Arztzeugnis erhalten. Bevor sich Sofie nicht seelisch stabilisiert hat, wird sie nicht mehr in die Schule kommen. Die Gesundheit meiner Tochter geht vor. Ich nehme Sofie jetzt mit nach Hause und informiere sofort unseren Hausarzt. Sie werden von ihm hören."

„Frau Calvin, entschuldigen Sie, wenn ich Ihnen widerspreche. Diese Entscheidung erscheint mir unüberlegt, um nicht zu sagen fahrlässig. Ohne äussere Struktur wird Ihre Tochter erst recht abstürzen."

„Da bin ich anderer Meinung. Diese äussere Struktur hat Sofie nicht davor bewahrt abzustürzen. Im Gegenteil. Sind nicht oft Notendruck, Prüfungsangst, Versagensangst die Gründe für junge Menschen, zu Drogen zu greifen? Was Sofie braucht, ist eine innere Struktur, einen inneren Halt. Und den scheint sie im Moment hier nicht zu finden. Ich hoffe, unser Arzt wird uns diesbezüglich weiterhelfen oder uns an die richtige Stelle weitervermitteln können."

Anna stand auf und gab dem Konrektor die Hand. „Ich mache mir grosse Vorwürfe, nicht gemerkt zu haben, was los ist. Ich habe Sofies Veränderung der Pubertät und den bevorstehenden Prüfungen zugeschrieben. Der Leistungsabfall war mir nicht bekannt, sonst hätte ich reagiert. Herzlichen Dank für alles." Sie nickte Dr. Blum zu. Danach drehte sie sich zu Sofie um. „Sofie, Schatz, komm. Lass uns nach Hause gehen." Sofie verabschiedete sich kleinlaut vom Konrektor und folgte ihrer Mutter aus dem Büro.

Kaum waren sie im Gang, wandte sich die Tochter an ihre Mutter: „Mam, ich werde in aller Ruhe mit dir reden, versprochen. Zuerst muss ich aber noch zu Mike und Po. Sie warten unten auf mich, ich kann sie nicht sitzen lassen. Ich bin spätestens um sieben zu Hause." Sie gab der Mutter einen Kuss auf die Wange und wollte davonrennen.

„Sofie, ich fahre jetzt nach Hause. Und zwar zusammen mit dir. Du hast fünf Minuten, um dich von deinen Freunden zu verabschieden."

„Mam, kann ich denn nicht mit ihnen im Zug fahren? Ich komme sicher gleich nach Hause. Bitte. Mam, bitte."

„Es gibt keinen Grund, weshalb ich dir vertrauen sollte. Du lügst mich seit Wochen an, fälschst meine Unterschrift, verheimlichst mir Sachen. Wieso sollte ich dich jetzt mit deinen Freunden gehen lassen? Entweder versprichst du mir, in fünf Minuten wieder hier zu sein, oder du brauchst gar nicht erst zu gehen." Sofie gab ihren Widerstand auf. Wortlos lief sie neben der Mutter zum Auto.

Auf der Fahrt nach Hause versuchte Anna immer wieder, ein Gespräch zu beginnen, doch Sofie blieb stumm. Anna fragte sich, welche Hormone sie jetzt noch daran hinderten, auszurasten und ihrer Tochter eine Standpauke zu halten. Sie warf einen Blick auf das verschlossene Gesicht ihrer Tochter. Ob ihre Entscheidung, Sofie weiter in Bern zur Schule zu schicken, falsch gewesen war? Hätte all dies vermieden werden können, wenn Sofie beim Umzug nach Muntelier die Schule gewechselt hätte? Wer waren überhaupt Mike und Po? Sie konnte sich nicht erinnern, diese Namen jemals gehört zu haben. Wo waren Sofies alte Freunde, das „soziale Gefüge", das sie ihrer Tochter hatte erhalten wollen? Es gab so viel, das ihr auf der Seele brannte und das sie Sofie gerne gesagt hätte. So viele Fragen, auf die sie gerne eine Antwort gehabt hätte. Es war aussichtslos. Je mehr sie auf ihre Tochter einsprach, desto mehr verschloss sich diese. Sofie benötigte dringend professionelle Hilfe. Aber ich selber wohl auch, dachte Anna.

Zu Hause rannte Sofie die Treppe hoch und knallte ihre Zimmertür zu. Anna blickte ihr traurig nach. Kira kam auf sie zugerannt und begrüsste sie überschwänglich. In ihrer Aufregung und Freude brachte sie ihr einen Schuh von Hannah. Anna nahm den Schuh in die Hand und streichelte der Hündin ausgiebig den Kopf. Tränen liefen ihr über das Gesicht.

„Ist ja gut, mein Mädchen", beruhigte sie die Hündin und merkte, wie sie dabei selber ruhiger wurde. „Ist gut, ich bin ja jetzt wieder hier."

Anna setzte sich mit ihrem Laptop auf das Sofa. Sie wollte mit Nadine sprechen, startete Skype und war erleichtert, dass diese online war. Anna klickte auf den Telefonhörer, und als der Kopf ihrer Tochter erschien, rief sie: „Kannst du mich hören, Nadine?"

„Mam, schrei nicht so", tönte eine nachsichtige Stimme aus dem Laptop.

„Warte schnell, ich gehe an den anderen Computer. Ich rufe dich gleich zurück. Hier läuft der Fernseher." Ein Klicken in der Leitung. Während sie auf Nadines Rückruf wartete, las Anna eine Mail von Georg. Er habe ihre Nummer auf seinem Handy gehabt und wolle wissen, ob es wichtig sei. Sie verschob die Mail in den Papierkorb.

Wieso dauerte das nur so lange, bis Nadine zurückrief? Anna dachte an die Zeit zurück, als ihre ältere Tochter noch zu Hause gewohnt hatte. Sie hatte sich für Nadine gefreut, als diese ihr nach Beendigung ihrer Ausbildung als Sozialarbeiterin sagte, sie würde zu ihrem Freund ziehen. Dennoch vermisste sie die gemeinsamen Spaziergänge und die vertrauten Gespräche.

Das Klingeln holte sie aus ihren Gedanken. Nadine erschien erneut auf dem Bildschirm. Es war, als sässen sie sich gegenüber.

„Hey!", grüsste Anna und blickte in die Kamera über dem Bildschirm.

„Hey!", kam prompt die Antwort, und Nadine winkte lächelnd. „Dein ‚Hey' wirkt aber irgendwie bedrückt?"

„Ja, ich rufe dich nicht grundlos an." Anna spürte, wie gut

es ihr tat, endlich mit Nadine über Sofie reden zu können, und es sprudelte förmlich aus ihr heraus.

„Dr. Blum, der Konrektor von Sofies Schule, hat letzte Woche angerufen. Er bat mich zu einem Gespräch. Das hat heute stattgefunden, Sofie und ich sind soeben heimgekommen. Offenbar haben die Leistungen deiner Schwester stark nachgelassen. Sie hat über siebzig unentschuldigte Absenzen, und wie sich herausstellte, hat sie meine Unterschrift ganz oft gefälscht", erzählte Anna. „Laut Dr. Blum fehlt sie häufig am Montagmorgen. Du kennst mich ja, in meinem Kopf läuft es Amok. Ob sie zu den Jugendlichen gehört, die ihre Grenzen mit Rauschtrinken austesten? Trinkt sie häufiger, möglicherweise sogar regelmässig? Oder raucht sie Haschisch? Nimmt sie Tabletten? Aber das hätte ich doch merken müssen. Ich versuche die ganze Zeit, mit ihr zu reden. Es klappt nicht. Entweder bin ich nicht da, oder sie kommt erst spät nach Hause. Und wenn ich sie endlich einmal antreffe und anspreche, geht es keine fünf Minuten, und wir haben Streit."

„Vergiss nicht, Mam, Sofie ist deine Tochter. Sie ist nicht irgendeine Jugendliche, die sich daneben benimmt. Wenn du den Schmerz nicht zulässt, ihr deine Sorge und Anteilnahme nicht zeigst, entfernst du dich unweigerlich von ihr, und sie verschliesst sich mehr und mehr. Wir sehen das häufig hier in der Suchtberatung. Die Betroffenen haben nur den Wunsch, wahrgenommen und verstanden zu werden. Du darfst ihr nicht als Kommissarin begegnen, die sie verhört, sondern als Mutter, die sich um sie sorgt. Verstehst du, was ich meine?"

Anna schneuzte sich.

„Mam, deswegen musst du nicht weinen", kam es aus dem Laptop. „Was denkst du: Wenn es wirklich so ist, dass Sofie Drogen nimmt, sind es legale oder illegale?"

„Woher soll ich das denn wissen?"

„Hat Sofie rote Augen, ist sie gleichgültig gegenüber allem, desinteressiert?"

„Nein, keineswegs, sie ist aufbrausend, gereizt, weiss immer alles besser, ist dauernd genervt. Nein, gleichgültig ist sie sicher nicht."

„Das hört sich nach legalen Drogen an, vermutlich Alkohol. Sie wird wohl ihre Grenzen austesten. Ich habe dir eine gute Adresse von einer Kollegin, die auf einer Beratungsstelle arbeitet, die für den legalen Suchtbereich zuständig ist. Sie hat ausserdem eine eigene Praxis und arbeitet dort mit eher unkonventionellen Methoden. So, wie ich dich kenne, bevorzugst du ja das Unkonventionelle. Ich denke, du wirst sie mögen, und sie wird schnell den Draht zu Sofie finden", sagte Nadine. Sie liebte ihre Mutter und ertrug es schlecht, wenn Anna sich grämte.

„Ich schlage dir vor, zuerst mit Sofie zu sprechen. Gib ihr das Gefühl, für sie da zu sein. Weisst du noch, was an unserer Kinderzimmertüre stand? ‚Liebe mich am meisten, wenn ich es am wenigsten verdiene, denn dann brauche ich es am dringendsten.' Sofie muss Grenzen spüren. Grenzen nach aussen, nicht nach innen, in der Liebe, die du für sie hast. Es ist so schwierig, in der Verletzung nicht mit Liebesentzug zu reagieren."

„Nein, das Schwierige ist, mit der ewigen Ablehnung zurechtzukommen. Sie ist ja so was von verbockt und verschlossen. Ich komme nicht an sie heran."

„Mam, sie schützt sich. Wenn sie wirklich so verschlossen ist, wie du sagst, muss sie ungeheuer verletzt sein und eine Riesenangst vor noch mehr Verletzung haben. Du musst unbedingt mit Rosa Mohn Kontakt aufnehmen, sie wird euch sicher helfen können. Ich schreibe Dir eine Mail mit ihrer Adresse."

Anna bemühte sich, ein Lächeln auf die Lippen zu zaubern. Woher sollte sie die ganze Kraft nehmen?

„Mam, versprich mir, mich anzurufen, wenn du nicht weiterweisst."

„Ja, sicher, ich habe dich ja jetzt auch angerufen. Danke, mein Schatz, ich liebe Dich! Schlaf schön." Anna winkte in die Kamera und hängte den Hörer auf. Tränen liefen ihr über die Wangen.

Hannah, die hinter ihre Mutter getreten war und das Gespräch mit Nadine verfolgt hatte, nahm ihre Mutter in die Arme.

„Ach Mam, wenn ich dir nur helfen könnte." Anna lehnte sich zurück. „Kleiner Schatz, du hilfst mir bereits durch deine Anwesenheit. Ich bin sehr müde. Morgen sehe ich sicher alles wieder viel positiver. Genügend Schlaf wirkt Wunder."

Sie schaute auf die Uhr.

„Hannah, ich habe dir versprochen, etwas zu kochen. Aber eigentlich habe ich keinen Hunger mehr und keine Lust zu kochen."

„Kein Problem", beruhigte Hannah ihre Mutter, „ich nehme mir ein Stück Käse mit aufs Zimmer. Am Mittag hatte ich Salat, Pommes und Steak." Sie küsste Anna herzlich und ging nach oben. Anna löschte die Lichter, verschloss die Haustüre und blickte im Vorbeigehen ins Zimmer von Sofie.

Sofie lag im Bett und schlief. Die Luft war verbraucht, und es roch süsslich. War das Alkohol? Dann hatte Sofie ihn hier drin versteckt. Anna öffnete das Fenster und setzte sich ans Bett ihrer Tochter. Das Problem schien grösser zu sein, als sie angenommen hatte. Sie musste schnell Hilfe finden. Zärtlich strich sie ihrer Tochter durch die Haare. Sofie schnurrte, drehte sich um und kuschelte sich an ihre Mutter. Anna legte sich hin und hielt ihre Tochter fest im Arm. Sie nahm sich vor, alles zu tun, um ihr zu helfen, diese Lebenskrise unbeschadet zu überstehen.

„Mam, was machst du in meinem Bett? Du schnarchst! Steh auf, und geh in deines!"

Sofie sass aufrecht im Bett und sah ihre Mutter entsetzt an. Anna setzte sich auf und rieb sich die Augen. Langsam rappelte sie sich aus dem Bett.

„Ich habe nur vorbeigeschaut und ..." begann sie, doch Sofie unterbrach sie mit schneidender Stimme.

„Ich benötige meinen Schlaf, und ich brauche mein Bett. Allein. Wenn ich dich bei mir haben will, sage ich es dir. So geh endlich." Damit drehte sie sich auf die Seite und zog die Decke über den Kopf.

Anna wandelte schlaftrunken und etwas steif hinaus. Der Rücken schmerzte, und die Hüftgelenke schienen verrostet. ‚Das kommt davon, wenn man auf einer Bettkante einschläft', dachte sie, stieg einen Stock höher und legte sich auf ihr Bett. Sie konnte allerdings nicht mehr einschlafen. Es war unerträglich, mit diesen sorgenvollen Gedanken alleine zu sein und nicht handeln zu können. Doch um drei Uhr in der Nacht gab es nichts, wàs sie hätte tun können.

Als Finn laut miauend die Krallen an ihrer Matratze wetzte und Futter verlangte, war sie dankbar für die Ablenkung und stand auf. So, wie er sich benahm, hätte man denken können, er sei kurz vor dem Verhungern. Anna folgte ihm hinunter in die Küche und gab ihm etwas von dem Spezialfutter, das auf der Ablage über seinem Fressnapf stand. Sie setzte sich auf die Treppenstufe und sah ihm beim Essen zu.

Samstag, 1. November
Habe Bieri verlassen, lebe in Murten. Habe viel um die Ohren. Mein
inneres Gleichgewicht ist aus den Fugen geraten. Die Veränderung.
Das Unbekannte. Sass erschöpft im Treppenhaus und wartete auf
Urs. Da ging das Licht aus. Ich sass im Dunkeln. Panik erfasste
mich. Der Hals schnürte sich zu. Ich war unfähig, den Brustkorb
anzuheben, Luft in mich hineinzusaugen. Ich erstickte. Langsam,
schmerzvoll. Ich muss ohnmächtig geworden sein.

Montag, 10. November
Urs hat mir eine moderne Dreizimmerwohnung direkt am See besorgt.
Er ist jeden Abend bei mir, hilft mir beim Einrichten. Liest mir jeden
Wunsch von den Augen ab. So gut ging es mir noch nie. Tagsüber ar-
beitet er, ruft fast stündlich an und will immer wissen, was ich gerade
mache. Das muss ich ihm abgewöhnen. Es beginnt zu nerven. Nach
Feierabend kommt er dann vorbei, bleibt aber nur bis gegen Mitter-
nacht. Er muss nach Hause, hat eine Frau, die auf ihn wartet. Dank
seiner Frau gibt es nachts für mich keinen Telefonterror. Das gibt mir
Freiraum. Telefoniere dann mit Pablo. Mein armer Süsser ist traurig.
Er will mich unbedingt sehen. Ich muss schauen, dass ich am Freitag
nach Bern kann. Ist Zeit, dass ich anfange, Urs umzuerziehen.

Donnerstag, 13. November
Urs hat heute einen Schreibtisch und kistenweise Büromaterial mit-
gebracht. Ich muss in einem der Zimmer ein Büro einrichten, damit
ich von dort aus arbeiten kann. Mein Chef bleibt noch für sicher zwei
Monate im Ausland, sagt Urs. Ich soll von hier aus die Geschäfte er-
ledigen, die er nicht aus dem Ausland abwickeln kann. Jetzt habe ich
einen ganz modernen Computer und viel Material, das ich gelegentlich
in die Gestelle räumen muss. Das mache ich aber erst nächste Woche.
Jetzt freue ich mich auf Pablo. Werde ihm eine Freude machen und
mir den ganzen Körper epilieren.

Samstag, 15. November

Ich habe gestern Abend Kopfschmerzen vorgetäuscht. Urs hatte so Mitleid, er wollte gar nicht weg. Erst kurz nach zehn wurde ich ihn los, sagte ihm, ich nehme eine Tablette und lege mich hin. Ich würde morgen ausschlafen und nicht vor Mittag auf den Beinen sein. Kaum war er weg, schlich ich aus dem Haus. Bin zum Bahnhof gerannt. 22:18. Scheisse. Den Schlusslichtern nachgeschaut. Eine Stunde gewartet. Und all das wegen Urs, der wie eine Klette an mir klebte. Als Nächstes brauche ich einen fahrbaren Untersatz. Traf erst kurz vor Mitternacht in Bern ein. Pablo hat auf mich gewartet. Wir sind ins Studentenbordellzimmer gefahren und holten nach, was wir in den letzten Wochen versäumt haben.

Mittwoch, 19. November

Habe das Gestell eingeräumt. Sass dann am Pult. Keine Mails – weder vom Chef noch von sonst wem. Bin unterfordert und unzufrieden. Langweile mich. Starrte lange auf den Bildschirm. Muss eingedöst sein. Da war sie wieder. Sie stieg aus dem Bildschirm. Ihr Haar war grau und wuchs schnell. Es wurde immer länger und länger und wand sich um alle Gegenstände. Wohin ich schaute, alles war von ihrem Haar umwickelt. Die verfilzten Spitzen wurden breiter und formten sich zu Fleisch fressenden Pflanzen. Die Karnivoren bewegten sich auf mich zu, zuerst sachte, dann immer schneller, ihre Tentakel waren an den Enden gerundet und starrten mich an, wie pupillenlose Augen. Sie hypnotisierten mich. Ich wurde willenlos, gehorchte meiner Mutter aufs Wort. Sie war nirgends und überall, ich war überall und nirgends. Dann kam sie auf mich zu, legte ihre langen dürren Finger um meinen Hals und drückte zu. Ich erstickte, das höhnische Lachen meiner Mutter im Ohr.

Freitag, 21. November

Ich wollte eigentlich heute wieder nach Bern. Aber Pablo hat angerufen. Er hat die Grippe und liegt im Bett. Jetzt wird es wieder eine ganze Woche dauern, bis ich ihn sehe. Das macht mich stinksauer.

*Wieso er? Wieso muss er krank werden? Es gibt so viele andere Men-
schen, die von mir aus gern erkranken könnten.*

Sonntag, 23. November
*Urs kommt nach wie vor täglich vorbei. Und jedesmal will er Sex.
Aber er ist schnell zu befriedigen. Danach will er reden. Er fragt
mich aus. Über meine Kindheit, mein Leben bisher. Das nervt. Ich
erzählte ihm, meine Eltern seien bei einem Autounfall gestorben, und
da sie keine Lebensversicherung gehabt hätten, sei ich zu einem Onkel
gekommen, der mich über Jahre geschlagen und missbraucht habe. Urs
weinte, besonders bei den Details ... Er glaubt mir blind. Er wollte
wissen, was ich mir zu Weihnachten wünsche. Ich habe ihm gesagt,
ich wünsche mir eine gemeinsame Zukunft mit ihm.*

Montag, 24. November
*Hatte wieder heftige Albträume. War lange verschont. Umso heftiger
hat es mich heute Nacht erwischt. Glaubte, nicht zu überleben. Hätte
nicht gedacht, dass ich Bieri einmal vermissen würde. Er hat mich
immer geweckt, wenn ich unruhig wurde oder geschrien habe. Hier
hört mich keiner. Bin den Träumen ausgeliefert. Das ist nicht gut, gar
nicht gut. Habe mir mit Bieris altem Rezept Beruhigungsmittel besorgt. Jetzt habe ich zwei Schachteln Valium neben dem Bett, aber ich
weiss, dass das nichts hilft. Nichts hilft gegen meine Mutter. Nichts.
Nichts.*

Mittwoch, 26. November
*Habe Urs eine Eifersuchtsszene gemacht. Machte ihm klar, wie un-
glücklich ich bin. Gelang mir ganz gut. Verlangte, dass er sich von
seiner Frau trennt. Ich musste nur an Pablo denken, und schon liefen
mir die Tränen hinunter und ich fühlte den Schmerz der Einsamkeit
und die Sehnsucht. Urs glaubte mir. Er ist so etwas von naiv. Das
ist fast schon peinlich bei einem Mann in seinem Alter und mit seiner
Bildung. Ich muss seine Hörigkeit Gewinn bringender ausnutzen. Er
ist die Quelle für mein Leben mit Pablo. Die muss ich schröpfen.*

Freitag, 28. November
*Pablo kam nach Murten. Wir haben jedes Zimmer eingeweiht, es wie
die Karnickel getrieben. Gottlob hat er ein Motorrad. Ich will auch
eins. Muss Urs bearbeiten. Die Wohnung gefällt Pablo gut. Wollte
mir eine Szene machen, als er im Bad die Zahnbürste von Urs entdeckt
hat. Ich habe ihm erklärt, dass ich Urs nicht liebe. So wenig, wie ich
Bieri geliebt habe. Aber dass es viel zu holen gäbe und dieses Theater
darum gerechtfertigt sei. Pablo versteht es, auch wenn es ihm das Herz
zerreisst.*

Dienstag, 26. Mai 2009

Als Anna am nächsten Morgen in ihr Büro kam, lag der Bericht der Spurensicherung auf ihrem Schreibtisch. Sie las und machte zwischendurch Notizen.

Als die Tür sich nach einem kurzen Klopfen öffnete und nicht wie erwartet Basil, sondern Stefan Hafner den Kopf hereinsteckte, fragte Anna ungeduldig: „Ja, was gibts?"

„Ich störe nur kurz", sagte Stefan, trat an ihr Pult und hielt ihr ein Bündel gefalteter Papiere entgegen. „Diese Briefe wurden auf dem Boot von Känel gefunden. Es sind vierzehn Liebesbriefe von fünf verschiedenen Absendern, alle an eine Karin geschrieben. Leider fehlen die Briefumschläge. Deshalb haben wir von den Absendern nur die Vornamen." Anna schob ihre Notizen zur Seite und griff nach den Briefen. Mit einer freundlicheren Geste bat sie Stefan, Platz zu nehmen. Sie zog den obersten Brief heraus, entfaltete ihn und las. Anna blickte erst wieder auf, als sich wenige Minuten später die Tür erneut öffnete und Basil eintrat.

„Gut, dass du kommst", begrüsste sie ihn. „Stefan hat mir eben diese Briefe gebracht. Sie waren auf dem Boot von Känel." Basil sah interessiert vom einen zur anderen. „Könnten die Briefe von dem Mann sein, den Karins Freundin Katja Baumgartner erwähnt hat?", fragte er.

„Es sind fünf verschiedene Schreiber, den Unterschriften nach zu schliessen. Möglicherweise ist der Unbekannte einer von ihnen", erklärte Stefan. „Die Unterschriften wechseln in nicht geordneter Reihenfolge. Es gibt Überschneidungen. Offenbar muss diese Karin mehrere Liebhaber zur selben Zeit gehabt haben."

„Können wir anhand der Inhalte die Identität dieser Karin feststellen? Weist irgendetwas darauf hin, dass es sich bei der Angesprochenen wirklich um Karin Stein handelt?"

„Ich habe die Briefe gelesen; es steht nirgends ein Nachname", antwortete Stefan.

Anna faltete den Brief. „Wir werden die Briefe in Ruhe lesen. Unter Umständen können wir ja anhand des Inhalts auf die Identität dieser Karin schliessen, auch wenn nicht der volle Name steht. Von wann datieren die Briefe?"

„Der letzte wurde Ende März geschrieben. Zwischen dem ersten und dem letzten Brief liegen fünf Wochen." Stefan sah empört aus. „Sie muss es ziemlich bunt getrieben haben. Ich bin froh, ist diese Karin nicht meine Frau. Wenn meine sich so verhalten würde – ich weiss nicht, was ich täte."

„Vielleicht wurden diese Briefe an eine unverheiratete Karin geschickt", gab Basil zu bedenken. „Sollten sie jedoch an Karin Stein gerichtet gewesen sein, wären sie ein weiterer Beweis für ihre unglückliche Ehe. Wir müssen Udo Stein direkt darauf ansprechen."

Anna gab Stefan die Briefe zurück. „Mache mir bitte eine Kopie dieser Briefe, und leite die Originale an den kriminalpsychologischen Dienst weiter. Vielleicht können wir anhand einer Schriftanalyse die Identität der Schreiber und damit auch dieser Karin bestimmen."

Während Basil neue Notizzettel an die Pinwand heftete, dachte er laut weiter: „Nehmen wir einmal an, diese Briefe seien an Karin Stein gerichtet. Wie kamen sie auf Känels Boot?" Er drehte sich zu Stefan und deutete auf die Briefe in dessen Hand. „Wo genau habt ihr sie gefunden?"

„Sie befanden sich in einer Schublade in der Kombüse unter lauter unbezahlten Rechnungen und diversen Schuldbriefen. Rebekka macht soeben eine Bestandesaufnahme. Es wird uns einen Eindruck davon geben, wie hoch Känel verschuldet war. Die ältesten Schuldbriefe datieren aus dem Jahr 1994."

„Das würde Steins Aussage betreffend Känels Schulden bestätigen", wandte sich Basil an Anna.

„Ja, trotzdem bleibt die Frage, ob es sich tatsächlich um Briefe an Karin Stein handelt. Und wenn ja, wie diese zwischen Känels Papiere kommen konnten. Känel trug ein Foto von Karin auf sich, als er gefunden wurde. Wenn ich mich richtig erinnere, standen auf der Rückseite ihr Name und ein Datum. Gebt das Foto mit in die Analyse. Sie sollen diesen Schriftzug mit jenen in den Briefen vergleichen."

Stefan Hafner stand auf. „Vielleicht hatten Karin Stein und Peter Känel eine Affäre. Ich kopiere dir die Briefe, damit ich die Originale abschicken kann. Bin gleich wieder da."

„Wie war deine Unterredung mit dem Konrektor?", fragte Basil, als Stefan den Raum verlassen hatte.

„Es ist ernster, als ich angenommen habe. Ich bin sehr besorgt. Sofie scheint ein Drogenproblem zu haben. Ihre schulischen Leistungen sind schlecht, sie bleibt dem Unterricht fern und fälscht meine Unterschrift. Ich habe sie vorübergehend von der Schule genommen, kann sie allerdings unmöglich unbeaufsichtigt lassen. Bis um elf ist Frau Modric da. Ich muss deshalb gleich wieder weg. Sofie braucht eine Therapie, und ich will sie von unserem Hausarzt auf Drogenkonsum abklären lassen. Ausserdem brauche auch ich Hilfe. Die Situation überfordert mich."

„Sag mir, wenn ich etwas für dich tun kann."

„Ich bin froh, wenn du mich heute vertrittst. Was hältst du davon, wenn wir uns um fünf in Salavaux vor dem ‚Chez Nelly' treffen? Bis dahin sollte ich einiges geklärt haben, was das weitere Vorgehen mit Sofie betrifft."

„Sicher, kein Problem. Wieso dauert das so lange mit den Kopien?" Basil stand auf. „Ich schau mal, wo Stefan bleibt." Er verliess das Büro, ohne die Tür hinter sich zu schliessen.

Ein Hüsteln erschreckte Anna, die sich wieder in ihre Gedanken vertieft hatte. Polizeikommandantin Moser stand in der offenen Tür und sah ihre Mitarbeiterin nachdenklich an.

„Es tut mir leid, ich wollte nicht lauschen. Die Tür stand offen, ausserdem haben Sie ziemlich laut gesprochen, und so habe ich den Grossteil Ihres Gesprächs mitgehört." Mit diesen Worten trat sie ein, kletterte über einen Papierstapel und setzte sich auf die Schreibtischkante.

„Sie haben Probleme mit Ihrer Tochter?"

„Es ist nicht so schlimm", wich Anna aus und hoffte, dieser Wunsch würde sich erfüllen. „Ich werde mit ihr in eine Beratung gehen. Es wird sich sicher alles bald wieder einrenken."

„Eigentlich suche ich Sie auf, um Sie über das Achtsamkeits-Seminar in Thun zu informieren.

Anna sah Kommandantin Moser interessiert an.

„Es geht um die Bewältigung von Alltagsstress. Die Techniken, die in diesem Seminar geübt werden, seien ein gutes Mittel gegen Alltagsstress, behaupten Psychotherapeuten und Mediziner. Ich bin sicher, es wird Ihnen guttun, daran teilzunemen." Mit Entsetzen hörte Anna ihrer Vorgesetzten zu, die weiterfuhr: „Das Seminar findet im Hotel ‚Bellevue' in Gwatt bei Thun statt. Es beginnt am Donnerstag um neun Uhr und endet am Freitagnachmittag. Selbstverständlich übernimmt die Abteilung die Kosten."

„Es ist sehr freundlich von Ihnen, dabei an mich zu denken, aber leider kann ich zurzeit unmöglich an ein Seminar. Erstens stecke ich mitten in der Aufklärung von zwei Todesfällen, und zweitens kann ich meine beiden Töchter nicht zwei Tage alleine lassen. Schicken sie Marina oder Rebekka."

„Nein, ich schicke Sie. Es ist kontraproduktiv für alle, wenn Sie als Leiterin der Abteilung Ihr Stressmanagement nicht im Griff haben. Ich bin daran interessiert, diesen Fall so schnell wie möglich gelöst zu wissen, jedoch nicht auf Kosten eines Burnouts. Sie haben Ihr Team gut eingearbeitet, die schaffen das auch zwei Tage lang ohne Sie. Ich wünsche, dass Sie das Seminar besuchen und in der nächsten Intervision der Abteilung das Wichtigste des Gelernten vermitteln."

Die Polizeikommandantin stand auf und kletterte über den Papierstapel zurück zur Tür.

„Kommen Sie in mein Büro, bevor Sie nach Hause fahren, ich gebe Ihnen die Unterlagen. Kommissar Klee soll zwei Tage lang Ihre Vertretung übernehmen. Ihre Kinder haben ja sicher einen Vater, der sich um sie kümmern kann." Die Tür schloss sich hinter Moser, und Anna hätte ihr am liebsten den Computer hinterhergeworfen.

Anna fuhr nach Hause. Wie sollte sie nun vorgehen? Sie entschied, zuerst mit ihrer Tochter zu reden und erst dann mit dem Arzt und der Beratungsstelle Kontakt aufzunehmen. Sofie sollte die Möglichkeit haben, sich mitzuteilen. Und wenn sie konstruktive Vorschläge machte, sollte sie den weiteren Verlauf mitbestimmen können. Anna hatte ein schlechtes Gewissen, weil sie so selten zu Hause war. Sie hatte erwartet, ihre Töchter würden sich melden, wenn sie ihre Mutter brauchten. Sofie und Hannah waren ja fast erwachsen. So, wie es aussah, war zumindest Sofie mit dieser Erwartung überfordert. Hatte sie ihre Tochter vernachlässigt? Mutter sein war nicht leicht. Ihr Vater hatte immer gesagt: „Kleine Kinder, kleine Sorgen, grosse Kinder, grosse Sorgen". Anna versuchte, sich an die Zeit zu erinnern, als sie selber im Alter ihrer Töchter gewesen war. Doch das Gedächtnis streikte, wenn es ihre damaligen Gefühle ausloten sollte. Ihre Gedanken kehrten zurück zu Sofie. Ob sie regelmässig trank? Was, wenn sie auch illegale Drogen konsumierte? Sie wusste so wenig über ihre Tochter. Wann hatten sie aufgehört, miteinander zu reden?

Schuldgefühle bringen nichts, mahnte ihre innere Stimme. Als alleinerziehende Mutter mit einem Hundertfünfzigprozent-Job hatte sie ihre Aufgabe bestimmt nicht schlecht gemeistert. Zumindest hatte sie das bis vor Kurzem geglaubt. Sie seufzte tief. Während die Ausfahrt Kerzers an ihr vorbeiglitt, fragte Anna sich, was sie hätte besser machen können. Wäre es anders gekommen, wenn sie mehr zu Hause gewesen wäre? Hätte sie mit Georg zusammenbleiben sollen? Hatte Sofie unter der Scheidung mehr gelitten, als ihr bewusst war? Ihre Älteste hatte sich damals klar gegen sie gestellt. Sie wollte nichts mehr mit ihrer Mutter zu tun haben. Bis heute nicht. Zweimal im Monat rief Anna Dagmar an. Die Gespräche verliefen immer sehr einseitig. Während Anna ihre Tochter über die neuesten Geschehnisse ins Bild setzte, waren Dagmars Beiträge auf knappe Jas und Neins beschränkt. Nur das Allernötigste gab sie von sich preis, und die Ablehnung schmerzte Anna sehr. Die Vorstellung, nun auch noch Sofie zu verlieren, war unerträglich.

„Ach, Kira", flüsterte Anna und vermisste einmal mehr einen Freund oder eine Freundin, mit der sie ihre Sorgen hätte teilen können. In Murten verliess sie die Autobahn, fuhr über den Kreisel, nahm die zweite Ausfahrt und bog in ihre Siedlung ein. Kira sprang auf, streckte den Kopf aus dem offenen Fenster, wedelte heftig mit dem Schwanz und bellte übermütig. Anna erkannte den Grund für Kiras Aufregung. Sie hielt an. „Na lauf schon, alte Dame!" sagte sie, während sie die Hecktür öffnete. Ohne Passagier fuhr sie die letzten hundert Meter zu ihrem Parkplatz. Unter-

dessen schnüffelte Kira am Hinterteil ihres alten Dackel-
freundes, und die beiden bewegten sich ganz gemütlich in
Richtung Haus. Anna riss schnell ein paar Unkräuter aus,
die sich durch den Teer des Parkplatzes gekämpft hatten
und leerte den Briefkasten. Auf dem Weg zum Haus blätterte sie die Post durch. Ausser einer Karte für Sofie fand
sie nur Reklamen und Rechnungen.

„Hallo Sofie, ich bin zurück!", rief sie, während sie die
Haustür schloss. „Du hast Post!"

Ein Kopf erschien über das Geländer gebeugt, und
Sofie lächelte verschmitzt: „Ich habe Frau Modric geholfen, etwas Kaltes zum Essen vorzubereiten, da wir nicht
wussten, wann du nach Hause kommst." Sie kam die
Treppe herunter und blieb vor der Mutter stehen. „Weisst
du, ich habe mich echt gefreut, als du heute Nacht bei
mir warst. Ich kann es nur nicht ausstehen, wenn jemand
neben mir schnarcht."

„Tut mir leid. Ich mag es genauso wenig, wenn jemand
neben mir schnarcht." Anna nahm Sofie in den Arm und
küsste sie liebevoll auf die Wange.

„Komm, wir machen es uns jetzt bequem. Lass uns draussen den Tisch decken und zusammen essen. Wo ist Frau
Modric?"

„Sie macht oben sauber. Vorhin war sie noch im Badezimmer."

Anna ging in die Küche, Sofie folgte ihr langsam.

Als der Tisch gedeckt war und sie sich die Salate und
das frische Brot schmecken liessen, sagte Anna: „Ich mache mir grosse Sorgen um dich, Sofie. Du scheinst nicht
glücklich zu sein. Was können wir tun, damit es dir wieder
besser geht?"

„Mam, es geht mir gut. Ich habe keine Probleme. Ich mag
nicht mehr in die Schule gehen, das ist alles. Die Lehrer
sind doof. Kannst du dich noch an deine eigene Schulzeit

erinnern? In der Schule muss man sich mit viel zu vielen Sachen auseinandersetzen, die einen überhaupt nicht interessieren." Etwas leiser fügte sie hinzu: „Ich habe zum ersten Mal im Leben wirkliche Freunde. Das ist viel wichtiger als Schule."

Anna sah sie ernst an. „Ich freue mich, wenn du neue Freunde gefunden hast. Und ich gebe dir recht. Viele Lehrer vermitteln den Stoff oft auf uninteressante Weise. Trotzdem: Für ein Medizinstudium, das du dir doch immer erträumt hast, brauchst du nun mal die Matura. Und vor wenigen Wochen noch gehörtest du zu den Klassenbesten. Was ist passiert? Ich würde den Grund gerne kennen, der dich so plötzlich so anders denken lässt."

Sofie schwieg.

„In wenigen Wochen ist es überstanden. Sofie, du hast viele Jahre investiert für dein Ziel, und ich fände es schade, wenn du so kurz davor aufgeben würdest."

„Ich schaffe es eh nicht. Meine Vorschlagsnoten sind schlecht. Ich habe es total vermasselt!", schrie Sofie ihre Mutter plötzlich wütend an.

Anna schoss hoch und hielt Sofie, die den Stuhl umgeworfen hatte und im Begriff war davonzurennen, am Arm fest. Sie zog sie heran und drückte sie an sich. „Nein, Schatz, nein", sagte sie in liebevollem, aber energischem Ton. „Du musst an dich glauben. Die Welt geht nicht unter, wenn du die Prüfungen nicht bestehst. In einem Jahr kannst du es nochmals versuchen. Stell dich den Prüfungen jetzt, dann weisst du in einem Jahr, was dich erwartet, falls du nicht bestehst. Du gehst auf jeden Fall als Siegerin aus diesem Kampf." Sie nahm das Gesicht ihrer Tochter in die Hände. „Schau mich an, Kleines", sagte sie zärtlich, „ich liebe dich, du bist in Ordnung. Du musst niemandem etwas beweisen. Sei dich selbst." Anna erschrak, als sie den Schmerz und die Angst in Sofies Augen sah.

„Papa wird mich nicht mehr lieben und Grossvater auch nicht. Er wird mir Vorwürfe machen, weil ich mich nicht genügend angestrengt habe", stiess sie wütend hervor und rannte ins Haus.

Verdattert blickte Anna Sofie nach und fragte sich, warum sie diesen Leistungsdruck, der in ihrer übrigen Familie so vorherrschte, nicht von ihrer Tochter hatte fernhalten können. Langsam ging sie ins Haus, stieg die Treppe empor und öffnete die Tür zu Sofies Zimmer. Sie sah, wie ihre Tochter eine Flasche roten Wodka ansetzte und trank. Energisch ging sie auf das Mädchen zu und nahm ihr die Flasche weg.

„Das löst dein Problem keineswegs. Damit verschlimmerst du es nur. Du musst die Situation wieder in den Griff bekommen. Ich rufe den Hausarzt an und vereinbare mit Frau Mohn einen Termin. Du wirst wohl oder übel mit mir in die Beratung gehen, junge Dame. Denn ich verbiete dir, vor deinem eigenen Glück zu stehen." Damit wandte sie sich ab, verliess das Zimmer und warf die Flasche mit der ganzen Wut einer verzweifelten Mutter in das Spülbecken. Glas klirrte, die Flasche zerbrach, und der Wodka lief den Abfluss hinunter.

Anna wählte die Nummer der Fachstelle, die ihr Nadine angegeben hatte. Auf Nadines Anraten erkundigte sie sich direkt nach Frau Rosa Mohn. Sie wurde durchgestellt, und eine sympathische Stimme meldete sich.

„Hier Mohn. Guten Tag, Frau Calvin. Schön, rufen Sie an. Nadine hat mich bereits informiert. Wie kann ich Ihnen helfen?"

„Guten Tag, Frau Mohn. Meine Tochter, Sofie, braucht eine Beratung; ich glaube, sie hat ein Drogenproblem."

219

„Wie alt ist Sofie?", fragte Frau Mohn.

„Sofie ist siebzehn. Sie steht kurz vor der Matura."

„Was lässt sie ein Drogenproblem vermuten?"

„Sie schwänzt die Schule, fälscht meine Unterschrift, und ihre Leistungen sind rapide gesunken. Zu Hause verhält sie sich seit Wochen sehr seltsam. Überempfindlich, oft auch explosiv. Ich hatte eben ein Gespräch mit ihr. Sie ist wieder einmal wütend auf ihr Zimmer gerannt, und als ich ihr folgte, habe ich sie mit einer Flasche Wodka erwischt."

„Ihre Entscheidung, anzurufen, war richtig, Frau Calvin. Was haben Sie sich vorgestellt? Möchten Sie gemeinsam mit Ihrer Tochter vorbeikommen oder lieber alleine? Oder wäre es Ihnen lieber, wenn ich zuerst nur mit Ihrer Tochter spreche?"

Anna überlegte kurz.„Wie gehen Sie denn üblicherweise vor?"

„Es gibt kein Rezept, was am besten ist", hörte sie Frau Mohn sagen. „Sie entscheiden nach Ihrem Gefühl. Haben Sie bereits mit Ihrer Tochter die Möglichkeit einer Beratung besprochen? Ist sie bereit, zu mir zu kommen?"

„Ja, ich habe es angesprochen. Ich bin mir nicht sicher, ob sie bereit ist. Das ist auch nicht von Belang. Sie muss in die Beratung. Noch ist sie nicht volljährig, und ich bin für sie verantwortlich."

„Ich schlage vor, Sie sprechen mit ihr, und ich erwarte Sie zusammen mit Ihrer Tochter. Sollte Sofie jedoch keine Beratung wünschen, bringt es nichts, wenn Sie sie zwingen. Im Gegenteil, Zwang wirkt sich eher kontraproduktiv aus. Ich schlage zuweilen unkonventionelle Therapien vor. Sagen Sie das Ihrer Tochter, das wird sie möglicherweise neugierig machen."

Anna blätterte in ihrer Agenda. „Ginge es Ihnen morgen?" Frau Mohn und Anna vereinbarten ein Treffen für den nächsten Tag um sechzehn Uhr. Anna war erleichtert, als sie das Telefonat beendet hatte. Sie merkte, wie eine grosse Last von ihr fiel. Sie war immer alleine mit solchen Problemen. Georg hatte sich während ihrer Ehe aus allen heiklen Erziehungsfragen herausgehalten. Und auch jetzt war er nie da, wenn sie ihn gebraucht hätte. Wahrscheinlich war er mit seiner Freundin gerade an der Côte d'Azur. Sie fragte sich aufs Neue, wo denn ihre Freunde waren. Einen kurzen Moment fühlte sie sich Sofie sehr nahe. Wie sehr wünschte sie sich einen Menschen, mit dem sie lachen und über Probleme sprechen konnte. Eine beste Freundin, wie damals während der Schulzeit.

Anna rief ihren Hausarzt an und informierte ihn. Er war sofort bereit, Sofie zu untersuchen, und bat Anna, mit ihr am nächsten Morgen vorbeizukommen. Er war seit über zwanzig Jahren ihr Hausarzt und hatte die Kinder seit ihrer Geburt betreut. Die Vorstellung, Sofie könnte ernsthafte Probleme haben, bestürzte ihn. Anna fühlte sich nach dem Telefongespräch mit dem Arzt etwas besser. Sie wusste, sie konnte sich auf ihn verlassen.

Ein Blick auf die Uhr zeigte ihr, dass es Zeit war, Basil im „Chez Nelly" zu treffen. Anna ging hinauf in Sofies Zimmer.

„Sofie", weckte sie ihre dösende Tochter, „ich habe für morgen einen Termin beim Arzt und bei einer Beraterin. Wir werden das gemeinsam durchstehen. Das gelingt uns nur, wenn du mindestens zu dir selber ehrlich bist. Hörst du mir zu?"

„Ja, Mam, ich höre dir zu."

„Du bleibst zu Hause, bis ich zurückkomme. Hannah ist im Garten und arbeitet am Brunnen. Sie würde sich sicher freuen, wenn du ihr hilfst. Frau Modric ist ebenfalls hier, und sie bleibt, bis ich zurück bin." Als sie den Gesichtsausdruck Sofies sah, änderte sie jedoch ihre Meinung. „Vermutlich ist es besser, wenn du in deinem

Zimmer bleibst und dir Gedanken über deine Zukunft machst. Ich gebe dir noch etwas, worüber du nachdenken kannst. Es ist ein Sprichwort: Never mind how far you went on the wrong way, just turn back." Anna warf ihrer Tochter einen Handkuss zu und ging aus dem Zimmer. Sofie sollte erst einmal mit sich selber ins Reine kommen. Bevor Anna das Haus verliess, informierte sie Frau Modric und bat sie, von Zeit zu Zeit nach Sofie zu schauen.

Anna parkierte das Auto neben dem „Chez Nelly". Sie blieb einen Augenblick hinter dem Steuer sitzen und schaute zur Segelschule hinüber. Ob Frau Santos da war? Anna erinnerte sich an die Bootsfahrt, und irgendwie vermisste sie Ilona Santos. Sie erinnerte sich wie leicht und unbeschwert sie sich in ihrer Gegenwart gefühlt hatte. Nach einer Weile stieg sie aus und machte sich auf den Weg zu Basil, der auf einer Bank in der Nähe sass. Er las eine Gebrauchsanleitung und bemerkte die Kommissarin erst, als diese sich räusperte.

„Oh, ist es bereits fünf?" Verwundert schaute er auf die Uhr, dabei fiel ein Stück der Plastikschutzhülle auf den Boden, das er schnell aufhob.

„Ich habe Pia ein neues Handy gekauft. Ihres ist ausgestiegen. Nun studiere ich die Gebrauchsanleitung."

„Elegantes kleines Ding", sagte Anna anerkennend und nahm es in die Hand. Es war nur etwa halb so gross wie ihr eigenes, doch das Display war viel grösser. Wo sich bei ihrem die Tasten befanden, zeigte dieses eine glatte, blanke Fläche.

„Wie wählst du denn eine Nummer, da fehlen ja die Tasten", fragte sie irritiert und reichte ihm das Gerät zurück.

„Das Modell hat einen Touchscreen. Schau, wenn du

hier berührst, leuchten die Zahlen, und Sensoren werden aktiviert." Anna winkte ab. „Vergiss es, das ist mir zu kompliziert." Sie sah ihm zu, wie er das Telefon und die Anleitung verstaute.

„Wie geht es dir und Sofie?", fragte er.

„Ich hatte zwei gute Gespräche. Wir können morgen in die Beratung zu Frau Mohn, sie ist Suchtberaterin. Nadine hat sie mir empfohlen. Ausserdem wird unser Hausarzt Sofie untersuchen. Er kennt sie seit ihrer Geburt. Sofie ist allerdings noch immer verschlossen und lässt mich nicht an sich heran. Ich hoffe, die Gespräche werden uns weiterhelfen."

„Das hoffe ich auch für dich", sagte Basil mitfühlend und drückte Annas Hand. Basils Anteilnahme tat ihr gut.

Er zog das Foto von Känel aus seiner Innentasche und reichte es Anna. „Wollen wir?" Gemeinsam traten sie ins Restaurant und setzten sich an die Bar. Die Wirtin erkannte sie sofort und gesellte sich auf Annas Aufforderung zu ihnen.

„Kennen Sie diesen Mann?", fragte Anna, als sie das Foto von Känel auf die Theke gelegt hatte. Die Wirtin studierte das Bild aufmerksam.

„Das Gesicht kommt mir bekannt vor. Vermutlich war er zuweilen Gast hier. Ich kann mich jedoch nicht erinnern, ihn in letzter Zeit gesehen zu haben."

„Können Sie sich erinnern, wann Sie ihn das letzte Mal gesehen haben?" Gespannt sah sie die Wirtin an, die kurz überlegte.

„Ich sehe so viele Leute, da kann ich mich an solche Dinge nicht erinnern." Die Wirtin drehte sich um und rief einem Gast zu, der alleine am hintersten Tisch sass und Zeitung las. „Jean, komm bitte mal her, und schau dir dieses Foto an. Vielleicht kannst du dich an diesen Mann erinnern." Zu Anna und Basil gewannt erklärte sie: „Jean ist fast täglich hier und kennt jede Menge Leute."

Jean, ein älterer Mann um die siebzig, schlenderte langsam auf sie zu und begrüsste mit einem distanzierten Nicken die beiden Fremden.

Nelly hielt ihm das Foto hin. Er sah sich das Bild an. „Wer will denn wissen, ob ich den kenne?"

„Entschuldigung", sagte Anna lachend, „das ist Kommissar Klee und ich bin Kommissarin Calvin. Wir ermitteln im Fall der Leiche, die letzten Donnerstag hier am Strand angeschwemmt wurde."

„Hm, ja, ja, ich kann mich an Sie erinnern. Sie waren kürzlich schon mal hier und haben Fragen gestellt." Er reichte ihr das Foto. „Und an diesen Herrn auf dem Foto kann ich mich ebenfalls gut erinnern. Wir haben ein paar Mal ein Bier zusammen getrunken. Peter heisst er, er ist leidenschaftlicher Hobbyfischer. Anfang Mai habe ich ihn das letzte Mal gesehen. Er sass damals mit einer Frau am Tisch in der Ecke." Basil nahm ein Bild von Karin Stein und hielt es ihm hin.

„War er mit dieser Frau hier?"

„Ja, das war sie. Hätte mir gefallen, die Kleine, genau mein Typ." Er lachte, als hätte er eben den Witz des Jahres gemacht. „Sie schien ihr Herz jedoch bereits vergeben zu haben. Die beiden wirkten recht vertraut. Er sprach intensiv auf sie ein und hielt immer wieder ihre Hand."

Jean wandte sich an Nelly: „Das war in der Woche, in der dein Typ sich den Knöchel verstaucht hatte und Sabine aushelfen kam. Weisst du noch? Das muss vor vier Wochen gewesen sein."

Anna unterbrach die beiden: „Haben Sie gesehen, wohin die beiden damals gingen, nachdem sie das Restaurant verlassen hatten?", fragte Anna den alten Mann.

„Nein. Vermutlich fuhren sie mit dem Boot weg. Peter ist meist mit dem Boot unterwegs, wenn er hier auftaucht. Gesehen habe ich jedoch nichts", erklärte Jean.

„Vielen Dank für das Gespräch." Anna wollte ihren Geldbeutel aus der Tasche nehmen und bezahlen.

„Der Kaffe geht aufs Haus", winkte die Wirtin ab und gab ihnen zum Abschied die Hand.

Während die beiden Kommissare die Treppe vom „Chez Nelly" hinunterstiegen, sagte Anna: „Moser schickt mich an ein zweitägiges Seminar. Du wirst den Fall in der Zwischenzeit alleine weiterbearbeiten müssen. Moser liess nicht mit sich verhandeln."

„Ich weiss, mir wurde bereits ein Memo zugeschickt. Ich soll dich Donnerstag und Freitag vertreten. Ich fahre ins Büro und recherchiere im Internet. Dann will ich mich noch der Liebesbriefe annehmen. Möglicherweise finde ich etwas, was für uns von Belang ist."

„Gut, ich fahre jetzt wieder nach Hause. Du hörst von mir." Als Anna im Auto sass, stellte sie die Nummer ihres Exmannes ein.

Georg Calvin sah auf dem Display Annas Nummer und drückte den grünen Knopf. „Hallo Anna, was gibt mir denn die Ehre deines Anrufes?"

„Es ist wegen Sofie."

„Ist etwas mit ihr? Als ich sie letzte Woche in der Stadt traf, ging es ihr gut."

Anna erzählte ihm die ganze Geschichte.

„Ich möchte Sofie nicht alleine lassen, muss jedoch an ein Seminar. Ich bin auf deine Hilfe angewiesen."

„Du weisst ja, ich bin immer für meine Mädels da", sagte er etwas vorwurfsvoll. „Bring sie doch nach dem Gespräch auf der Fachstelle zu mir. Ich habe zurzeit nicht viel um die Ohren. Ich fahre am besten ein paar Tage mit ihr weg. Das würde ihr sicher gut tun. Besprich das gleich mit der Beratungsstelle. Ich werde mich nach ihnen richten. Armes kleines Ding. Gib ihr einen Kuss von mir, und sag ihr, ich liebe sie."

„Sag ihr das besser persönlich. Sie hat nämlich Angst, dich zu enttäuschen, wenn sie die Matura nicht schafft."

„Quatsch. Sofie kann mich gar nicht enttäuschen. Sie ist meine Tochter."

„Ich weiss, Georg, aber sie weiss es nicht. Sag es ihr."

„Mache ich. Weisst du, wann du mit ihr hier sein wirst?"

„Ich rufe dich an, sobald ich es abschätzen kann. Weisst du was, Georg? Du könntest Sofie anrufen und sie einladen. Dann kannst du ihr gleich selber sagen, wie sehr du sie liebst, und ihr den Vorschlag machen, mit dir wegzufahren", schlug Anna ihrem Ex vor.

„Gute Idee, das mache ich gleich. Ich werde Hannah ebenfalls einladen. Unter Umständen kann der Garten ausnahmsweise auf sie verzichten? Ein Trip nach Paris mit meinen Mädels, das würde mir gefallen."

„Hannah wird nicht mit dir nach Paris fahren können. Ihre Abschlussarbeit muss Ende Monat fertig sein. Ich bin mir auch nicht sicher, ob so ein Ausflug das ist, was Sofie jetzt braucht. Wieso kommst du nicht mit auf die Beratungsstelle? Dann besprechen wir es mit Frau Mohn."

„Nein, nein, das machst du besser alleine. Du kennst mich ja, solche Gespräche liegen mir nicht."

Anna seufzte. Das war so typisch Georg. Er hatte es gerne unverbindlich. Mit seinen Töchtern feiern und sich als stolzer Vater präsentieren, dazu war er bereit. Wenn aber schwierige Entscheidungen zu treffen waren, überliess er alles ihr. Trotzdem war Anna dankbar, dass er so kurzfristig einspringen und sich während ihrer Abwesenheit um Sofie kümmern wollte.

Nachdem sie aufgelegt hatte, blieb sie noch eine Weile sitzen und blickte auf den See hinaus. Sie wurde älter. Sie

226

fühlte sich müde. Das Alleinsein machte sie traurig und leer. Wieder nagte an ihr die Sehnsucht, mit jemandem über ihre Sorgen sprechen zu können. Georg war nicht die richtige Person. Er konnte überhaupt nicht zuhören. Wenn er etwas nicht hören wollte, übertraf er sich immer wieder selber mit der Fähigkeit, wegzuhören. Mit Hannah und Nadine konnte sie jederzeit sprechen, aber das war nicht das Gleiche wie mit einer Freundin. Oder einem Freund. Sie wollte ihre Kinder nicht mit ihren Sorgen belasten. Wenn schon, wäre es an ihr gewesen, sich der Sorgen und Nöte ihrer Töchter anzunehmen.

Ihr Blick fiel auf die Segelschule, und plötzlich verspürte sie das Bedürfnis, mit Ilona Santos zu sprechen. Anna stellte Ilonas Handynummer ein und war erleichtert, als sich die Segellehrerin meldete.

„Hier Kommissarin Calvin, guten Abend. Ich hatte gerade in Salavaux zu tun und wollte Sie fragen, ob sie Zeit und Lust haben, mit mir im ‚Chez Nelly' einen Kaffe trinken zu gehen?"

Ilona freute sich, als sie Annas Stimme hörte. „Sicher, sehr gerne. Ich bin in zwei Minuten dort."

Als Anna zwei Stunden später wieder ins Auto stieg, ging es ihr besser. Sie hatte nicht mehr das Gefühl, ihre Probleme würden sie erdrücken. Ilona war eine gute Zuhörerin, und Anna fühlte sich seit Langem wieder von jemandem verstanden. Sie fuhr mit dem Gefühl nach Hause, eine neue Freundin gefunden zu haben.

Dezember 2008

Montag, 1. Dezember
Ich habe Urs gesagt, dass ich ihn nicht mehr sehen will, weil es mir das Herz breche, wenn ich wisse, dass er immer zu seiner Frau zurückgehe. Da hat er mir versprochen, sich scheiden zu lassen und mit mir zusammenzuleben. Aber zuerst müsse er für einige Tage fort, an eine Messe. Ich habe dann die alten Geschichten meiner Eltern wieder hervorgeholt und über meine Ängste geredet, wenn ihm etwas zustossen würde und so. Da hat er mir versprochen, eine Lebensversicherung abzuschliessen.

Montag, 8. Dezember
Habe vier Tage mit Pablo verbracht, hier in der Wohnung. Urs war im Ausland. Es war wie vorgezogene Weihnachten. Das Fest der Liebe. Liebe, Liebe und nichts als Liebe. Wir haben uns nicht aus der Wohnung bewegt. Wir haben Zukunftspläne geschmiedet. Laut geträumt, wie unser Leben werden wird. Wie wir reich und unabhängig in Mexiko leben werden. Er und ich. Er meinte, dass das Träume bleiben würden. Er kennt mich nicht. Ich weiss auch, wie dieser Traum erfüllt werden kann. Ich habe Pablo versprochen, dass er nächstes Jahr um diese Zeit bereits mit mir in Mexiko sein würde. Wir haben gewettet. Um eine Massage der besonderen Art. Ich habe bereits gewonnen. Ich weiss es.

Mittwoch, 10. Dezember
Ich habe für Urs und mich ein Bad vorbereitet, und wir haben zusammen in der Wanne gelegen, Champagner getrunken und dazu Erdbeeren gegessen. Kein Licht, nur der Schein der brennenden Kerzen. So was von romantisch. Ich habe Urs gesagt, dass ich mir Gedanken gemacht habe über unsere gemeinsame Zukunft. Dass ich mir vorstellen könne, wie wir zusammen in einem warmen Land lebten und glücklich seien. Dass Mexiko ein Land sei, das mir sehr gefallen würde, weil die Leute dort viel offener und toleranter seien als die Schweizer.

228

Anfangs war er entsetzt von der Aussicht, das Land zu verlassen, am Ende konnte er es sich ein bisschen vorstellen. Jedenfalls wirkte er weniger blockiert.

Freitag, 12. Dezember
Ich habe Urs gefragt, ob er sich um die Versicherung gekümmert habe. Hat er nicht. Da wurde ich sauer und machte ihm eine Szene. Er erschrak, hatte Angst, ich könne ihm davonlaufen. Er hat gebettelt und gefleht, dass ich ihm verzeihen soll. Je mehr er bettelte, desto mehr demütigte ich ihn. Ich habe mich gefühlt wie eine Domina. Es fehlte nur die Peitsche. Aber ich werde eine besorgen. Urs scheint ein Kandidat zu sein, dem das gefallen könnte.

Sonntag, 14. Dezember
Habe heute die Peitsche eingesetzt, und Urs ist voll drauf abgefahren. Ich habe ihn gequält und gedemütigt, und er wurde immer höriger. Hätte alles getan, nur damit ich ihm weh tue. Bevor er ging, hat er sich weinend bedankt für alles, was ich für ihn getan habe. Wer hätte das gedacht, ich war froh um die Erfahrungen, die ich auf dem Strich gesammelt habe.

Montag, 15. Dezember
Ich habe Urs gefragt, wann ich denn nun endlich etwas zu tun bekomme. Es wird echt langweilig. Er hat mir angeboten, für ihn gewisse Sachen zu schreiben. Ich darf jetzt an einem Projekt mitarbeiten. Ich tippe ihm die Berichte ein und drucke Pläne aus. Er hat mir einen Spezialdrucker ins Büro gestellt. Hier mitzuhelfen, ist interessant. Spannender als die Sachen, die ich für Bieri machen musste. Urs arbeitet eng mit einem Architekten zusammen, für den ich ebenfalls Arbeiten erledige. Nur von meinem Chef höre ich nichts. Aber jetzt, wo ich eine Beschäftigung habe, kann mir das ja egal sein.

Donnerstag, 18. Dezember
Pablo ist eben gegangen, sehe ihn regelmässig. Er kommt bald jeden

zweiten Tag. Ich liebe ihn und dieses Spiel mit dem Feuer. Er liebt es
auch, wenn wir nie ganz sicher sind, ob nicht gleich Urs hereinkommt
– das regt an, macht den Sex noch um ein Vielfaches aufregender.

Sonntag, 21. Dezember
Urs hat mir ein Weihnachtsgeschenk gebracht. Es ist ein Geschenk der
besonderen Art: Er hat mir die Wohnung überschrieben. Zuerst habe
ich mich geziert, habe gesagt, das sei ein zu grosses Geschenk, und
dann habe ich es schnell angenommen, bevor er es sich anders überleg-
te. Die Wohnung wird ab ersten Januar auf meinen Namen lauten.
Ich habe mich natürlich entsprechend erkenntlich gezeigt und ihn bis in
die frühen Morgenstunden gedemütigt und gequält. Danach habe ich
ihm wieder gesagt, dass ich wolle, dass er mit mir lebe. Dass er sich
jetzt schnell scheiden lassen solle. Aber es scheint Probleme zu geben.
Finanzieller Art. Er muss sich bei einem Projekt verkalkuliert haben.
Er meint, es sei nur von kurzer Dauer, aber ich glaube, er macht sich
Sorgen. Ich habe dann ganz entsetzt gefragt, womit er denn meine
Wohnung bezahlen wolle. Aber die bezahlt er über seine Firma. Das
sei kein Problem. Mir kann es ja egal sein. Solange ich die Wohnung
geschenkt bekomme …

Donnerstag, 25. Dezember
Heute hat er von sich aus angefangen. Er sprach von unserer gemein-
samen Zukunft. Mexiko wird unsere Wahlheimat. Er ist hin und
weg von dem Gedanken. Er will nur noch mit mir zusammen sein.
Er ist zu allem bereit, wenn es nur mit mir zusammen geschieht. Es
geht ihm so, wie es mir mit Pablo geht. Ich habe ihm gesagt, dass wir
als Erstes ein Bankkonto in Mexiko brauchen, wohin wir das Geld
überweisen, das wir hier nicht gebrauchen. In Mexiko würde es sicher
sein, und es sei wichtig, dass wir dort Geld hätten, sonst würden wir
nicht einwandern können. Ich überweise jeden Monat etwas Geld und
er etwas mehr als ich. Er hat auch mehr.

Montag, 29. Dezember
Urs hat die Lebensversicherung abgeschlossen. Die Versicherung be-
läuft sich auf eine Million bei Tod durch Krankheit und auf zehn
Millionen bei Tod durch Unfall.

Mittwoch, 27. Mai 2009

Die Praxis von Dr. med. Leuthold befand sich in der inneren Enge. Anna fuhr den Wagen durch das schmale Tor und parkierte auf dem engen Innenhof. Sie verdrängte die Vorstellung, hier wieder rückwärts hinausfahren zu müssen.

„Sofie, pass bitte auf, wenn du die Tür öffnest. Geht es überhaupt? Ist es nicht zu eng?"

Ein knappes „Es geht" war alles, was Sofie erwiderte. Sie betraten das Haus und stiegen in den ersten Stock, Sofie immer eine Armlänge hinter der Mutter. Es war Anna ein Rätsel, wie man in einem mehrstöckigen Haus einen Lift einbauen konnte, der nicht bis ins Erdgeschoss fuhr. Sie konnte an dieser Konstruktion keinen Vorteil erkennen. Vom ersten Stock fuhren die beiden Frauen schweigend in den fünften, klingelten und traten ein, gemäss Anleitung auf dem Schild. Frau Fankhauser, die Arztgehilfin, arbeitete seit über zwanzig Jahren in der Praxis. Sie begrüsste die beiden freundlich und streckte Sofie einen kleinen Plastikbecher entgegen.

„Dr. Leuthold möchte deinen Urin untersuchen. Du könntest bereits Wasser lösen. Der Arzt kommt sicher gleich."

Sofie nahm den Becher und verschwand in Richtung Toilette. Anna blieb in der Eingangshalle und plauderte mit Frau Fankhauser. Kaum war Sofie mit dem Becher zurückgekehrt, öffnete sich die grosse Eichentür, und der Arzt erschien. Er begrüsste Mutter und Tochter und gab Frau Fankhauser ein paar Anweisungen. Danach verabschiedete er sich von dem jungen Mann, der hinter ihm aus dem Behandlungszimmer getreten war, und bat Anna, im Wartezimmer Platz zu nehmen.

„Ich möchte mich zuerst alleine mit der jungen Dame unterhalten", erklärte er und verschwand mit Sofie hinter der Eichentür. Da Frau Fankhauser am Telefon war, setzte sich Anna ins Wartezimmer und rief Georg an. Sie bat ihn, in einer halben Stunde bereit zu sein. Er versprach, in der Gartenwirtschaft der Inneren Enge auf sie zu warten.

„Was machst du für Sachen, Sofie?", fragte Dr. Leuthold besorgt, nachdem die Tür geschlossen war. Er schaute sie fragend an.

Sofies trotzige Miene wich einem verlegenen Lächeln. „Ich mache nichts. Ich weiss nicht, wieso die sich alle so aufregen."

„Vielleicht, weil sie sich Sorgen machen? Komm, leg dich hier auf die Liege, ich werde dich untersuchen. Danach wird dir Frau Fankhauser Blut abnehmen." Er legte sein Stethoskop um und begann, Sofies Herz und Lungen abzuhören. Kaum war er fertig, betrat Frau Fankhauser den Raum. Sie machte sich an Sofies Arm zu schaffen, nahm ihr drei Röhrchen Blut ab und legte diese fein säuberlich auf ein silbernes Tablett. Bevor sie den Raum wieder verliess, hielt ihr Dr. Leuthold ein Laborblatt hin.

„Ich habe hier noch zusätzliche Werte, die getestet werden müssen."

Frau Fankhauser schaute auf das Blatt. „Die meisten kann ich selber bestimmen."

„Gut. Bitte untersuchen Sie den Urin auf Amphetamine, Barbiturate, Benzodiazepine und Cannabis." Frau Fankhauser nickte und verliess den Raum mit dem Tablett. Sofie setzte sich auf einen der leeren Stühle vor Dr. Leutholds Schreibtisch.

„Du hast Frau Fankhauser interessiert zugeschaut, als sie dir das Blut abgenommen hat."

„Ja, es war spannend. Ich könnte das nicht."

„Sie macht das bereits viele Jahre, das gibt Übung. Du musst sie einmal fragen, wie es war, als sie dem ersten

Patienten Blut abnehmen musste." Er musterte Sofie ernst. „Jetzt bist du an der Reihe. Erzähle mir alles, was ich über deinen Drogenkonsum wissen muss."

„Ich nehme keine Drogen. Wenn ich mit meinen Freunden unterwegs bin, trinke ich manchmal Alkohol. Das tun alle, das ist nicht schlimm."

„Alkohol ist auch eine Droge", erklärte Dr. Leuthold.

„Hast du wirklich keine anderen Drogen probiert?"

„Nein, ich bin doch nicht blöd."

„Ich hoffe, du erzählst mir die Wahrheit. Drogen können im Blut und im Urin nachgewiesen werden. Ich werde es auf jeden Fall merken, wenn du mich diesbezüglich angeschwindelt hast." Der Arzt sah Sofie in die Augen.

„Es war nur Alkohol", versicherte Sofie.

„Wie oft trinkst du denn?"

„Am Anfang habe ich nur im Ausgang getrunken, jetzt trinke ich regelmässiger, mehr oder weniger jeden Tag. Nicht immer gleich viel."

„Wie muss ich mir das genau vorstellen?"

„Im Ausgang trinke ich am liebsten roten Wodka mit Redbull. Das ist aber teuer, daher trinken wir meistens Bier oder einen billigen Wein. Manchmal bringen die Jungs eine Petflasche mit, in die sie vorher etwas gemischt haben. Dann trinke ich da mit. Zu Hause mische ich alles, was ich finde. Manchmal trinke ich den Alkohol pur, es kommt darauf an."

„Worauf kommt es denn an?"

„Ob Mam zu Hause ist oder nicht."

„Kannst du mir denn sagen, warum du trinkst?"

„Ich habe bald Prüfungen und schlafe schlecht, der Alkohol beruhigt mich, ich schlafe besser, wenn ich etwas getrunken habe."

„Was für Prüfungen hast du denn?"

„Matura."

„Aha. Weisst du denn, was du studieren möchtest, wenn du die Prüfung bestehst?"

„Diese Frage erübrigt sich. Ich bestehe die Prüfung sowieso nicht."

„Bestehst du die Prüfung nicht, weil du trinkst, oder trinkst du, weil du sie nicht bestehst?"

Sofie zuckte mit den Achseln und sah ihn schweigend an.

Dr. Leuthold nahm seine Brille ab, legte sie vor sich auf die Pultplatte und verschränkte die Arme.

„Mich würde interessieren, wie du zu Alkohol kommst?", fragte er ernst.

„Meistens haben Po oder Mike was dabei. Wir schleichen in den Pausen weg und trinken auf dem Pausenhof. Danach gehen wir zurück in den Unterricht oder bleiben ihm fern, je nachdem, wie es uns geht. Und zu Hause findet sich auch immer irgendetwas."

„Hmm, du trinkst also schon vormittags, damit du abends gut schlafen kannst?"

Sofie zuckte mit den Achseln.

„Und deine beiden Freunde, schenken sie dir den Alkohol, oder musst du ihnen etwas dafür bezahlen?"

„Nein, ich muss nichts bezahlen. Mike und ich sind zusammen. Das heisst, nicht offiziell, nur wenn wir zu dritt unterwegs sind."

„Aha", der Arzt rieb sich das Kinn. „Und mit wem ist Mike denn zusammen, wenn ihr nicht nur zu dritt seid?"

„Mit niemandem."

„Sofie, reicht dir denn so ein 'Ab-und-zu-Freund'?"

Sofie zuckte erneut die Achseln.

„Hast du denn ausser diesem Mike und diesem Po noch andere Freunde?"

„Nicht wirklich. Seit ich nach der Schule nach Muntelier fahren muss, habe ich keine Zeit mehr, mich mit den anderen zu treffen. Mam will ja nicht, dass ich in Bern herumhänge. Ich hätte genauso gut die Schule wechseln können. Ausserdem öden die andern mich extrem an. Ich war für sie nur dann interessant, wenn sie von meinem Wissen profitieren konnten. Seit ich aber so schlechte Noten schreibe wie sie selbst, beachten sie mich nicht mehr."

„Hast du mit deiner Mutter darüber gesprochen?"

Sofie schwieg.

„Gut. Wenn du mir nichts mehr sagen willst, hole ich jetzt deine Mutter herein."

Sofie nickte. Der Arzt verliess den Raum und öffnete die Tür zum Wartezimmer. Anna erhob sich sofort.

„Setz dich bitte wieder hin", forderte er sie auf und liess sich neben ihr auf der Bank nieder.

„Ich habe deine Tochter untersucht. Soweit ich das auf den ersten Blick beurteilen kann, geht es ihr gesundheitlich gut. Ich muss aber noch die Laborwerte abwarten. Das Problem ist nicht körperlicher, sondern psychischer Natur. Sofie scheint einsam zu sein. Wenn ich ihre Äusserungen richtig interpretiere, ist sie an ihrer Schule nicht besonders glücklich. Hat sie nie mit dir darüber gesprochen?"

„Nicht wirklich. Aufgrund ihrer Bemerkungen habe ich allerdings angenommen, es gefalle ihr dort." Anna dachte einen Moment nach, dann korrigierte sie sich. „Nein, wenn ich mir das recht überlege, hat sie oft abfällige Bemerkungen über ihre Mitschüler und Mitschülerinnen und über die Lehrpersonen gemacht. Ich habe dem aber kein Gewicht beigemessen. Ich weiss nicht, weshalb ich so arglos war. Vielleicht weil Sofie sowieso laufend alles und jeden kritisiert. Ich mochte mir das nicht mehr anhören."

„Vielleicht hättest du das besser getan", sagte der Arzt und stand auf. „Geh schon mal zu ihr, ich schaue nach, ob wir bereits erste Resultate von Sofies Blut- und Urinuntersuchungen haben. Er nickte Anna zu, die sich gleich ins Untersuchungszimmer begab.

„Hey, alles in Ordnung?" Anna sah ihre Tochter prüfend an. Dr. Leuthold hatte recht: Dieses ganze Problem war nur entstanden, weil sie diese Nörgeleien so satt gehabt hatte und nicht mehr darauf eingehen wollte.

„Ja klar, mir geht es gut. Du wolltest ja unbedingt mit mir zum Arzt. Das Geld hättest du dir sparen können. Ausserdem jagen so unnötige Arztbesuche nur die Krankenkassenprämien in die Höhe. Das weiss doch jedes Kind."

Wieder genau die Art von Antwort, die Anna rasend machte. Wie konnte Sofie nur so arrogant und ignorant sein. Von ihr hatte sie das nicht. Anna war froh, dass sich in diesem Augenblick die Tür öffnete. So blieb es ihr erspart, auf Sofies Antwort zu reagieren.

Dr. Leuthold betrat den Raum und setzte sich hinter seinen Schreibtisch. Zu Sofie gewandt sagte er: „Ich habe hier erste Resultate. Dein regelmässiger Alkoholkonsum ist in den Blutwerten ersichtlich. Du hast ziemlich viel getrunken. Medizinisch gesehen sogar bedenklich viel. Die anderen Tests brauchen noch etwas länger. Körperlich bist du topfit. Ich werde dir helfen, dass das so bleibt. Wann sind deine Prüfungen?"

„In zwei Wochen", antwortete Sofie.

„Dein Körper braucht ungefähr eine Woche, bis er das ganze Gift losgeworden ist, das du da in ihn hineingepumpt hast. Ich schreibe dich bis Ende nächster Woche krank. Ich lege dem Arztzeugnis ein Schreiben bei, das dir ermöglicht, erst zum zweiten Prüfungstermin anzutreten. Das gibt dir ein bisschen Luft. In der Regel ist der zweite Termin ungefähr drei Wochen später. Ausserdem verschreibe ich dir ein Medikament, mit welchem du gut schlafen kannst. Du musst jetzt genug schlafen, Schlaf ist die beste Medizin. Das Medikament verträgt sich nicht mit Alkohol. Wenn du trinkst, wird dir übel." Er schaute sie an und sagte in ernstem Ton: „Extrem übel."

Dann wandte er sich an Anna. „Ich denke, es wäre gut, wenn Sofie mit jemandem über ihre Probleme und ihren Alkoholkonsum sprechen könnte. Ausserdem wäre es von Vorteil, wenn du dafür sorgst, dass Sofie zu Hause keinen Zugang zu alkoholischen Getränken hat." Er schaute Anna streng an.

„Natürlich. Dafür werde ich sorgen. Wir haben heute Nachmittag auch noch einen Termin bei der Suchtberatung."

„Bei wem seid ihr angemeldet?"

„Wir gehen zu Frau Mohn, Nadine hat sie uns empfohlen."

„Ich kenne sie", nickte Dr. Leuthold erfreut. „Ich arbeite gerne mit ihr zusammen." Der Arzt erhob sich. „So, Sofie, du bist mit Verdacht entlassen. Ich werde mich bei euch melden, sobald ich die anderen Resultate habe. Pass auf dich auf, und nimm die Medikamente so, wie es Dir Frau Fankhauser aufschreibt. Sofie, denk dran, sie nützen nichts, wenn sie nur auf dem Nachttisch liegen."

Er gab den beiden Frauen die Hand und begleitete sie hinaus in den Vorraum. Anna fühlte sich etwas verunsichert. Hatte sie sich mehr von diesem Besuch erhofft? Wenn ja, was? Sie liessen sich von Frau Fankhauser das Medikament geben. Dr. Leuthold hatte unterdessen bereits die Akten des nächsten Patienten ergriffen und ging auf das Wartezimmer zu.

Anna und Sofie verliessen die Praxis. Anna steuerte den Wagen rückwärts aus dem Innenhof und war froh, als sie unversehrt wieder draussen auf der Strasse standen. Es war nicht weit ins Restaurant „Innere Enge". Georg stand auf, als er sie kommen sah, nickte Anna kurz zu und nahm seine Tochter in den Arm.

„Hallo, mein Kleines. Jetzt fahren wir zuerst zu dir, damit du packen kannst. Ich habe nämlich vor, mit dir bis am Sonntag nach Paris zu fahren. Du kannst mir auf der Fahrt genau erzählen, was dich bekümmert. Ich bin sicher, Mami übertreibt wieder einmal masslos. Magst du mit mir verreisen?"

Anna unterbrach ihn. „Vergiss nicht, Sofie hat um vier Uhr noch einen Termin. Also fahrt noch nicht gleich los. Ich hole sie in Muntelier ab, sobald ich fertig bin. Ich will auf jeden Fall mit der Beratungsstelle sprechen, bevor ihr nach Paris verreist."

Georg winkte ab. „Schon gut, Anna. Wir sind keine kleinen Kinder mehr. Sofie ist eine vernünftige, junge Frau." Er wandte sich an seine Tochter. „Bist du bereit? Können wir gehen?"

Anna verabschiedete sich von Sofie und ihrem Ex.

„Danke", sagte sie leise und machte sich auf den Weg. Sie fuhr langsam aus dem Parkplatz. Es schmerzte, zu sehen, wie Sofie ihren Vater anhimmelte, während sie ihr mit so viel Zurückhaltung begegnete.

„Sei kein missgünstiges Huhn", wies sie sich selber laut zurecht. Kurz darauf parkierte sie ihren Wagen vor dem Präsidium.

Nachdem sie mit Marina die wichtigsten Pendenzen besprochen hatte, rief sie Basil an und meldete sich zurück. Wenige Minuten später erschien er in ihrem Büro.

„Wir haben die Analyse der Liebesbriefe", sagte er und legte die Briefe und den Bericht vor Anna aufs Pult.

„Die Ergebnisse sind äusserst interessant. Alle Briefe wurden mit dem gleichen Stift geschrieben, die Tinte identisch. Die Tinte auf dem Foto ist ebenfalls identisch. Übrigens stammt das Papier der Briefe von ein und demselben Block; vermutlich wurden sie alle zur gleichen Zeit geschrieben. Es handelt sich nicht um Liebesbriefe, obwohl der Schreiber uns das glauben machen will. Die fünf verschiedenen Unterschriften sind absichtlich, damit wir denken, es gäbe mehrere Liebhaber."

„Ich bin mir nicht sicher, ob die Briefe extra geschrieben wurden, um uns zu täuschen. Möglicherweise sollten nicht wir, sondern jemand anderes getäuscht werden. Stammen die Briefe auch alle von ein und derselben Person?"

„Bei jedem Brief zeigen sich die gleichen typischen Merkmale, selbst wenn die Schrift verstellt ist. Der Aufstrich beim „L" ist mit viel Druck geschrieben, „a" und „o" werden nie geschlossen, und der Abstrich beim kleinen „f" endet immer auf der Linie, der Schreiber zieht ihn nicht nach unten. Diese Merkmale findet man, ob die Schrift nun breit oder schmal, klein oder gross, fallend oder gerade ist. Der linke Rand wird nach unten immer breiter. Das sind Angewohnheiten, auf die der Schreiber nicht geachtet hat, als er sein Schriftbild bewusst veränderte."

„Oder die Schreiberin."

„Ja, sicher, sie können natürlich auch von einer Frau stammen. In der Analyse wird nur die männliche Form gebraucht. Wenn du sagst, jemand anderes sollte getäuscht werden, an wen denkst du?"

„Ich weiss nicht. Das herauszufinden, ist nun deine Aufgabe, ich darf ja solange ins Seminar. Unter Umständen hat Karin die Briefe selber geschrieben, in der Hoffnung, ihr Mann finde sie und willige in die Scheidung ein? Aber wieso sind sie dann auf dem Boot von Peter Känel? Irgendwie ergibt das Ganze keinen Sinn."

„Angenommen, Känel hat sie geschrieben, um Karin zu erpressen? – Nein, das ist idiotisch. Niemand lässt sich mit gefälschten Briefen erpressen. Ausser er hatte ein schlechtes Gewissen und nebst den gefälschten Briefen gibt es noch echte Indizien." Basil fuhr sich mit der Hand durch die Haare.

„Ich werde diesen Fragen nachgehen und Schriftmuster von Peter Känel, Karin und Udo Stein auftreiben. Wahrscheinlich kann uns ein Vergleich der Handschriften mit den Briefen weiterhelfen."

Anna sah Basil nachdenklich an. „Ich habe mir nochmals Gedanken gemacht zu Steins letzter Aussage. Er behauptete, Känel und er hätten den ersten Preis gewonnen. Meinst du, das kann überhaupt sein? Die haben bestimmt verschiedene Projekte eingereicht. Oder hast du Steins Aussage anders interpretiert? Denkst du, die haben wirklich ein gemeinsames Projekt eingereicht?"

„Nein, das kann ich mir nicht vorstellen. Warum?"

„Wenn beide Projekte gewonnen haben, will dann die verantwortliche Kommission den Bahnhofplatz zweiteilen und eine Hälfte so gestalten, wie Stein es vorschlägt, und die andere nach Känels Plänen? Ich frage mich, weshalb jemand, der in der Öffentlichkeit nicht auffallen will, überhaupt an einem Wettbewerb teilnimmt, bei welchem der Sieger mit Sicherheit in die Presse gelangt?"

„Ja, die Sache muss ich dringend überprüfen."

„Du weisst ja nicht, wie gerne ich dir dabei helfen würde. Aber ich muss jetzt los. Das Gespräch bei Frau Mohn ist um vier, und ich muss Sofie noch abholen. Viel Glück!"

Anna meldete sich bei Marina ab. „Ich werde bis Samstag abwesend sein. Basil wird mich hier vertreten." Sie verabschiedete sich und machte sich auf den Weg in Mosers Büro, um die Papiere für das Seminar abzuholen. Danach fuhr sie nach Hause.

Georg sass mit Sofie im Garten, als Anna eintraf. Er stand sofort auf und verabschiedete sich. „Ich erwarte dich nach der Beratung. Vergiss deinen Koffer nicht", sagte er zu Sofie und küsste sie auf die Wange. Dann wandte er sich an Anna. „Du hattest recht, Hannah kann nicht mit uns kommen. Sie hat mir erklärt, sie müsse bis am Samstag ihre Brunnendokumentation abgeben und habe noch viel zu tun. Sie hat uns den Brunnen vorgeführt. Toll, die Kleine kann was."

„Ja, das ist wahr. Mach dir um sie keine Sorgen. Sie wird bis am Sonntag bei ihrer Freundin wohnen. Die beiden Mädchen unterstützen sich beim Schreiben ihrer Arbeit."

Hannah winkte nur von Weitem, als ihr Vater sich auf den Weg machte.

„Hübsch, euer Garten!", sagte er anerkennend, schloss das Gartentor hinter sich und verschwand hinter dem Nachbarhaus.

Anna drehte sich zu Sofie um.

„Mach dich bereit, wir müssen fahren, sonst kommen wir zu spät", sagte sie und ging auf das Haus zu.

„Mam, wir brauchen nicht zu dieser Frau zu gehen. Ich habe ja jetzt die Medikamente vom Arzt. Das reicht. Die Tage mit Paps in Paris werden mir guttun. Und wenn ich zurückkomme, gehe ich wieder in die Schule. Mam, ich schaffe das auch ohne diese Frau."

Anna liess nicht mit sich verhandeln. Es brauchte ihre ganze Autorität, um Sofie dazu zu bringen, sich dem bevorstehenden Gespräch zu stellen. Nun sass das Mädchen auf dem Beifahrersitz, den iPod in der Hand, die Kopfhörerstöpsel in den Ohren. Die Musik war so laut, dass Anna sie hören konnte. Die Spannung zwischen Mutter und Tochter hatte ihren Höhepunkt erreicht.

Passend zu Annas Stimmung begann es zu nieseln, die Scheibenwischer quietschten rhythmisch über die Frontscheibe. Sie durfte nicht vergessen, die Blätter beim nächsten Service auswechseln zu lassen. Sie warf einen Seitenblick auf Sofie, die mit steinernem Gesichtsausdruck neben ihr sass und sie an eine Weinbergschnecke erinnerte, die gerade von kleinen Kindern geplagt wurde und sich nun in ihr Schneckenhaus zurückzog.

Es war wohl das Beste, wenn sie schwieg und Sofie ihren Gedanken überliess. Der rhythmische Bass aus dem Kopfhörer nervte, und Anna drehte das Autoradio an. Frank Sinatras Stimme erfüllte laut den Innenraum des Autos. „I did it my way", sang er immer wieder. Nach dem dritten Mal ertrug Anna auch das nicht mehr. Genervt drückte sie auf den Aus-Knopf.

Sie war froh, als sie den Wagen auf dem freien Parkplatz abgestellt hatte und aussteigen konnte.

Der Regen hatte aufgehört, es roch nach Sommer, heissem Teer, nasser Erde und gewaschener Luft. Anna nahm einen tiefen Atemzug und öffnete die Tür zur Fachstelle. Sofie schlüpfte hindurch, sie selbst hinterher. Sie wurden sogleich freundlich von einer eifrigen Sekretärin empfangen.

„Setzt euch bitte einen Augenblick", forderte sie Anna und Sofie auf und führte sie ins Wartezimmer. „Frau Mohn wird gleich bei Ihnen sein."

Damit zog sie die Tür bis auf einen kleinen Spalt zu. Nur das leise, emsige Treiben im Sekretariat durchbrach die Stille im Wartezimmer. Anna sah sich um. Der Raum wurde durch zwei Regale unterteilt, auf denen sich Buchrücken an Buchrücken reihte. Sie las einige Titel. „Bin ich Alkoholiker?", „Trinken, na und …", „Wenn aus einem Glas mehrere Flaschen werden", „16 und schon Gewohnheitstrinker?", „Die erste Zigarette." Wie deprimierend, dachte Anna. Sie fühlte sich von diesen Titeln wie erschlagen und wandte den Blick ab. Weiter hinten im Raum standen zwei Tische. Auf beiden waren jede Menge Broschüren, Faltkataloge und Flugblätter aufgelegt, die sich alle mit dem Thema Sucht befassten. Anna war erstaunt, wie viel zu diesem Thema geschrieben worden war.

Endlich öffnete sich die Tür, und eine mittelgrosse Frau mit halblangem Haar trat auf sie zu.

„Guten Tag, mein Name ist Mohn. Rosa Mohn." Sie streckte Anna die Hand hin und wandte sich nach einem kurzen, festen Händedruck Sofie zu. Anna schätze Rosa Mohn auf vierzig. Ihr Haar fiel ihr bei jeder Kopfbewegung weich ins Gesicht. Lachfältchen umrahmten die grünbraunen Augen, die aufmerksam ihr Gegenüber fixierten. Ihre ganze Erscheinung wirkte diskret, warm und sympathisch.

„Gehen wir in mein Büro", schlug sie vor und führte Mutter und Tochter den Gang entlang. Sie betraten das letzte Büro links. Der Raum war hell und freundlich eingerichtet. Neben einem Schreibtisch standen zwei kleine Glastischchen und drei Stühle, auf denen sie Platz nahmen.

Frau Mohn blickte zu Sofie. „Möchten Sie lieber gesiezt oder geduzt werden?"

„Es ist mir lieber, Sie duzen mich. Ich bin es nicht gewohnt, mit ‚Sie' und mit ‚Frau Calvin' angesprochen zu werden. Frau Calvin, das ist meine Mutter."

„Ich denke, es war nicht einfach für dich, hierher zu kommen, ohne zu wissen, was dich erwartet. Deshalb möchte ich mich zuerst vorstellen, damit du weisst, wer ich bin und was ich mache. Danach würde es mich freuen, wenn du mir etwas von dir erzählst." Sie schenkte allen ein Glas Wasser ein und nickte Anna zu. „Falls Sofie und ich uns für eine Beratung entschliessen, werde ich das weitere Vorgehen mit Ihnen besprechen."

Sie wandte sich erneut an Sofie. „Soll ich dir etwas über mich erzählen?"

Sofie sah etwas verunsichert zu ihrer Mutter und zuckte leicht mit den Schultern.

„Sofie, soll ich draussen warten?"", fragte Anna

„Nein, von mir aus kannst du bleiben."

Anna schob ihren Stuhl etwas beiseite, damit Sofie mehr Raum hatte.

„Ich habe vor dreizehn Jahren meine Ausbildung als Sozialarbeiterin abgeschlossen", begann Frau Mohn, nachdem sie Anna zugenickt hatte. „Während der letzten acht Jahre habe ich kaum etwas anderes gemacht als Menschen beraten, die Probleme haben. Ich arbeite lösungs- und zielorientiert. Das sind Begriffe, mit denen du vermutlich nicht viel anfangen kannst. Es heisst so viel wie: Wir schauen vorwärts und nicht zurück."

Sofie, die etwas gelangweilt zugehört hatte, beugte sich vor: „Darf ich Sie etwas Persönliches fragen?"

„Sicher."

„Hatten Sie Alkoholprobleme, als Sie jung waren?"

„Nein, mit Alkohol hatte ich nie Probleme. Ich habe als Jugendliche regelmässig gekifft und andere illegale Drogen ausprobiert. Jemand von einer Fachstelle hatte mir damals geholfen, meine Probleme in den Griff zu bekommen. Heute sind Drogen für mich kein Thema mehr."

„Ich finde das absolut cool, wie Sie darüber reden. Ich möchte das auch können. Ich habe viel zu grosse Angst. Anstatt ehrlich zu sein, erzähle ich jedem das, was er hören will. Sogar meinen Freunden gegenüber kann ich nicht mich selber sein."

„Das können die wenigsten. In deinem Alter war ich genauso unsicher wie du. Das ist ganz normal. Überlege einmal, wie oft du zurechtgewiesen worden bist, seit du auf der Welt bist. Deine Eltern sagen dir, wie du dich verhalten sollst, deine Lehrer stellen Ansprüche, vergleichen dich mit anderen, und mit der Zeit versuchst du, immer mehr so zu werden, wie deine Umwelt es von dir erwartet. Das nennt man in der Psychologie die Entwicklung der Persönlichkeit. In der Entwicklungspsychologie lernt man, dass jeder Mensch im Laufe des Lebens eine Persönlichkeit entwickelt und dass dieser Prozess zu einem grossen Teil durch Erziehung beeinflusst werden kann. Die Energiemedizin, mit der ich arbeite, geht von einer anderen These aus: Jeder Mensch hat eine Persönlichkeit und entfaltet sie, wenn die Energie fliessen kann. Kannst du mir folgen?"

„Ja, ich weiss, was Sie meinen. Ich habe oft Angst, meine Eltern, meine Freunde und meine Lehrer zu enttäuschen, ihre Erwartungen nicht zu erfüllen. Ich weiss gar nicht mehr, wer ich bin und was ich will."

„Genau. Du fühlst das ganz richtig. Du bist eine Persönlichkeit, und im Laufe der Zeit veränderst du dich so, wie du meinst, die anderen hätten dich gerne. Du bist bereit, etwas an dir zu ändern, wenn du Angst hast oder Schmerz empfindest; wenn du verletzt wirst. Im Laufe unserer Kindheit werden wir oft verletzt. Da muss nur jemand über dich lachen, wenn dir ein Missgeschick passiert, meint es gar nicht böse, doch dich trifft es tief. Du schämst dich, so zu sein, und wünschst dir, anders zu sein. Tatsache ist: Jedes Mal, wenn du verletzt wirst oder Angst hast, wird Energie von dir gebunden. Die Energiemedizin versucht, diese blockierte Energie wieder freizusetzen."

„Wieso muss sie freigesetzt werden?"

„Damit sie dir wieder zur Verfügung steht und du gesund bleibst und dich so entwickeln kannst, wie du ursprünglich gedacht warst. Damit du wieder dich selber wirst und nicht Angst haben musst, nicht zu genügen oder andere zu enttäuschen."

Sofie nickte, und Frau Mohn fuhr fort: „Wenn die Energie wieder fliesst, steigt die Lebenskraft, und die Selbstheilungskräfte werden aktiviert. Dieser Zustand unterstützt gewünschte Veränderungen im Denken und Verhalten. Ich kann dir diese Behandlung in Ergänzung zur Beratung empfehlen." Sie sah Sofie aufmerksam an.

„Ich habe jetzt lange geredet, und du konntest dir ein Bild machen, wer ich bin und wie ich arbeite. Nun würde ich gerne mehr von dir erfahren." Da Sofie eine Weile schwieg, nahm Anna dies zum Anlass, sich zu Wort zu melden.

„Ich werde mir überlegen, ob diese Energiemedizin nicht eventuell auch etwas für mich wäre", sagte sie und stand auf. „Frau Mohn, das war sehr interessant. Ich lasse euch jetzt allein und warte draussen." Sie wandte sich Sofie zu. „Nimm dir Zeit. Ich bin im Wartezimmer, wenn du mich suchst." Beim Hinausgehen hoffte Anna, Sofie würde Frau Mohn gegenüber noch mehr Vertrauen fassen, wenn sie nicht mehr im Raum war.

Fast eine Stunde wartete sie auf ihre Tochter. Dann rief Frau Mohn sie.

„Frau Calvin, Sofie hat sich entschieden, regelmässig in die Beratung zu kommen. Ich muss Sie bitten, diese Anmeldung zu unterschreiben. Da Sofie noch nicht achtzehn ist, brauche ich Ihr Einverständnis." Rosa Mohn reichte Anna ein Blatt, das sie durchlas und unterschrieb. Danach besprachen sie das weitere Vorgehen. Zu Beginn sollte Sofie zweimal in der Woche zu einem Gespräch in die Fachstelle kommen. Alle zwei Monate würde es ein Vernetzungsgespräch mit dem Arzt, den Eltern, Sofie und der Beratungsstelle geben. Zusätzlich sollte Sofie energiemedizinisch behandelt werden. Dazu würde sie in der kommenden Woche Frau Mohn in deren Praxis am Mauerrain aufsuchen. Anna erzählte von der bevorstehenden Reise Sofies nach Paris, doch Frau Mohn sah darin kein Problem. Im Gegenteil. Sie begrüsste es, wenn Sofies Vater sich ebenfalls um seine Tochter kümmerte.

Auf der Fahrt zu Georg schwiegen sie. Es war jedoch ein anderes Schweigen als bei der Hinfahrt. Es war jetzt ein nachdenkliches Schweigen.

Als Anna den Wagen parkierte, sagte Sofie: „Mam, ich bin froh, kann ich mich von Frau Mohn behandeln lassen." Sie drehte sich plötzlich um und umarmte ihre Mutter umständlich. „Mam, danke. Ich weiss, ich bin nicht einfach, und ich danke dir für die Geduld, die du mit mir hast."

Anna hielt ihre Tochter fest umschlungen, die Gangschaltung drückte schmerzhaft an ihr Knie, und da sie noch angeschnallt war, würgte sie der Gurt. Doch das war jetzt egal. Sie hielt Sofie in den Armen und war dankbar für diesen kurzen Moment der Nähe und des Vertrauens, den ihre Tochter ihr gerade schenkte. Nun wird alles gut werden, dachte sie und küsste Sofie zum Abschied auf die Wange.

Nachdem Anna Sofie bei ihrem Vater abgegeben hatte, machte sie sich auf den Weg nach Hause. Hannah war nicht da. Auf dem Fussboden lag eine Notiz: „Schlafe bis Sonntag bei Bea. Komme aber abends kurz vorbei und giesse die Töpfe. Sehe dich am Sonntagabend. Hab dich lieb, Hannah." Anna hob den Zettel auf. Wieso kam Kira nicht und begrüsste sie? Sie zog die Jacke aus und ging ins Wohnzimmer. Kira lag auf dem Sofa, ganz offensichtlich war sie beleidigt. Sie öffnete ein Auge, die Spitze des Schwanzes deutete kurz ein leichtes Wedeln an, dann schloss sie das Auge wieder und schlief weiter.

Anna ging auf die Hündin zu und kniete vor ihr nieder. Mit beiden Händen kraulte sie den Hals.

„Na komm, altes Mädchen, du wirst mir doch nicht etwa böse sein? Freust du dich denn gar nicht, mich zu sehen?"

Sie küsste Kira auf die kalte Schnauze und erhob sich. Noch war ihr nicht ganz verziehen, aber das rhythmische Klopfen der Schwanzspitze war ein gutes Zeichen. Anna ging ins Schlafzimmer und packte ihre Reisetasche für das Seminar. Sie brauchte nicht viel, es waren ja zum Glück nur zwei Tage.

Danach richtete sie sich vor dem Sofa ein Fussbad ein und setzte sich. Kira schnüffelte neugierig. Mit aufgestellten Ohren und interessiertem Blick verfolgte die Hündin jede Bewegung Annas. Als der Motor das Wasser in Bewegung setzte, entfernte sich Kira skeptisch vom Sofa. Schäumend versprühte das wirbelnde Wasser den Duft nach nasser Erde und Kiefernholz. Anna lehnte sich zurück und schloss die Augen. Langsam entspannten sich ihre müden Füsse. Und mit ihnen der ganze Körper.

Ihre Gedanken schweiften zu dem bevorstehenden Seminar. Wieso bloss hatte sie sich nicht vehement gewehrt, als Moser sie dazu verknurrte? Achtsamkeit im Alltag. Anna konnte sich nicht vorstellen, wie man zu dieser Thematik zwei Tage füllen konnte. Morgen würde sie mehr wissen. Sie dachte an Sofie, die vermutlich bereits auf dem Weg nach Paris war, und hoffte, Georg würde gut auf das Mädchen aufpassen. Irgendwann döste sie ein, bis sie das laute Klappern der Katzentüre weckte. Sie sah, wie ein kleines graues Etwas, dicht gefolgt von Finn, pfeilschnell Richtung Keller verschwand. Dann war es still. Anna lauschte. Als ihr kurz darauf ein hohes Piepsen durch Mark und Bein fuhr, schrie sie entsetzt auf: „Nein, das darf nicht wahr sein!" Reflexartig zog sie ihre nassen Füsse aufs Sofa. „Finn, fang sofort diese Maus, und bring das eklige Ding raus!", brüllte sie nun panisch.

Das Schrillen der Türglocke riss sie aus der Erstarrung und weckte die Hoffnung auf Rettung. Die Kellertreppe im Blick, sprang sie hastig vom Sofa, stiess mit dem rechten

Fuss an den Rand des Fussbades und spürte, wie sich das lauwarme Wasser über ihren Fuss ergoss. Es verteilte sich auf den Fliesen, floss der Kellertreppe zu und unter das DVD-Gerät, und Anna rutschte auf nassen Füssen Richtung Haustür.

Kira, aufgeschreckt durch den Lärm, war ebenfalls aus ihrer Ecke hervorgesprungen, schlitterte nun hinter Anna auf die Tür zu, schaffte die Kurve nicht und prallte unsanft gegen den Schuhschrank. Anna bekam die Klinke zu fassen und riss die Tür auf. Mit der zweiten Hand hielt sie sich an der Schmalkante der Türplatte fest, bemüht, keine Bauchlandung zu machen. Ilona starrte Anna erschreckt an. „Was ist denn hier los?"

„Eine Maus!", keuchte Anna, „Finn hat eben eine Maus gebracht. Er ist mit ihr in den Keller gerannt. Sie lebt noch, ich höre sie immer wieder piepsen."

Ilonas Miene veränderte sich. Das Erschrecken machte einem amüsierten Ausdruck Platz.

„Soll ich nachsehen?"

Anna nickte wortlos und zeigte zur Kellertreppe. Sie hörte Ilona beruhigend auf den Kater einreden, und nach einer kleinen Ewigkeit erschien sie wieder in Annas Blickfeld, einen dünnen Schwanz zwischen Zeigefinger und Daumen, daran zappelte ein kleines graues Etwas. Anna öffnete die Haustür, deren Griff sie noch immer fest umklammerte. Ilona trat ins Freie und liess die Maus los. Dann drehte sie sich zu Anna um.

„So, das hätten wir. Ich war gerade in der Gegend und dachte, ich schaue vorbei. Ich wollte nachfragen, wie die Gespräche verlaufen sind und wie es Ihrer Tochter geht", sagte sie, während sie belustigt auf Annas Füsse blickte. Anna trat zur Seite und bat Ilona mit einer Geste, einzutreten. Sie war blass und brachte keinen Ton hervor. Da ergriff Ilona erneut die Initiative. „Wie das hier aussieht.

Wo finde ich einen Putzkessel? Das Wasser läuft dort unter den kleinen Tisch, und dahinter sind viele Kabel. Besser, wenn die nicht nass werden."

„Gleich links neben der Kellertür müsste ein Kessel stehen," murmelte Anna.

Ilona ging zur Kellertür, während Anna langsam die Fassung wiedergewann und ihr elektrisches Fussbad wegräumte. Sie schnappte sich in der Küche zwei Bodenlappen und eine Rolle Küchenpapier und ging zurück ins Wohnzimmer. Gemeinsam wischten sie das Wasser vom Boden auf. Sie mussten den Fernsehtisch verschieben, um besser an die Kabel zu kommen. Zum Glück war keines der angehängten Geräte eingeschaltet. Zur Vorsicht zog Ilona alle Stecker heraus. Sorgfältig trockneten sie jedes einzelne Kabel und jeden einzelnen Stecker.

„Hier sind mindestens achtzehn verschiedene Kabel miteinander und ineinander verhängt", staunte Ilona.

„Ich weiss", antwortete Anna. „Ich mache da lieber nichts dran. Eines gehört zum Router und hat einen Wackelkontakt. Jedes Mal, wenn es nur ein bisschen bewegt wird, geht das Internet nicht mehr. Ich brauche die Gewissheit, jederzeit online gehen zu können, sonst bin ich von der Welt abgeschnitten." Ilona erkannte trotz Annas lockerem Ton, wie ernst die Lage war.

„Schalten Sie doch mal den Computer auf. Dann kann ich überprüfen, ob noch alles funktioniert", schlug sie vor. Gemeinsam versuchten sie in der nächsten halben Stunde, das Internet wieder zum Funktionieren zu bringen. Anna war erstaunt, mit welcher Geduld und Systematik Ilona nach der Ursache suchte. Schliesslich wechselte sie ein Kabel und einen Mehrfachstecker aus, und als Anna zum x-ten Mal versuchte, die Startseite zu laden, verschwand das gelbe Ausrufezeichen, und die Google-Seite erschien. Sie schoben alle Geräte wieder an ihren Platz zurück, und bald waren keine Spuren des unerwünschten, kleinen, grauen Besuchers mehr zu sehen.

„Danke, du hast mir das Leben gerettet!", sagte Anna, ohne zu merken, wie sie in ihrer Erleichterung zum vertrauten „Du" gewechselt hatte.

„Habe ich gerne gemacht", erwiderte Ilona.

„Setzen wir uns doch in den Garten. Ich hole uns etwas zu trinken. Ich habe frischen Tee im Kühlschrank. Mögen Sie Rosmarin-Minze-Zitronenmelisse-Aufguss?

„Tönt spannend. Probiere ich gerne. Wenn du magst, können wir ruhig beim ‚Du' bleiben", sagte Ilona und schaute Anna nach, die schon auf dem Weg in die Küche war.

„Was für eine Frau!", dachte sie bei sich. Ob sie verheiratet war oder mit einem Partner zusammenlebte? Heute hatte sie eine neue Seite an ihr kennengelernt. Eine, die ihr ebenso gut gefiel wie die kompetente und eher sachlich-kühle der Frau Kommissarin.

Anna kam mit zwei grossen Gläsern zurück und bat ihren Gast in den Garten.

„Vermutlich hast du vorhin bereits gesagt, weshalb du gekommen bist. In der Aufregung habe ich es nicht mitbekommen." Sie führte Ilona auf die Westseite des Hauses zur Bambusnische. Sie liebte diesen Platz, um die letzten abendlichen Sonnenstrahlen zu tanken.

„Reine Neugierde. Es interessierte mich, wie das Gespräch mit der Fachstelle verlaufen ist, und daher dachte ich, ich frage gleich persönlich nach."

Anna erzählte ihr von dem Gespräch mit dem Arzt und dem konstruktiven ersten Treffen mit Rosa Mohn auf der Fachstelle. „Jetzt ist sie mit ihrem Vater unterwegs nach Paris und kommt erst am Sonntag wieder nach Hause. Er hat sich bereit erklärt, sie zu beaufsichtigen, während ich in Thun bin."

„Was machst du denn in Thun?"

Meine Chefin hat mich zu einem Achtsamkeits-Seminar verdonnert. Stressmanagement im Alltag. Dabei sollte ich mich jetzt eher um meine Tochter kümmern."

„Wo ist Hannah? Ist sie mit nach Paris gereist? Oder brauchst du auch eine Betreuerin für sie? Ich hätte Zeit", bot Ilona an.

„Danke, das ist sehr lieb. Hannah ist bei einer Freundin. Sie schreiben beide ihre Abschlussarbeiten. Sie ist gut versorgt. Beas Eltern sind sehr nett. Aber ob Georg mit Sofie zurecht kommen wird? Er ist sich nicht bewusst, auf was er sich da einlässt. Er nimmt alles so gelassen."

„Vielleicht tut es Sofie gut, wenn sich der Alltag ein wenig auflockert. Ich war vor ein paar Jahren in Paris. Es ist eine wunderschöne Stadt. Ich hoffe, sie wird ihr ebenso gefallen."

Anna nickte. Kira legte ihr einen Ball vor die Füsse und forderte sie zum Spiel auf.

„Oh, aber Kira habe ich vergessen! Hannah ist ja gar nicht da."

„Soll ich sie mit zu mir nehmen? Ich kann gut auf sie aufpassen", sagte Ilona ohne zu zögern.

Zwei Stunden später verabschiedete sich Ilona und spazierte mit Kira den Strand entlang nach Salavaux.

Donnerstag, 1. Januar
Lese seit Wochen fleissig Krimis. Nicht irgendwelche, nur wirklich
gute. Krimis, in denen die Morde genau beschrieben werden und das
Täterprofil analysiert wird. Es ist sehr spannend. Ich lese jetzt auch
aufmerksam die Schlagzeilen zu Unfällen in den verschiedenen Online-
zeitungen. Die erzähle ich Urs dann genau. Ich will ihn für dieses
Thema sensibilisieren.

Montag, 5. Januar
Das Architekturbüro hat viel zu tun. Ich arbeite fast ausschliesslich
für sie. Obwohl ich darum bat, habe ich den Architekten noch nicht
kennengelernt. Urs meint, er würde mich gelegentlich vorstellen. Aber
im Moment wolle er mich ganz allein für sich. Ich bestrafte ihn mit
der Peitsche für diese Unartigkeit, und er bedankte sich dafür.

Sonntag, 11. Januar
Urs hat den ganzen Tag bei mir verbracht. Es ist sehr kalt draussen,
es schneit. Ich habe im Internet verschiedene Häuser gesucht und bin
ihm stundenlang damit in den Ohren gelegen. Wenn er es ernst meine,
dann müsse er sich mit mir um ein Haus kümmern, ich würde hier
nicht warten, bis ich graue Haare bekäme. Als er nicht gleich zu-
stimmte, lockte ich ihn auf den Balkon und sperrte hinter ihm zu. Er
war nur in Unterwäsche gekleidet, ich liess ihn zwei Stunden frieren.
Danach gab er mir den Auftrag, das Haus zu suchen, in dem wir
gemeinsam glücklich werden würden. Und ich habe ihn aufgewärmt.
Wie berechenbar er doch ist.

Donnerstag, 15. Januar
Ich verbringe jede Nacht im Internet auf der Suche nach unserem
Traumhaus. Nun habe ich es gefunden. Eine Hacienda ausserhalb von
Acapulco. Ich habe ihm vorgeschwärmt, wie glücklich wir dort sein
würden, erzählte ihm, was wir alles tun würden, sobald es uns gehöre

und wir dort leben. Ich habe ihm von den Folterkammern erzählt, die ich einrichten wolle, den unterschiedlichen Folterinstrumenten, die wir für unsere Liebesspiele zur Verfügung haben würden. Wie laut ich ihn dort zum Schreien bringen würde. Er konnte nicht genug hören und kam selber zum Schluss, dass wir es einfach kaufen MÜSSEN. Ich meinte, es sei sehr günstig. Dann sagte er, er wolle es noch mit dem Architekten besprechen. Ich solle mir die Pläne zuschicken lassen.

Montag, 19. Januar
Spreche jetzt bei jedem Treffen von einem Unfall, über den ich gelesen habe. Dann stelle ich immer wieder die Frage, ob es nicht auch ein Selbstmord hätte sein können oder ein Mord. Dann diskutieren wir. Er spielt den Polizisten, und ich bringe die Argumente, damit die Diskussion spannend bleibt. Es ist unser ganz persönlicher Zeitvertreib, bevor oder nachdem ich ihn mir sexuell unterworfen habe. Auf die Dauer wird es recht anstrengend.

Sonntag, 25. Januar
Habe ein paar „Urs-freie" Tage genommen. Er soll mich so richtig vermissen. Damit er mir noch mehr aus den Händen frisst. Ich habe gesagt, ich müsse einen kranken Onkel besuchen, der im Sterben liege. Ich sei sein einziger Verwandter. Ich würde mich melden, sobald ich wisse, wann ich nach Hause zurückkomme. Und dann sah ich Pablo. Fünf Tage ficken und essen. Pablos Vater musste nach Mexiko, und so konnten wir bei Pablo zu Hause wohnen. Wir hatten sogar Bedienstete. Die waren sehr nett und haben sich gefreut, weil ich ihre Sprache spreche. Wir waren oft im Club, es war wie in alten Zeiten. Einfach gut. Täglich bekam ich mehrere SMS von Urs. Habe sie nicht beantwortet. Er soll mich vermissen.

Mittwoch, 28. Januar
Bin wieder einmal schweissnass aufgewacht. Habe geträumt, meine Mutter sei auferstanden. Sie kam auf die Hacienda und brannte alles nieder, und Pablo war im Haus. Ich musste zuschauen, wie er

verbrannte. Ich konnte ihm nicht helfen, weil meine Mutter mich an einem Baum festgebunden hatte. Als Pablo nur noch ein Haufen Asche war, stopfte sie mir löffelweise davon in den Mund, bis ich erstickte. Aber der Tod erlöste mich nicht. Ich kam in die Hölle. Ich wusste sofort, dass es die Hölle ist, weil meine Mutter geklont war. Sie existierte unendlich oft. Wohin ich auch schaute, überall nur meine Mutter, keine anderen Menschen mehr. Das war die Hölle.

Donnerstag, 29. Januar
Traf Bieri auf dem Bahnhof - habe ihn ignoriert. Sieht schlecht aus; alt, unglücklich. Er wollte, dass ich wieder „nach Hause" komme. Ich ging an ihm vorbei, als würde ich ihn nicht sehen. Ob er schon bemerkt hat, dass sein Geld weg ist?

Februar 2009

Sonntag, 1. Februar
Heute hätte Urs Pablo und mich beinahe ertappt. Er kam unangemeldet. Das hatte er bis dahin noch nie gemacht, und ich habe ihn dafür bestraft. Fünfzehn Peitschenhiebe. Die taten richtig weh. Ich hoffe, das war nicht kontraproduktiv, sodass er jetzt nur noch unangemeldet vorbeikommt. Pablo hatte sich im Schlafzimmerschrank versteckt und musste dort über vier Stunden ausharren, bis Urs wieder weg war. Dann machte er mir eine Szene. Ich kann es ja verstehen. Es ist etwas anderes, wenn er im gleichen Raum ist und die Schreie von Urs mitanhören muss.

Mittwoch, 4. Februar
Hatte ein langes Gespräch mit Pablo. Habe ihm erklärt, dass wir kurz vor unserem Ziel sind und dass ich jetzt kein Risiko mehr eingehen wolle. Ich werde ihn nur noch in Bern treffen. Er hat es schliesslich eingesehen.

Donnerstag, 12. Februar
Bearbeite Urs jetzt intensiver. Spreche täglich von Unfällen. Auch von dem perfekten Mord in Frankreich habe ich ihm erzählt.

Freitag, 13. Februar
Gestern stand Bieri vor der Tür und machte eine Szene, ich solle nach Hause kommen. Ich habe ihm mit der Polizei gedroht und ihn verjagt.

Sonntag, 15. Februar
Habe oft Kopfschmerzen. Das Valium ist ausgegangen, und die aus der Apotheke hat gesagt, das Rezept sei abgelaufen. In meinem Kopf läuft es nicht rund. Ich brauche ein Beruhigungsmittel!

Mittwoch, 18. Februar
Habe mich in Bieris Wohnung geschlichen. Der Schlüssel passt noch. Dann habe ich seine Apotheke geplündert. Nahm alles an mich, was mich beruhigen kann. Danach suchte ich nach dem Rezept. Er hat sicher ein neues. Aber ich fand es nicht. Also ging ich in die Apotheke, in der ich jahrelang das Valium für ihn holte, und versprach, das Rezept später vorbeizubringen. Ich habe es daheim liegen gelassen, schwindelte ich, aber er brauche das Medikament dringend. Sie gab es mir. Zwei Packungen.

Samstag, 21. Februar
War mit Pablo in der alten Studentenbude. Es ist nicht mehr das Gleiche. Früher hat mir diese Wohnung viel bedeutet, heute ist sie einfach ein Zeichen dafür, dass ich noch nicht am Ziel bin. Trotzdem hat es gut getan, ihn zu riechen, zu spüren, ihm nahe zu sein.

Donnerstag, 26. Februar
Habe mich mit Urs zerstritten. Wir diskutieren immer heftiger über Mordfälle, die wie Unfälle aussehen sollen. Er ist der Meinung, dass es den perfekten Mord nicht gibt. Nicht geben kann. Doch ich mache

ihm diesen schmackhaft. Ich bin im Argumentieren stärker als er. Als er zu verbockt auf seinen Ansichten sitzen blieb, warf ich ihn aus der Wohnung.

Freitag, 27. Februar
Er stand schon vor dem Mittag vor der Tür. Es tat ihm leid, er bettelte um Entschuldigung. Ich habe ihm erklärt, was für Vorteile es hätte, wenn seine Frau durch einen Unfall sterben würde. Dachte laut über die Vorteile nach:
• *Seine finanziellen Probleme wären gelöst.*
• *Wir könnten Tag und Nacht zusammen sein.*
• *Kein nörgelndes Weib mehr am Hals.*
Ich beschrieb ihm unseren Alltag auf der Hacienda. Er meinte, ich sage manchmal Sachen die ihn erschrecken – aber ich weiss, es arbeitet in ihm …

Donnerstag und Freitag, 28. und 29. Mai 2009

Frau Sägesser lag mit offenen Augen im Bett. Sie hörte die regelmässigen Atemzüge ihres Mannes. Dass er schon im Bett lag, war ein Zeichen, dass sie lange geschlafen haben musste. Jakob ging immer zwischen sieben und acht ins Bett. Am Mittag waren die Kopfschmerzen unerträglich stark gewesen. Sie hatte zu ihrem Mann gesagt: „Ich fühle mich krank und hoffe, ein paar Stunden Schlaf werden mir gut tun." Jetzt musste es sicher acht Uhr sein, wenn nicht schon später.

Was hatte sie bloss geweckt? Vermutlich der Durst und die volle Blase. Oder die Kopfschmerzen, die kaum nachgelassen hatten. Die Schläfen pochten, sie fühlte sich noch immer elend. Sie setzte sich auf, zog sich den Morgenmantel über und ging zuerst ins Bad, danach hinunter in die Küche. Kurze Zeit später stand sie mit einer Tasse Tee am offenen Schlafzimmerfenster und schaute hinaus. Der kühle Abendwind tat ihr gut. Von ihrem Fenster aus sah sie auf den Parkplatz des Restaurants „Zum Goldbarsch".

Tee schlürfend beobachtete sie, wie ein Mann aus der Tür des Restaurants trat, sich eine Zigarette anzündete und oben an der Treppe stehen blieb. Irgendwie kam er ihr bekannt vor. Ursula Sägesser versuchte sich zu erinnern, wurde jedoch abgelenkt, als die Tür erneut aufging und ein zweiter Mann heraustrat. Er war kleiner als der erste und torkelte auf diesen zu. Dabei gestikulierte er wild mit seinen Armen. Frau Sägesser war angewidert. Sie verstand nicht, wie erwachsene Menschen derart die Kontrolle über sich verlieren konnten. Fiebrig und energielos schlürfte sie weiter an ihrem Tee und sah teilnahmslos zu den beiden hin, als plötzlich der Raucher den anderen Mann anstiess, dieser das Gleichgewicht verlor, die lange Treppe hinunterstürzte und sich dabei mehrmals überschlug. Er versuchte noch, sich am Treppengeländer festzuhalten, doch seine Hände griffen ins Leere. Unten schlug er mit dem Kopf gegen den Treppenabsatz und blieb regungslos liegen. Einen Moment lang verschlug es Frau Sägesser den Atem, und ihre Schläfen drohten zu platzen. Der Raucher warf seine Zigarette über die Brüstung und ging langsam die Treppe hinunter, am gestürzten Mann vorbei zu einem der parkierten Wagen. Wie konnte dieser Typ nur so kaltblütig sein? Er betätigte ein kleines Gerät, worauf sich die Wagentür wie ein Flügel ausklappte. Dann stieg er ein, fuhr rückwärts und stoppte auf der Höhe des regungslos daliegenden Mannes. Er stieg aus, liess die Türe des Beifahrersitzes nach oben schwenken und beugte sich über den Bewusstlosen. Sie sah deutlich, wie der Gefallene zu Bewusstsein kam, sich an den Kopf fasste und mit Hilfe des Fahrers einstieg.

Kopfschüttelnd drehte sich Frau Sägesser um und stieg wieder ins Bett. Sie lag noch eine Weile wach und starrte an die Zimmerdecke. Dann schloss sie die Augen, spürte, wie mit der Entspannung die pochenden Kopfschmerzen etwas nachliessen. Plötzlich wusste sie wieder, an wen der Mann mit der Zigarette sie erinnert hatte. „Jakob!", sagte sie laut. „Jakob, Jakob, wach auf! Jakob!"

Jakob Sägesser öffnete seine Augen, knurrte leise vor sich hin, während er sich im Bett aufsetzte und seine Frau fragend anblickte. „Was ist denn jetzt wieder passiert?"

„Weisst du, was ich eben beobachtet habe? Dieser Architekt, der die Pläne des Geräteschuppens gezeichnet hatte, weisst du noch? Diese Pläne, die wir am Schluss gar nicht gebrauchen konnten? Der hat eben einen Betrunkenen die lange Treppe hinuntergestossen. Ich habe es mit eigenen Augen gesehen. Dort drüben stand ich, am Fenster, und habe den beiden Männern zugeschaut."

Jakob hörte seiner Frau zuerst nur mit halbem Ohr zu.

Er kannte diese nächtlichen Beobachtungsrapporte zur
Genüge. Oft musste er sie über sich ergehen lassen, damit
seine Frau zur Ruhe fand und ihm wieder die seine liess.
Als sie jedoch den Schuppen erwähnte, war er auf einen
Schlag hellwach. Natürlich erinnerte er sich daran, wie
Architekt Stein ihn um sein Geld betrogen hatte. So etwas
vergass man nicht.

Damals ging Sägesser vor Gericht. Zum Schluss musste er
alle Kosten bezahlen und bekam noch nicht einmal Recht.
Bitter war das, überaus bitter.

Gerne hätte Jakob Sägesser noch mehr zu den Vorkomm-
nissen erfahren, doch seine Frau war eingeschlafen. Das,
was seine Frau ihm erzählt hatte, konnte er in Gold ver-
wandeln, das spürte er instinktiv. Er musste es nur geschickt
genug angehen. Er versuchte, das Gehörte zu rekonstruie-
ren, und liess es wie einen Film vor seinem inneren Auge
ablaufen. Langsam entstand ein Plan. Ein Plan, dessen
Umsetzung ihn von all seinen finanziellen Sorgen befreien
würde.

Anna fuhr im Zug nach Thun. Um sich die Zeit zu ver-
treiben, las sie die vierzehn Liebesbriefe, die Stefan Hafner
kopiert hatte. Die Kommissarin las die Briefe immer und
immer wieder. Mit Hilfe eines Rasters ordnete sie die wenigen Fakten, die aus den Briefen hervorgingen, in eine
Zeitabfolge. Danach rief sie Basil an.

„Guten Morgen, bist du schon im Büro?"

„Ja, ich sitze am Computer und schaue die Post durch.
Und du? Bald in Thun?"

„Ich sitze noch im Zug. Ich habe die Briefe studiert und
den Inhalt chronologisch geordnet. Auch ohne Schriftanalyse lassen sich die Briefe als Fälschungen entlarven.

Wer immer sie verfasst hat, ist kein geübter Lügner. Wenn man nämlich genau hinschaut, hätte diese Karin zur gleichen Zeit mit „Tim" in Davos und mit „Andy" am Lago di Maggiore sein müssen. Und vergleiche mal die Briefe drei und neun. Da verabschieden sich Martin und Yves mit identischem Wortlaut. ,Liebes, denk an mich, und schau um halb elf aus dem Fenster, damit sich unsere Blicke in der Dunkelheit treffen.' Bei Yves muss sie zwar erst um elf aus dem Fenster schauen, aber sonst stimmen hier die Formulierungen überein."

„Kannst du dir jetzt vorstellen, wer das geschrieben hat?"

„Nein, so weit bin ich noch nicht. Die Briefe sind meiner Meinung nach nicht von einer Frau geschrieben worden. Dazu sind sie viel zu kopflastig. Wenn eine Frau Liebesbriefe schreibt, sind sie romantisch, sie thematisieren Gefühle, Träume und Wünsche. Sogar ich würde originellere Briefe schreiben, wenn ich welche schreiben würde."

„Die Schlusssätze aus den Briefen drei und neun sind doch romantisch."

„Wenn für dich die Vorstellung romantisch ist, wenn sich Pias und dein Blick in der Dunkelheit treffen, ist dir nicht mehr zu helfen. Ich muss jetzt aufhören, wir treffen in Thun ein. Grüss Pia von mir." Sie räumte die Briefe in die Tasche und hob ihren Koffer von der Gepäckablage auf den Boden.

Das Hotel lag direkt am See und bot eine grossartige Aussicht auf die Berge. Anna hatte jedoch keine Augen für das Panorama. Sie hätte lieber mit Basil am Fall weitergearbeitet. Sie begab sich zur Anmeldung, bezog ihr Zimmer und suchte danach den angegebenen Seminarraum auf.

Das Seminar hatte bereits begonnen, und Anna nahm leise in der hintersten Reihe Platz. Die Stimme der Frau war schrill, sie sprach viel zu schnell und zu laut. Es gab keinen Grund, in diesem kleinen Raum so zu schreien.

Anna schaute sich um. Ob die anderen Teilnehmerinnen und Teilnehmer diese Stimme ebenfalls als unangenehm empfanden? Sie würde das jedenfalls nicht zwei Tage lang aushalten.

„Nun begrüsse ich ganz herzlich Frau Dr. Teide und wünsche Ihnen ein angenehmes Seminar." Eine kleine zierliche Frau erhob sich aus der vordersten Reihe, und Anna war erleichtert, als die grelle Stimme den Raum verliess.

Während der nächsten zwei Stunden wurde Grundlagewissen vermittelt. Als Anna sich nicht mehr konzentrieren, geschweige denn zuhören konnte, gab es endlich eine Kaffeepause. Sie setzte sich mit ihrer Tasse auf die Terrasse. Nach einer Weile schloss sie die Augen und genoss die wärmende Sonne.

„Entschuldigen Sie, die Pause ist vorbei. Die anderen Teilnehmer und Teilnehmerinnen sind bereits in den Seminarraum zurückgegangen." Anna schreckte hoch. Sie musste eingedöst sein. Die Stühle neben ihr waren tatsächlich alle leer. Dankend nickte sie der Kellnerin zu, stand auf und ging zurück in den Seminarraum. Dieser hatte sich verändert. Anstelle von Stühlen bedeckten nun Matten den Boden. Anna dachte im ersten Moment, sie habe sich im Raum geirrt.

„Kommen Sie, hier vorne ist noch ein Platz frei", sagte Frau Teide, die als Einzige noch stand. Anna ging an den bereits auf den Matten liegenden Seminarbesucher vorbei und streckte sich auf dem ihr zugewiesenen Platz aus. Sie versuchte, sich das Gefühl der wärmenden Sonne in Erinnerung zu rufen, und wünschte sich, wieder eindösen zu können. Doch es gelang ihr nicht. Frau Teide leitete sie zu verschiedenen Atemtechniken, Entspannungs- und Achtsamkeitsübungen an. Anna hörte etwas von „innehalten" und „bei der jeweiligen Erfahrung des Augenblicks verweilen", „Kummer, Klage, Trübsal und Schmerz überwinden". Sie überlegte sich, ob nicht besser Sofie das Seminar besucht hätte. Womöglich hätte ihr die eine oder andere Übung gutgetan. Als das Thema etwas später auf „Nein sagen lernen" kam, fragte Anna sich erneut, warum Moser auf diese Weise über sie hatte verfügen können. Ob sie nach diesem Seminar die Fähigkeit haben würde, in einer ähnlichen Situation anders zu reagieren?

Um fünf Uhr war die Übung zum „Neinsagen" zu Ende. Die zwei Stunden bis zum gemeinsamen Abendessen standen den Teilnehmenden zur freien Verfügung. Die Seminarleitung empfahl jedoch, zu zweit oder zu dritt einen Spaziergang im angrenzenden Wald zu machen und sich zu den heute gesammelten Erfahrungen auszutauschen. Um neun Uhr würde eine Nachtübung den ersten Seminartag abrunden.

Anna spazierte alleine hinunter zum See und setzte sich auf eine Bank. Das Wasser war tiefblau, beinahe grün. Es fehlte dem See der Charme des Murtensees. Trotzdem betrachtete sie ihn fasziniert. Eingerahmt von einer dunklen Kulisse Schatten werfender Berge, wirkte er kühl, finster und unheimlich. Die Schatten wurden immer länger. Lange würde es nicht mehr dauern, bis die Sonne hinter den Bergen verschwand. Am Niesen blieben immer mehr Wolken hängen. Fröstelnd zog sie die Jacke etwas enger um die Schultern und dachte an Sofie. Sie konnte diesen angsterfüllten Blick nicht vergessen. Einen kurzen Moment hatte sie in die tiefen Abgründe von Sofies Seele gesehen. Und das, was sie sah, hatte ihr nicht gefallen. Wovor hatte ihre Tochter solche Angst? Vor dem Leben? Was hätte sie als Mutter besser machen müssen? Was war ihr alles entgangen? Was in drei Teufels Namen tat sie eigentlich hier in diesem Seminar? Sie erhob sich und stieg den steilen Weg zum Hotel hinauf. Sie konnte nichts tun. Sofie war in Paris und sie hier. Anna begann zu rennen. Sie rannte am Hotel vorbei, durch ein kleines Wäldchen und kam erst wieder zur Ruhe, als sie dieses weit hinter sich gelassen hatte. Erschöpft setzte sie sich auf einen Stein. Tränen liefen ihr über die Wangen. Sie stand auf und schrie aus Leibeskräften „NEIN!", „NEIN!", „NEIN!". Immer und immer wieder. Dann, als sich das Herzklopfen langsam legte, stieg sie hinunter zum Hotel. Um neun Uhr begab sie sich pflichtbewusst in den Seminarraum, um an der Nachtübung teilzunehmen.

Als Anna am Freitagabend gegen sechs Uhr wieder in Munterlier ankam, setzte sie sich als Erstes in den Garten und rief Georg an. Doch sie wurde nur mit der Combox verbunden.

„Hallo Georg. Wie geht es Sofie? Ruf mich zurück, wenn du diese Nachricht hörst. Ich will wissen, ob bei euch alles in Ordnung ist."

Erwachsene sind ja so etwas von beschränkt, dachte Sofie, während sie das Hotel verliess. Zuvor hatte sie mit Vaters Kreditkarte am Empfang tausend Euro abgehoben. Mike hatte ihr diesen Tipp gegeben. Kurz darauf war sie auf dem Weg zu Mike und Po. Auf Facebook hatte sie die beiden über die bevorstehende Reise nach Paris informiert, und Mike hatte die coole Idee gehabt, sie könnten sich doch in Paris treffen. Er habe dort ein paar gute Freunde, die er gerne wiedersehen würde. Zum verabredeten Zeitpunkt hatte Sofie Kopfschmerzen vorgetäuscht und ihren Vater gebeten, sich mit ihm erst wieder am nächsten Morgen, zum Frühstück in der Lobby, zu treffen. Dann hatte sie ihm einen schönen Abend gewünscht und sich in ihr Zimmer zurückgezogen. Ihr Vater hatte nicht widersprochen. Sicher genoss er es, den Abend in Paris alleine zu verbringen.

Als sie das Hotel verliess, hing sein Zimmerschlüssel in der Lobby. Er war also ausgegangen. Gut. Dann würde er sich sicher nicht vor morgen früh bei ihr melden.

Nun sass sie zusammen mit ihren Freunden in einem Seitengewölbe der Pariser U-Bahn. Sie waren nicht allein. Da sassen mindestens noch fünfzig junge Menschen herum, und alles war friedlich und schön. Sie tranken und rauchten, hatten es lustig, und die Welt war in Ordnung. Sie sah, wie Po mit einer Blondine herummachte, und hielt nach Mike Ausschau. Als sie ihn endlich fand, war er gerade dabei, sich eine Nadel in den Arm zu stechen. Sie setzte sich neben ihn. Ihre Blicke trafen sich. Sie rollte den Ärmel hoch und hielt ihm ihren Arm hin. Alles würde gut werden. Sie wusste es. Während sie auf den Einstich wartete, schaute sie sich um. Sie fand es faszinierend, wie sich die Menschen im Raum bewegten, kleiner und grösser wurden und schwebend den Platz wechselten. Staunend sah sie, wie die Menschen auf sie zukamen, um dann in der Ferne zu verschwinden. Die Erwachsenen hatten doch keine Ahnung, was Leben bedeutet.

Das Telefon klingelte in dem Moment, als Basil Feierabend machen wollte.

„Kommissar Klee."

„Guten Abend, Herr Kommissar. Hier spricht Frau Fässler."

„Guten Abend, Frau Fässler."

„Ich habe Ihnen versprochen mich zu melden, wenn es Neuigkeiten gibt. Meine Eltern sind von der Kreuzfahrt zurück, und ich habe sie über den Tod von Karin in Kenntnis gesetzt." Frau Fässler schluchzte kurz und fuhr fort: „Meine Eltern haben schlecht auf die Nachricht über Karins Tod reagiert. Ich musste ihren Hausarzt rufen.

Meine Mutter hatte einen Nervenzusammenbruch. Der Arzt meint, sie stehe unter Schock und könne in nächster Zeit nicht vernommen werden."

„Das tut mir sehr leid", sagte Basil mit warmer Stimme.

„Mein Vater musste ins Spital gebracht werden. Er hat einen leichten Herzanfall erlitten."

„Frau Fässler, das ist alles sehr schwer für Sie. Wir möchten darum alles in unserer Macht Stehende unternehmen, um den Tod Ihrer Schwester aufzuklären. Können Sie mir Namen und Telefonnummer des Hausarztes geben? Wenn es möglich ist, auch die Nummer des behandelnden Arztes im Spital? Ich würde mich gerne mit den beiden unterhalten."

Frau Fässler diktierte Basil die Nummern. „Es tut mir leid, ich muss jetzt zurück zu meiner Mutter. Ich kann sie nicht zu lange alleine lassen. Auf Wiederhören." Das Besetztzeichen ertönte, bevor sich Basil verabschieden konnte.

Der behandelnde Arzt im Inselspital erklärte Basil, Herr Fässler würde am nächsten Tag entlassen. Der Hausarzt würde die weitere Behandlung übernehmen. Basil müsse also mit ihm sprechen, denn der Hausarzt sei es, der entscheide, ob Herr Fässler bereits befragt werden könne.

Basil rief den Hausarzt an.

„Die Eltern Fässler können nicht vor Ende der kommenden Woche befragt werden. Sie müssen die Nachricht über den Tod ihrer Tochter zuerst verarbeiten."

„Herr Doktor, ich verstehe Ihren Standpunkt. Trotzdem ist es äusserst wichtig, so bald wie möglich mit Herrn und Frau Fässler sprechen zu können. Es wird den Eltern helfen, den Tod ihrer Tochter zu verarbeiten, wenn sie wissen, wie es dazu kam."

„Ich verstehe. Aber die Eltern der Verstorbenen sind in einer schlechten gesundheitlichen Verfassung. Ich muss ihnen zusätzliche Aufregungen ersparen."

Basil hatte schwere Überzeugungsarbeit zu leisten, bevor der Arzt einsichtig wurde und eine kurze Befragung für den nächsten Tag um neun erlaubte.

„Ich werde um neun da sein. Ich danke Ihnen für Ihre Hilfe." Basil legte auf. Er nahm seine Agenda, um den Termin einzutragen. Doch dieser Termin war in seiner Agenda bereits besetzt.

Basil griff nochmals zum Hörer. „Anna, ich wieder. Ich kann Pia morgen unmöglich alleine zu dieser Untersuchung gehen lassen. Kannst du bitte die Befragung der Eltern übernehmen?"

„Selbstverständlich, begleite deine Frau. Das ist wichtiger. Ich kann jedoch nicht für dich einspringen. Sag Paul, er soll die Befragung durchführen. Informiere ihn über das Wichtigste."

Basil ging hinüber ins Büro von Paul Egger, doch weder er noch Marina waren da. Im hintersten Büro brannte jedoch noch Licht. Er klopfte, trat ein.

„Stefan, könntest du morgen um neun Uhr die Eltern von Karin Stein zu ihrer Tochter befragen?"

Als Stefan Hafner nickte, holte Basil die Unterlagen und informierte ihn über die wichtigsten Details.

März 2009

Montag, 2. März
Jetzt ist das Fass voll. Bieri ist letzten Samstag wieder hier aufgekreuzt. Hat mir im Treppenhaus eine Szene gemacht. Das halbe
Haus hat zugehört. Wurde ihn fast nicht mehr los. Als ich ihn endlich aus dem Haus hatte, kam Urs um die Ecke. Mir blieb das Herz
stehen. Sie sind sich fast in die Arme gelaufen. Ich koche jetzt noch
vor Wut, wenn ich nur daran denke. Ich kann es nicht riskieren, dass
alle meine Pläne wegen dieses alten Deppen zerplatzen. Fuhr bei
der ersten Gelegenheit nach Bern. Schlich mich in Bieris Tiefgarage.
Sein Wagen stand auf dem Parkplatz. Ich habe die Bremsschläuche
durchgeschnitten und den Zug der Handbremse ausgehängt. Der wird
meiner Zukunft nicht im Weg stehen.

Freitag, 6. März
Ich war in Bern. Pablo kam nicht. Ich wartete über eine Stunde.
Dann fuhr ich zu ihm. Sein Padre hat ihn eingesperrt, wie ein Tier.
Er muss lernen. Seine Prüfungstermine rücken näher. Diego meinte,
Senior Rodriguez habe seinem Sohn sogar das Handy weggenommen.
Scheisseltern. Dachte, nur Mütter seien so. Mein armer Liebster, ich
muss mir was einfallen lassen.

Dienstag, 10. März
Ich halte es kaum aus. Lese jeden Tag die Unfallmeldungen. Nichts.
Einfach nichts. Als ob er es ahnen würde. Wenn er nicht bald freiwillig losfährt, werde ich ihn einladen müssen, nur damit er endlich
in seinen Wagen steigt. Diese Anspannung treibt mich noch in den
Wahnsinn. Meine Schläfen pochen, als wolle mein Gehirn explodie-
ren. Dann diese schrecklichen Visionen. Sehe fast in jeder Frau das
Gesicht meiner Mutter. Ich war im Coop, wollte bezahlen, da rutschte
der Verkäuferin ganz langsam ihr Gesicht nach unten, bis der ganze
Hautlappen auf meine Einkäufe auf dem Förderband fiel. Ich kniff
die Augen zusammen. Als ich sie wieder öffnete, spritzte Blut aus

allen Öffnungen des behaarten Totenschädels. Ich drückte mir die Fäuste auf die Augen und stöhnte. Eine krächzende Stimme fragte: „Geht es Ihnen nicht gut?“ Ich sah mich nach der Stimme um. Da stand die Verkäuferin mit dem Gesicht meiner Mutter direkt vor mir. Ich liess alles stehen und liegen und rannte aus dem Laden. Ich weiss kaum noch, was Wirklichkeit ist und was nicht. Es befremdet mich, dass mein Arbeitgeber immer noch im Ausland ist. Ich habe noch nie etwas für ihn gemacht, aber erhalte pünktlich jeden Monat meinen Gehaltcheck. Komischer Kauz.

Samstag, 14. März

Ich sehe Urs etwas weniger. Er hat viel zu tun. Seine Frau macht ihm das Leben zur Hölle. Er ist schreckhaft und verletzlich. Das ist gut. Ohne es zu wissen, arbeitet sie mir in die Hände mit ihrer zänkischen Art. Ich spreche ihn bei jedem Treffen auf die Idee des Unfalls an. Ich werde immer deutlicher. Ich habe ihm gesagt, ich würde alles arrangieren, er brauche sich keine Sorgen zu machen. Ich sei sein Engel. Ein Wort von ihm genüge, und er sei dieses Weib los. Er will noch etwas Bedenkzeit. Habe ihm eine Frist von sieben Tagen gewährt. Und gedroht, ihn danach zu verlassen. Ich brauche jetzt Nägel mit Köpfen. Ich brauche Pablo.

Montag, 16. März

Heute stand es im Regionalteil: „Älterer Mann verlor aus noch ungeklärten Gründen die Herrschaft über seinen Wagen. Er prallte frontal in eine Mauer. Der Mann wurde aus dem Wagen geschleudert und verstarb noch auf der Unfallstelle. Der Wagen brannte aus.“ Endlich.

Freitag, 20. März

Ich habe Urs von diesem Unfall erzählt, und wir haben lange diskutiert, ob es auch ein Mord gewesen sein könnte. Wir haben auch gerätselt, wie gross die Chance ist, dass die Polizei diesen Mord aufklären kann, falls es einer war. Urs war der Meinung, dass es

270

unmöglich ein Mord gewesen sein konnte. Ich habe ihm dann gesagt, dass ich aus sicherer Quelle wisse, dass es einer war. Ich habe ihm erklärt, wie das Auto präpariert worden war, und dass nun, da es ausgebrannt sei, keine Spuren mehr nachzuweisen seien. Er wurde sehr nachdenklich.

Sonntag, 22. März
Pablo, mein Geliebter − alles läuft nach Plan. Urs wirkt wieder ruhiger. Er hat endlich einen Killer engagiert. Seine Frau hat mit Scheidung gedroht. Ich bin ihr sehr dankbar dafür. Denn es war genau das, was es noch brauchte, damit er endlich auf mich hören und sein Okay für meine Idee geben konnte. Er will mir nicht sagen, wie er den Killer gefunden hat und wer es ist. Im Moment ist mir das auch egal. Wichtig ist, dass er mir nun die weitere Planung überlässt.

Mittwoch, 25. März
Pablo fehlt mir. Er fehlt mir so sehr. Jede Faser meines Körpers schreit nach ihm. Ich kann ihn nicht einmal von Weitem sehen. Und ich kann nicht mit ihm sprechen. Hoffentlich geht es ihm gut.

Montag, 30. März
Super Fortschritte zu verzeichnen. Wir haben eine Hacienda gekauft. In Acapulco. Ein Bijoux. Ach Pablo, wenn ich dir nur davon erzählen könnte! Der Besitzer musste verkaufen, darum bekamen wir sie sehr preiswert. Ein riesiges Stück Land und ein Viehbestand von fünf-hundert Kühen − und noch andere Tiere. Über zwanzig Bedienstete. Der Kaufvertrag läuft auf meinen Namen. Urs wollte es so. Er hat zu viele Schulden. Will nicht, dass uns die Hacienda weggenommen werden kann. Pablo, mein Held, habe nur noch ein ganz klein wenig Geduld. Unser Traum rückt immer näher.

Samstag, 30. Mai 2009

Anna erschien etwas später als gewöhnlich im Büro. Sie hatte mehrere Male versucht ihren Mann zu erreichen. Doch es kam immer nur die Combox. Auch Sofie nahm nicht ab. Ob alles in Ordnung war?, dachte sie und war froh durch die anfallende Arbeit Ablenkung zu finden. Auf ihrem Schreibtisch lagen mehrere Berichte und eine Notiz von Basil: Er werde heute nicht vor neun Uhr da sein. Anna rief Marina an und bat sie, ihr mit der Post auch einen starken Kaffee zu bringen. Dann setzte sie sich auf den Stuhl neben dem Beistelltisch und begann, die Berichte zu lesen. Die Tür öffnete sich leise.

„Guten Morgen, Anna. Tut mir leid, die Kaffeemaschine ist defekt. Soll ich dir einen Nescafé zubereiten?" Marina hielt ihr die Post entgegen. Anna schaute auf.

„Guten Morgen, Marina. Lass gut sein. Lieber keinen Kaffee als einen Gefriergetrockneten." Sie nahm die Post entgegen. „Danke."

„War das Seminar interessant?"

Anna hielt beim Durchsehen ihrer Post inne und blickte Marina mit einem halbherzigen Lächeln an. „Nein, es war alles andere als interessant, aber behalte es für dich. Wir wollen Moser nicht enttäuschen."

„Du siehst aber sehr erholt und entspannt aus. Und jünger", bemerkte Marina. „Vielleicht sollte ich das Seminar auch machen?"

„Das liegt nicht am Seminar, sondern an den zwei Tagen, die ich nicht im Büro war." Marina schmunzelte. Sie mochte Annas Humor.

„Dann wird es Zeit für mich, auch mal andere Wände zu sehen. Ich habe heute nur bis zwölf Uhr Dienst. Falls ich noch etwas für dich erledigen soll, wäre ich froh, wenn ich es bald wüsste."

„Ich brauche dich heute nicht mehr", antwortete Anna und nahm den Bericht wieder auf, den sie am Lesen war. Marina verliess leise das Büro.

Karin Stein war auf Känels Boot gewesen. Das wussten sie bereits von Jeans Aussage im „Chez Nelly". Jetzt hatten sie den Beweis. Die DNA der auf dem Boot gefundenen Haare, stimmte mit der DNA von Frau Stein überein. Waren die beiden ein heimliches Liebespaar gewesen? Wäre das eine mögliche Erklärung für das Foto in Känels Jacke? Anna schüttelte langsam den Kopf. Känel und Stein, was war wirklich geschehen? Sie warf den Bericht vor sich auf den Tisch. Ihre Gedanken drehten sich im Kreis. Was, wenn Karin Stein ermordet worden war und sie es nicht beweisen konnten? Einerseits bekräftigte der Rechtsmediziner den Verdacht eines Unfalls. Andererseits wusste sie aus der Erfahrung auf Ilonas Boot, wie falsch diese Schlussfolgerung war. Wenn Karin sich beim Fallen nicht am Boot verletzt hatte, konnte keine Spur von Gewalteinwirkung nachgewiesen werden. Känel hätte sie vom Boot stossen können, ohne je Rechenschaft für seine Tat ablegen zu müssen. Für eine ungeübte Schwimmerin wie Karin Stein wäre es unmöglich gewesen, das Ufer zu erreichen, besonders nicht in der Dunkelheit der Nacht und in angetrunkenem Zustand. Wieso aber sollte Känel Karin Stein umbringen? Es fehlte das Motiv.

Sie wollte nochmals zum Campingplatz fahren. Wo blieb nur Basil? Anna stand auf und wählte seine Nummer. Auf dem Flur draussen hörte sie seinen Klingelton. Die Tür zu ihrem Büro öffnete sich.

„Was will wohl meine Chefin von mir?", murmelte der eintretende Basil grinsend und wies den Anruf ab. „Guten

Morgen, Kommissarin, hatten Sie ein erholsames Seminar?", fragte er und hielt ihr einen Becher dampfenden Kaffee entgegen.

„Du hast gut lachen. Aber immerhin: Ich weiss jetzt alles über den gesunden Umgang mit Stress." Sie nahm den Kaffe und trank einen Schluck.

„Wenn du nichts dagegen hast, fahren wir nach Salavaux und sehen uns nochmals auf dem Campingplatz um. Wir können uns ja im Auto weiter unterhalten."

Basil nickte zustimmend.

Bald darauf fuhren sie über die A1 nach Salavaux. Es war erst kurz nach neun, doch die Hitze war bereits unerträglich. Kira hechelte im Heck des Wagens. Die Fenster standen weit offen, und Anna stellte sich vor, wie schön es wäre, in einem Cabriolet zu fahren. Aber alles, was ihr Wagen bieten konnte, war eine Klimaanlage, die nicht funktionierte.

„Warst du erfolgreich während meiner Abwesenheit? Hast du etwas herausgefunden?" Sie warf Basil einen Seitenblick zu.

„Ich habe im Internet recherchiert. Vor allem habe ich mir die Informationen zur Neugestaltung des Bahnhofplatzes genauer angesehen. Dieser Wettbewerb war eine grosse Sache. Und weisst du, was? Steins Behauptung, Känel und er hätten den ersten Preis gemeinsam gewonnen, war eine blanke Lüge. Er hat den ersten Preis alleine bekommen."

„Wundert dich das?" Annas Stimme klang ärgerlich. „Wie kommt Stein dazu, uns wiederum eine so leicht überprüfbare Lüge aufzutischen? Meint er ernsthaft, wir seien so blauäugig?"

„Ich habe sicherheitshalber den Präsidenten der Wettbewerbskommission angerufen. Falschmeldungen in den Zeitungen sind ja keine Seltenheit. Aber er hat es bestätigt: Udo Stein gewann den ersten Preis, Känels Projekt kam nicht einmal in die engere Wahl." Anna bremste scharf. Ein Gepäckstück lag auf der Fahrbahn. Sie schaltete zurück in den zweiten Gang. Der Motor heulte auf, und Anna legte schnell den dritten Gang ein.

„Sachte, sachte", kam es leise von ihrem Partner. „Dein Getriebe wird es dir danken, indem es noch lange funktioniert." Anna beachtete sein Geplänkel nicht.

„Stein will uns offenbar den wirklichen Grund für sein Treffen mit Känel verheimlichen. Der Wettbewerb kann es wohl kaum gewesen sein." Anna bog in die Einfahrt des Campingplatzes und parkierte den Wagen.

Kira, froh der Enge des Autos entronnen zu sein, rannte aufgeregt schnuppernd hin und her. Anna hatte den Wagen eben abgeschlossen, als die Tür des kleinen Verwaltungshäuschen sich öffnete und Monsieur Martin heraustrat.

„Il est interdit de stationer ici. Ahh, Sie sind es. Bonjour Monsieur le Commissaire. Isch abe Sie nischt sofort ercannt." Basil ging auf ihn zu und begrüsste ihn.

„Darf ich Ihnen meine Partnerin vorstellen? Das ist Kommissarin Calvin. Wir möchten uns noch einmal den Wohnwagen von Herrn Känel ansehen und mit seinen direkten Nachbarn sprechen." Monsieur Martin gab auch Anna die Hand.

„Bonjour Madame la Commissaire. Sischer, geen Sie ruig. Savez-vous encore ou se trouve la caravane de Monsieur Känel?" Basil nickte. „Ja, die zweite Abbiegung links und dann am Ende des Weges." Basil hatte ein gutes Raum- und Ortsgedächtnis und war stolz darauf.

Monsieur Martin nickte anerkennend. „Oui, oui, exactement. Isch bin in meine Office, wenn Sie brauchen misch." Damit verschwand er wieder in seinem kleinen Büro.

Während sie sich schweigend auf den Weg machten, folgten ihnen die Blicke der Campingbewohner. Es war kurz nach halb zehn. Die meisten Feriengäste sassen an ihren kleinen Campingtischen und frühstückten. Einige Kinder rannten umher. Ein angeketteter Dalmatiner schnellte bellend hervor, als Kira sich seinem Revier näherte. Die Kette spannte sich, und der Hund blieb winselnd auf den Hinterbeinen stehen. Kira sprang zur Seite und stellte die Nackenhaare. In grossem Bogen wich sie dem Hund aus. Basil erstieg die Eingangstreppe zu Känels Wohnwagen und schloss die Tür auf. Zur linken Seite vernahm Anna leise Stimmen. Sie drehte sich um und sah vor dem benachbarten Wohnwagen ein älteres Ehepaar sitzen, das aufgeregt tuschelte. Kurz entschlossen ging sie auf die beiden zu. Basil verschwand im Inneren des Wagens.

„Guten Tag, ich bin Kommissarin Calvin", stellte sie sich vor. „Ich würde mich gerne kurz mit Ihnen über Peter Känel unterhalten." Dabei sah sie von einem zum anderen. Die beiden alten Leute reagierten ganz unterschiedlich. Während er sich taub stellte, witterte sie eine Möglichkeit, den neuesten Tratsch auszutauschen.

„Guten Tag. Ich bin Lotti Schmid, und das ist mein Mann Sepp. Bitte nehmen Sie den Stuhl dort, und setzen Sie sich zu uns, Frau Kommissarin."

Anna nahm Platz. Um es kurz zu machen, legte sie das Foto von Karin Stein auf den Tisch vor Herrn Schmid.

„Haben Sie diese Frau einmal in Begleitung von Herrn Känel gesehen? Wir gehen davon aus, dass sie und Herr Känel sich gekannt haben."

Der alte Mann nahm das Bild mit zittrigen Händen auf und betrachtete es lange. Dann schüttelte er den Kopf und reichte es seiner Frau.

Sie warf nur einen kurzen Blick darauf und nickte.

„Natürlich habe ich die beiden zusammen gesehen." Dann

wandte sie sich ihrem Mann zu. „Weisst du nicht mehr? Wir haben noch darüber geredet." Sie rückte ihren Stuhl etwas näher zu Anna und beugte sich vor.

„Er brachte ja während der ganzen Saison immer wieder seine neuesten Bekanntschaften hierher", flüsterte sie. „Ich habe damals zu meinem Mann gesagt, solch ein Verhalten zahle sich nicht aus. Was ist denn mit ihr? Ist etwas geschehen? Sicher ist etwas geschehen, sonst würden Sie ja nicht ermitteln?" Ihre kleinen Knopfaugen verschwanden fast vollständig hinter den schlaffen Augenlidern. Anna fragte sich, wie sie es anstellte, unter diesen Bedingungen so stechend zu blicken. Aber sie schaffte es.

„Wann haben Sie die beiden denn gesehen?", ignorierte sie die Fragen der Frau.

„Anfang Saison, der Platz war noch nicht lange offen. Muss in der ersten Maiwoche gewesen sein. Ich sagte noch zu meinem Mann: ‚Dieses Jahr bringt er sie schon früh hierher.' Aber Männer sind solidarisch. Meiner fand Peters Verhalten in Ordnung, schliesslich sei er ja nicht verheiratet." Anna nickte verständnisvoll.

„Können Sie mir bitte alles, was Sie sonst noch wissen, genau erzählen?"

Das bedurfte keiner zweiten Aufforderung. „Es war in der ersten Maiwoche. Ich weiss es jetzt wieder ganz genau. Wir Stammgäste treffen uns nämlich seit Jahren am ersten Wochenende nach der Saisoneröffnung und feiern zusammen. Dieses Jahr fiel das Fest auf den zweiten und dritten Mai. Die Schüsslers waren da, die haben das grosse Zelt dort hinten beim Zaun." Anna blickte in die Richtung, in die Frau Schmid deutete, und sah eine ältere Frau an einem Campingtisch sitzen. Frau Schmid beugte sich nach vorne und versuchte, sich von ihrem Sitzplatz aus bemerkbar zu machen. Sie wedelte mit der Hand, die andere Frau reagierte jedoch nicht. Frau Schmid drehte sich wieder zu Anna.

„Das ist Irma Schüssler." Dann warf sie einen prüfenden letzten Blick zum Zelt. „Sie hat mich sicher gesehen. Jetzt tut sie nur so, als bemerke sie mich nicht. Nachher kommt sie und will wissen, wer zu Besuch war. Das macht sie immer, aber dieses Mal werde ich ihr keine Antwort geben. Das hat sie jetzt davon." Frau Schmid überlegte kurz. „Ja, und natürlich dann die Blatters, aber die sind jetzt nicht hier. Ihnen gehört der Wohnwagen dort vorne." Sie zeigte auf den Wohnwagen schräg vor ihnen, der einen unbewohnten Eindruck machte. „Sie kommen in der Regel erst Mitte Juni. Im Mai ist ihnen das Wetter zu unsicher. Daher kommen sie nur für das Fest her, vorausgesetzt, es regnet nicht, und reisen dann gleich wieder ab. Mir kann es ja egal sein, wenn sie nicht beliebt sind. Wissen Sie, hier macht man sich keine Freunde, wenn man meint, man sei etwas Besseres." Anna verstand nicht ganz, was die Frau damit sagen wollte, kam aber nicht dazu, nachzufragen.

„Der alte Gubler Alois war ebenfalls da, der wohnt in der hinteren Reihe, das gelbe Zelt am Ende des Weges. Der kann Ihnen aber sicher nichts sagen. Er ist schwerhörig und trinkt schon morgens reichlich. Ja, und dann natürlich die Schumanns. Die haben drei Töchter, alles kleine Schreihälse. Ich bin jedesmal froh, wenn sie wieder gehen. Jetzt habe ich sie zum Glück noch nicht gesehen. Sie sind spät dran, dieses Jahr. Der Vater Schumann ist nett, er hilft mir manchmal die Einkäufe reintragen, nicht wie seine Frau. Sie schaut mir zu, wie ich mich abmühe, und krümmt keinen Finger. Denkt wohl, sie habe genug damit getan, diese Gören in die Welt zu setzen. Ja, wer kommt denn sonst noch? Mein Gedächtnis ist nicht mehr so frisch." Sie rieb sich die Schläfen und schloss einen Moment die Augen. Anna nutzte den Moment, um die Frau wieder an die eigentliche Frage zu erinnern.

„Vielleicht geben Sie meinem Assistenten später eine Liste der Leute, die am Fest waren, und erzählen mir jetzt, woran Sie sich noch erinnern?" Die alte Frau öffnete die Augen und sah Anna orientierungslos an. Genauso schaute ihre Mutter, wenn Anna sie im Altersheim besuchte und mit ihr sprach. Sie litt an Altersdemenz, war kaum ansprechbar, lebte in ihren Erinnerungen. Wenn sie aus ihnen herausgerissen wurde und sich in der Gegenwart zurechtfinden musste, hatte sie diesen verlorenen Blick. Im Gegensatz zu Annas Mutter gelang es Frau Schmid aber nach ein paar Sekunden, die gewünschten Erinnerungen abzurufen.

„Also, an diesem Abend kam Peter erst spät. Und er war in Begleitung dieser Dame." Frau Schmid klopfte mit dem Finger auf das Foto. „Beide waren ziemlich angetrunken, und er erzählte, sie hätten im ,Chez Nelly' zu Abend gegessen. Es war nach Mitternacht, als sie kamen. Um eins ist die Feier offiziell zu Ende und Ruhe auf dem Platz. Wenn man länger feiern will, muss man an den Strand hinunter. Mein Mann stichelte ein wenig, weil Peter so spät gekommen war. Aber der ging nicht darauf ein und blieb auch nur kurz. Er sagte etwas von früh raus, weil er fischen wolle." Sie kicherte. „Fischen nennen sie das heute. Aber ich weiss Bescheid. Jedenfalls verschwanden Peter und die Frau kurz darauf im Wohnwagen. Das war gar nicht typisch für ihn, sonst ist er immer der Letzte, der ein Fest verlässt." Plötzlich hielt sie inne und schaute das Bild noch einmal an. „Ist das etwa die Leiche, die in der Bucht gefunden wurde?" Ihre Augen verweilten sensationslüstern auf Annas Gesicht.

„Ja, es handelt sich um die tote Frau, die vor zehn Tagen in der Bucht angeschwemmt wurde."

Frau Schmid richtete sich aufgeregt auf. „Weiss man denn schon mehr? Wer ist sie, und woran ist sie gestorben? War es Mord?"

Anna ignorierte die Fragen und wandte sich an den Mann. „Können Sie die Ausführungen Ihrer Frau ergänzen?" Der Mann knurrte etwas Unverständliches. Anna bedankte sich und wandte sich zum Gehen.

So einfach liess sich Lotti Schmid aber nicht abfertigen. „Hat der Peter etwas mit diesem Tod zu tun? Ist schon verdächtig, dass er sich seit einigen Tagen nicht mehr hier blicken lässt."

Anna setzte sich wieder hin. „Herr Känel ist leider verstorben. Er hatte vor ein paar Tagen einen Unfall", erklärte sie. Die beiden Leute starrten sie erschrocken an. Offenbar waren die Informationen über den Tod Känels nicht bis zu ihnen gelangt. „Wurden Sie nicht von der Polizei befragt?" Herr Schmid kratzte sich am Kopf. Er wirkte jetzt wacher und interessierter als noch vor ein paar Minuten.

„Nein, uns hat niemand befragt", brummte er. „Wir sind letzten Samstag zu unserer Tochter gefahren und erst gestern Abend spät zurückgekommen."

„Dann haben unsere Leute Sie verpasst. Herr Känel starb letzten Sonntag an den Folgen eines Unfalls."

„Wie furchtbar!"

Anna blieb noch eine Weile sitzen und beantwortete die Fragen der beiden. Dann verabschiedete sie sich. Sie ging zu Känels Wohnwagen. Basil war dabei, die Küchenschränke zu untersuchen.

„Hast du etwas gefunden?" Neugierig blickte sich Anna im Wagen um.

„Nein, bis jetzt nicht."

„Ich statte gleich noch den Schüsslers einen Besuch ab, das sind Känels direkte Nachbarn auf der rechten Seite", informierte Anna ihren Kollegen und war schon wieder weg. Der Tisch vor dem Wohnwagen war jetzt leer und das Zelt geschlossen. Auf ihre Rufe reagierte niemand. Die Frau musste fortgegangen sein. Anna kehrte unverrichteter

Dinge zurück in Känels Wohnwagen, den sie nach einer Viertelstunde mit Basil zusammen wieder verliess. Frau Schmid sass noch immer auf ihrem Stuhl, und Anna nickte ihr im Vorbeigehen freundlich zu. Als sie ausser Hörweite waren, erzählte sie Basil, was sie von der alten Frau erfahren hatte. Anna öffnete die Wagentüre und wollte einsteigen, als sie Herr Schmid auf sich zukommen sah.

Sie schloss die Tür wieder, nickte ihm aufmunternd zu, machte eine Handbewegung Richtung See, und die beiden spazierten los. Ein schneller Blick noch zu Basil, der gleich verstand. Er beugte sich zu Kira und kraulte sie hinter dem Ohr.

„Komm, Mädchen, gehen wir zu der Baumgruppe dort drüben. Sicher schnuppert es sich dort gut."

Die Kommissarin und der alte Mann gingen schweigend nebeneinander her. Er zündete sich umständlich einen Zigarillo an.

„Ich wollte vorhin nichts sagen, in Gegenwart meiner Frau. Sie muss ja nicht immer alles wissen." Er zog zwei, drei Mal an dem braunen Stengel. Anna war froh, blies der Wind den beissenden Rauch von ihr weg.

„Ich ging an jenem Abend noch einmal raus, nachdem meine Frau im Bett war. Das mache ich regelmässig. In Ruhe einen Zigarillo rauchen und ein Bier trinken. Ich sass bei Schüsslers vor dem Zelt, als plötzlich eine Frau auftauchte. Sie blieb vor Peters Wohnwagen stehen und telefonierte. Kurz darauf öffnete sich die Wohnwagentür, und die junge Frau vom Foto torkelte heraus. Sie fiel der anderen direkt in die Arme, und nach einer Weile gingen die beiden zusammen weg. Die junge Frau war recht unsicher auf den Füssen, die andere musste sie stützen. Zudem hatte sie nicht einmal die Wohnwagentür geschlossen. Als ich etwas später zurück zu unserem Wohnwagen ging, stand die Tür immer noch einen Spalt offen, da schaute ich schnell rein. Peter schlief am Tisch, sonst war niemand im Wagen drin. Er schnarchte laut. Da schloss ich die Tür und ging ebenfalls schlafen."

„Haben Sie die Frau erkannt, die vor dem Wohnwagen telefoniert hat?"

„Nein, es war dunkel, und ich war zu weit weg. Aber ich glaube nicht, sie schon einmal gesehen zu haben." Herr Schmid blieb stehen, zog ein paar Mal kräftig an seinem Zigarillo und hüllte sich in Rauch. Dann begutachtete er die Glut. Zufrieden mit dem, was er sah, spazierte er weiter.

„Vielleicht hat Karin Stein die Wohnwagentür offen gelassen, weil sie gleich wieder zurückkommen wollte?"

„Das weiss ich nicht, aber als ich hineinschaute, war sie jedenfalls noch nicht zurück, und da war ungefähr eine Viertelstunde vergangen."

„Herr Schmid, Ihre Aussage ist sehr wichtig. Versuchen Sie sich zu erinnern: Haben Sie wenigstens irgendetwas gehört, als Sie wieder in Ihrem Wohnwagen waren?"

Herr Schmid schwieg und dachte nach. „Ich war schnell eingeschlafen. Ob ich davor noch etwas gehört habe, kann ich nicht mit Sicherheit sagen. Und wenn, dann wohl nichts, was für Sie von Belang wäre."

„Hatte Karin Stein ihre Tasche dabei, als sie den Wohnwagen verliess? Oder einen Mantel oder sonst etwas?"

„Nein, sie trug nichts bei sich, sie konnte ja kaum geradeaus gehen und musste mit den Armen balancieren, um nicht hinzufallen."

Herr Schmid machte vor, wie das ausgesehen haben musste, derart wirklichkeitsnah, dass Anna sich Sorgen machte, er könne stürzen. Wenn Karin Stein tatsächlich so geschwankt hatte, dürfte sie in einem ziemlich schlechten Zustand gewesen sein. Instinktiv stützte Anna den alten Mann, der immer noch torkelte. Er blieb stehen und grinste sie an. „Ich falle nicht, keine Angst."

„Sie haben gesagt, die andere Frau habe telefoniert. Hat sie mit Karin Stein telefoniert?"

„Nein, das kann nicht sein", antwortete Herr Schmid, nachdem er ein paar Sekunden überlegt hatte.

„Wieso nicht?"

„Sie war immer noch am Telefonieren, als die junge Frau aus dem Wohnwagen kam. Spätestens da hätte sie ja direkt mit ihr reden können. Ausserdem hatte die andere gar kein Telefon bei sich, jedenfalls nicht in der Hand."

„Herr Schmid, ich muss Sie bitten, noch einmal gut nachzudenken. Könnte es sein, dass Karin Stein später wieder zurück in den Wohnwagen kam? Oder haben Sie sie am nächsten Morgen gesehen?"

Der alte Mann schüttelte den Kopf. „Ich kann mich nicht erinnern."

„Schade. Können Sie sich vielleicht erinnern, ob Frau Stein eine Tasche und eine Jacke oder einen Mantel bei sich trug, als sie ein paar Stunden davor mit Peter zum Campingfest kam?"

„Peter und sie hatten sich einen Moment zu uns an den Tisch gesetzt. Die junge Frau hatte Zigaretten aus einer Tasche genommen. Eine Tasche hatte sie also sicher dabei, und ich glaube, da war auch eine Jacke. Ja, jetzt bin ich sogar sicher. Sie suchte nämlich länger nach ihrem Feuerzeug, und das fand sich dann in ihrer Jackentasche."

„Und Sie hatte weder Tasche noch Jacke dabei, als sie später Känels Wohnwagen verliess?"

„Ja, da bin ich ganz sicher."

„Was hatte sie denn am Fest sonst noch getragen, ausser der Jacke?"

„Ein leichtes Sommerkleid."

„Können Sie es mir beschreiben?"

„Sie hatte die Jacke an, ich sah aber ihren üppigen Busen. Das Kleid war unter der Brust zusammengezogen und wurde unten wieder weit. Der Ausschnitt war verführerisch, der Stoff sehr dünn, fast zu dünn für die Jahreszeit."

„Können Sie mir die Farbe des Kleides beschreiben?" Wenn er jetzt sagte, dass es orange mit zartrotem Mohn gewesen sei, dann handelte es sich um das Kleid, in dem Karin gestorben war. Wenn sie es an diesem Abend getragen hatte, musste das ihre Todesnacht gewesen sein.

„Orange, ja, es war orange und hatte grosse rote Blumen. Mohn oder Tulpen. Vielleicht waren es auch Anemonen." Anna wandte den Blick von Herrn Schmid ab und schaute über den See. Eine Möwe flog dicht über sie hinweg und schrie ihren abgehackten, durchdringenden Ruf zum See hin; es klang wie ein schadenfreudiges Lachen. Dann war also Karin Stein in der Nacht ihrer Ermordung zuerst mit Känel zusammengewesen und später mit einer fremden Frau weggegangen. War sie noch einmal zum Wohnwagen zurückgekommen?

„Herr Schmid, bitte können Sie mir die Jacke und die Tasche beschreiben?" Der Mann holte tief Atem und sah Anna zum ersten Mal in die Augen.

„Die Jacke war so, wie Jacken halt eben sind. Sie war blau, passte nicht zum Kleid. Sie hatte viele Taschen, weil die Frau lange suchen musste, bis sie das Feuerzeug fand. Vier Taschen waren es sicher. Die Handtasche war klein. Ich würde sagen, es war eine Abendtasche. Ich habe meiner Lotti eine geschenkt, als wir unser Zwanzigjähriges feierten. Wir gingen damals ins Theater. Sie brauchte eine kleine Tasche zu ihrem Abendkleid. Eine Verkäuferin hatte mir alles über Taschen erklärt." Herr Schmid lächelte in Erinnerung an diese Zeit. Dann räusperte er sich. „Ja, eine Abendtasche. Klein, dunkel ohne Träger."

„Vielen Dank, Herr Schmid. Sie haben mir sehr geholfen. Und Kompliment für Ihre aufmerksamen Beobachtungen; das gibt es leider nicht allzu oft. Falls ich noch Fragen habe, werde ich mich wieder an Sie wenden. Rufen Sie mich an, falls Ihnen noch etwas einfallen sollte." Sie gab ihm ihre Visitenkarte.

Auf der Rückfahrt nach Bern erzählte Anna Basil, was der alte Mann beobachtet hatte. „Frau Stein ist in der Nacht vielleicht gar nicht mit Känel unterwegs gewesen, sondern mit einer fremden Frau. Aber ob sie nun mit einer Unbekannten oder mit Känel auf dem Boot gewesen ist: Sie war sicher nicht nur angetrunken, sondern stockbetrunken. Wenn sie in dieser Nacht ins Wasser gefallen oder gestossen worden ist, hätte sie auch als gute Schwimmerin das Ufer nicht mehr erreicht. Sie konnte ja kaum geradeaus gehen. Je mehr ich darüber nachdenke, desto sicherer bin ich. Es war Mord. Da hat jemand den perfekten Mord inszeniert."
„Was lässt dich darauf schliessen?", fragte Basil.
„Stell dir vor, du fährst mit Frau Stein auf den See hinaus. Sie ist betrunken und fällt aus Versehen ins Wasser. Da würdest du schleunigst versuchen, ihr aus dem Wasser zu helfen. Und wenn dir das nicht gelänge, würdest du ihr doch einen Rettungsring zuwerfen und die Küstenpolizei rufen, oder?" Beide schwiegen.
„Es ging aber in den in Frage kommenden Nächten kein Hilferuf bei der Küstenpolizei ein. Sie war auf seinem Boot, das ist sicher. Das Boot kam ohne sie zurück, davon können wir ausgehen."
„Wieso bist du dir plötzlich so sicher?"
„Weil sie ertrunken ist. Ich weiss nicht, ob es in jener Nacht geschah, aber sie starb in dem Kleid, in dem sie Herr Schmid gesehen hatte. So modebewusst, wie sie war, trug sie wohl kaum mehrere Tage hintereinander das gleiche Kleid. Das behaupte ich jetzt als Frau. Ich möchte wissen,

mit wem sie nachts auf den See hinausfuhr. Wieso begab sie sich auf das Boot, wenn sie solche Angst vor dem Wasser hatte?" Die Frage hing in der Luft. Beide wussten keine Antwort darauf.

„Das werden wir wohl nie mehr erfahren. Känel, der es uns sagen könnte, ist tot, und von der Unbekannten wissen wir nichts", sagte Basil.

„Karin Stein war an dem besagten Abend mit einer Tasche und einer Jacke auf dem Fest aufgekreuzt. Als sie den Wohnwagen verliess, hatte sie keinen der beiden Gegenstände dabei. Kannst du dich erinnern, wurden eine Jacke und eine Tasche von Karin Stein gefunden?"

„Ja, die Spurensicherung hat auf dem Boot eine Jacke gefunden. Auch eine Tasche. Ich weiss aber nicht, ob sie Karin Stein gehören."

„War es eine Abendtasche, klein, schwarz, ohne Träger?"

„Ja, so sieht sie aus. Und eine blaue Jeansjacke."

„Demnach ging Karin Stein in jener Nacht zurück in den Wohnwagen, um Jacke und Tasche zu holen. Die unbekannte Frau können wir dann also wohl erst mal vergessen. Mir kommt ein Verdacht."

„Was denn?" Basil blickte sie neugierig an.

„Vielleicht war Känels Tod gar kein Unfall. Vielleicht musste er sterben, weil er etwas beobachtet hat? Weil er zu viel wusste?" Anna seufzte. Sie hatte das Gefühl, immer noch auf der Leitung zu stehen. „Verflixt, wenn ich nur Antworten hätte!", schimpfte sie leise vor sich hin, als sie auf das Polizeiareal fuhr und den Wagen auf den Parkplatz direkt vor dem Eingang stellte, obschon der eigentlich für den Notrufwagen reserviert war.

„Ich glaube, ich verzichte heute auf das Mittagessen und bringe lieber den Bericht für Moser hinter mich. Wir sehen uns später." Sie dachte an das Seminar und daran, dass Frau Teide immer wieder betont hatte, wie wichtig es sei, die Pausen einzuhalten und in Ruhe zu essen. Theorie und Praxis klaffen auseinander, daran änderte auch ein Seminarzu Stressbewältigung nichts.

„Soll ich das Mittagessen mit Pia absagen? Sie wird es sicher verstehen, sie ist sich das ja gewohnt."

„Nein, ist gut, iss nur mit deiner Frau. Du hast während meiner Abwesenheit genügend Überstunden gemacht. Grüss Pia von mir."

Kabellose Telefone hatten den Nachteil, nie da zu sein, wo man sie vermutete. Anna dachte an den schweren schwarzen Apparat, der früher im Haus ihrer Eltern stand. Immer am selben Ort, wohlgemerkt. Worin der Vorteil lag, Telefone immer kleiner zu machen, wusste sie nicht. Immer wenn sie ihres benötigte, war es unauffindbar unter irgendwelche Papierberge oder zwischen hohe Stapel gerutscht. Ohne lange zu suchen, griff sie nach ihrem Handy in der Hosentasche. Sie wählte ihre direkte Durchwahl, das Bürotelefon liess sich einfacher über den Klingelton finden. Noch bevor sie fertig gewählt hatte, ertönte das lange weiche Signal, das einen internen Anruf ankündigte. Anna folgte dem Klang und zog den Apparat schliesslich unter einem Stapel Akten auf dem Beistelltisch hervor.

„Ja? Was gibts?", fragte sie.

„Da ist Besuch für Sie, Frau Kommissarin", erklang die Stimme des diensthabenden Beamten. „Ein Herr Balmer, Journalist, wünscht Sie zu sprechen."

„Schicken Sie Herrn Balmer bitte in mein Büro." Anna überlegte, was Theo wohl von ihr wollte. Kurze Zeit darauf klopfte es an ihre Tür.

„Zuerst sehen wir uns jahrelang nicht und jetzt so kurz hintereinander gleich zwei Mal? Schön, kommst du mich besuchen." Anna ging auf ihren Besucher zu und umarmte ihn herzlich.

„Gut, treffe ich dich an." Theo schien wirklich erfreut. Mit einem warmen Blick schaute er auf sie hinunter. „Ich war vorgestern schon hier. Dein Assistent sagte mir aber, du seist an einem Seminar."

„Ja, ein Seminar zum Thema Stressbewältigung."

„Und hast du ihn bewältigt?"

Sie ging auf seinen scherzhaften Ton ein. „Würdest du mich besser kennen, wäre dir sofort aufgefallen, wie positiv ich mich in so kurzer Zeit verändert habe. Ich bin zehn Jahre jünger, zehn Pfund leichter, und nichts kann mich mehr aus der Ruhe bringen." Anna bat ihren Gast, sich zu setzen. „Möchtest du etwas trinken?"

„Nein, danke, ich komme direkt vom Essen." Anna setzte sich ihm gegenüber auf den freien Stuhl.

„Was führt dich zu mir?"

„Ihr Frauen würdet es Intuition nennen, ich nenne es logisches Denken", sagte Theo. „Du weisst ja, ich bin freischaffend. Da habe ich meine Augen und Ohren überall. Als ich am Freitag die Zeitung las, fiel mir ein Artikel auf. Eine Frau aus Murten vermisst ihren Mann seit Donnerstagmorgen. Sie beteuert, er sei in den dreissig Ehejahren noch nie die ganze Nacht von zu Hause weggeblieben, ohne es ihr vorher zu sagen. Vielleicht besteht ja ein Zusammenhang zu den zwei Fällen, in denen du ermittelst."

„Wie heisst denn der Vermisste?", fragte Anna mit einem Stirnrunzeln.

„Jakob Sägesser, Bäckermeister von Muntelier. Fünfzig Jahre alt, schlank, kurze, braune Haare und einen Meter sechsundsiebzig gross. Laut seiner Frau trug er, als er aus dem Haus ging, eine blaue Jeans und ein rot kariertes Hemd, dazu eine schwarze Jacke. Es gibt keine

288

besonderen Kennzeichen. Muss völliger Durchschnitt sein, dieser Jakob", beendete Theo seine Ausführungen.

„Aha, ich danke dir für die Information. Im Moment kann ich keinen Zusammenhang herstellen. Aber das kann sich gut ändern. Ich halte dich jedenfalls auf dem Laufenden. Möchtest du jetzt etwas trinken? Leider kann ich dir keinen Kaffee anbieten, die Maschine ist defekt. Aber ein Mineralwasser."

Während Anna Gläser und Mineralwasser holte, streichelte Theo Kira, die friedlich in ihrem Hundekorb lag.

„Verrückt, wie schnell die Zeit vergeht", sagte Anna, als sie wieder ins Büros trat. „Wie geht es dir denn so? Was machst du, wenn du nicht gerade Vermisstmeldungen liest?" Anna stellte eine Schachtel Kekse auf den Tisch und setzte sich.

„Privat geht es mir nicht sehr gut. Yvonne hat mich verlassen. Wir waren fast fünfzehn Jahre zusammen. Aber in letzter Zeit haben wir uns dauernd gestritten. Eigentlich hat sich alles verändert, seit wir in die Schweiz zurückgekommen sind. Wir haben uns auseinandergelebt. Da ich nun selbstständig arbeite, bin ich darauf angewiesen, meine Artikel zu verkaufen. Ich bin oft unterwegs, suche nach verkaufbaren News. Ich muss viel mehr arbeiten als vorher, damit konnte sie sich nicht abfinden. Und auch mit meiner Krankheit kam sie nicht klar." Er nahm einen Schluck Wasser und lehnte dankend die Kekse ab, die Anna ihm anbot. „Im Moment schreibe ich für den Spiegel einen Artikel über Spielsucht. Es ist schwierig, Betroffene zu finden, die darüber reden wollen." Gerade als er Anna nach ihrem Befinden fragen wollte, klopfte es, und Basil trat ein.

„Hallo." Er zwinkerte Anna zu und gab Theo erfreut die Hand. Er kannte ihn als einen fairen Reporter, der seine Berichte nicht mit Halbwahrheiten ausschmückte.

Anna erzählte Basil von der Vermisstmeldung. „Könntest du ein Foto dieses Bäckermeisters auftreiben und prüfen, ob Udo Stein, Karin Stein oder Peter Känel mit ihm bekannt waren?" Basil nickte Theo zu und verliess den Raum wieder.

„Aber nun zu dir", sagte Theo, als Basil die Tür hinter sich geschlossen hatte. „Wie geht es dir?"

„Seit ich die Leitung des Dezernats Leib und Leben übernommen habe, beansprucht mich der Job zu hundertfünfzig Prozent. Und dann sind da ja noch die Kinder, das heisst die beiden Jüngeren. Die beiden Älteren sind bereits ausgezogen. Dagmar sehe ich leider nur bei den jährlichen Familientreffen. Sie hat nach der Scheidung den Kontakt zu mir abgebrochen. Manchmal denke ich, Mutter zu sein ist eine der grössten Herausforderungen, die es für eine Frau gibt. Nur braucht frau sich nicht dafür zu qualifizieren. Sonst wird für die banalste Arbeit eine abgeschlossene Ausbildung verlangt, aber hier ..." Anna hielt einen Moment inne und atmete tief durch. Theo spürte, wie die Sache mit Dagmar an ihr nagte. Sie tat ihm leid.

„Auch Nadine ist ausgeflogen und lebt ihr eigenes Leben. Aber sie lässt mich daran teilhaben, zu ihr habe ich regelmässig Kontakt. Die Zwillinge sind noch zu Hause. Hannah ist ein sonniges Mädchen. Sie weiss, was sie will, und kommt gut alleine zurecht. Sofie ist derzeit recht anstrengend, testet ihre und meine Grenzen aus. Dieser Tage ist sie mit ihrem Vater in Paris. Das gibt uns beiden eine Verschnaufpause."

Bevor Theo etwas erwidern konnte, klopfte es erneut.

„Störe ich?", fragte Basil, der den Kopf hereinstreckte und Anna und Theo schweigend vor sich hinblicken sah.

„Nein, sicher nicht. Wir haben nur gerade über unsere Privatleben gesprochen, die bei beiden zurzeit etwas belastet sind, und da brauchten wir einen Augenblick, um wieder ins Hier und Jetzt zurückzukommen", entschuldigte sich Theo.

Basil schloss die Tür, trat näher und reichte Anna ein Bild.

„Das ist Jakob Sägesser, der Vermisste."

Anna und Theo besahen sich das Bild aufmerksam.

„Hat die Frau in ihrer Beschreibung nicht gesagt, ihr Mann hätte keine besonderen Merkmale? Das Bild ist zwar nicht scharf und klein noch dazu, aber schaut mal, ist das nicht eine Narbe, die unter dem linken Auge zum Mund führt? Und diese komische Struktur auf der Wange, das sieht mir aus wie eine Brandwunde. Basil, kannst du ein Digitalbild anfordern und es vergrössern?"

„Ich denke schon."

Basil nahm das Telefon und liess sich mit der Abteilung für Vermisstmeldungen verbinden. Er bat um eine digitale Bildversion des Vermissten Jakob Sägesser. Da es einige Minuten dauern würde, setzte er sich nach einem fragenden Blick zu Anna an ihren Computer und googelte nach ihrem kurzen Nicken den Begriff „Bäckermeister Sägesser Muntelier". Er hoffte, auf diesem Weg noch andere Bilder von ihm zu finden. Er hatte Glück. Noch bevor ihm die Aufnahme von der Vermisstenabteilung gemailt wurde, hatte er eine viel bessere Aufnahme gefunden, auf der Sägesser stolz einen Hecht in die Kamera hielt. Die Bildbeschreibung las er vor: „Der frühere Feuerwehrhauptmann und amtierende Gemischtenchorleiter Jakob Sägesser beim Fischen. September 1999 nach seiner Genesung." Deutlich sah man die gerötete Narbe und die Verbrennungen auf der Wange.

Basil forschte weiter und fand einen Artikel mit dem Datum vom 18. Juni 1999. Wieder las er vor: „Nachdem unser geschätzter Bäckermeister und Gemischtenchorleiter Jakob Sägesser sich von seinem Autounfall erholt hat, eröffnet er am 20. Juni die neu renovierte Bäckerstube. Wir wünschen ihm alle gutes Gelingen und viel Kraft. Gemischtenchor Muntelier."

„Kannst du herausfinden, wer die Renovation gemacht hat?", fragte Anna, die immer hellhöriger geworden war.

Basil suchte weiter, und nach einigen Minuten unterbrach er Anna und Theo, die sich wieder über frühere Zeiten unterhielten.

„Die Renovationsarbeiten wurden von einem Architekturbüro namens Berber aus Kerzers durchgeführt."

„Paul soll abklären, für welches Architekturbüro Stein gearbeitet hat, bevor er sein eigenes Büro eröffnete. 1999 war er nämlich noch angestellt, wenn wir seiner Aussage glauben, er habe sich vor sechs Jahren selbstständig gemacht."

Anna wandte sich im Aufstehen an Theo: „Scheint ganz, als eröffne uns deine Intuition neue Indizien. Danke, dass du gekommen bist."

Theo verabschiedete sich, und Anna und Basil machten sich auf den Weg nach Murten, um Frau Sägesser einen Besuch abzustatten.

Ursula Sägesser, besorgte Ehefrau von Bäckermeister Jakob Sägesser, bewohnte mit ihrem Mann ein kleines Haus im Zentrum des Murtener Industriegebietes. Zu Fuss waren es höchstens vier Minuten zum Bahnhof. Obwohl die Lage zentral war, stand das Haus an einem denkbar ungünstigen Ort. Das Grundstück wurde auf der Nordseite von der Bahnlinie und auf der Südseite von der Hauptstrasse eingegrenzt. Die Bahnlinie verlief sehr nah am Haus. Anna schätzte die Entfernung auf knappe fünf Meter. Die Hauptstrasse lag noch näher. Sie wurde nur von einem Gehweg und den Treppenstufen, die zur Haustüre führten, abgetrennt.

Anna musterte die Umgebung. Es war keine schöne Gegend. Die schmutzigen Hausfassaden wirkten abweisend.

Es gab keine Bäume und Sträucher, die den Lärm der vorbeiratternden Güterzüge und der vorbeifahrenden Lastwagen gedämpft hätten. Sie war dankbar, nicht so wohnen zu müssen.

Anna und Basil stiegen die zwei Stufen zum Eingang hinauf und klingelten. Als Frau Sägesser die Ausweise sah, erschrak sie.

„Warum um Gottes Willen kommt denn jemand von der Mordkommission? Mein Mann wurde nicht ermordet, er wird nur vermisst."

„Die Mordkommission befasst sich nicht ausschliesslich mit Morden", beruhigte sie Anna. „Dürfen wir eintreten? Wir hätten ein paar Fragen." Frau Sägesser bat sie herein.

„Ich habe mir eben frischen Kaffee gemacht. Hätten Sie gerne eine Tasse?" Anna und Basil nickten. Frau Sägesser führte sie ins Wohnzimmer, holte zwei weitere Tassen und schenkte ihren Gästen ein.

„Sie haben Ihren Mann als vermisst gemeldet", begann Anna. „Frau Sägesser, können Sie uns genau schildern, wann Sie ihn das letzte Mal gesehen und mit ihm gesprochen haben?"

„In der Nacht von Sonntag auf Montag konnte ich wieder nicht schlafen. Ich hatte Grippe, und weil es mir nicht gut ging, hatte ich mich bereits nach dem Mittagessen hingelegt. Ich erwachte kurz nach acht Uhr abends. Wenn ich wach werde, brauche ich immer ein paar Minuten, bis ich wieder einschlafen kann. Ich trank einen Tee und schaute dabei aus dem Fenster. Kurz darauf legte ich mich wieder hin. Das, was ich am Fenster gesehen hatte, liess mir jedoch keine Ruhe, und so weckte ich meinen Mann und erzählte ihm davon. Als ich am Morgen aufwachte, war sein Bett leer, und seither habe ich ihn nicht mehr gesehen." Basil machte Notizen, Anna konzentrierte sich ganz auf das Gespräch.

„Ab wann haben Sie sich Sorgen gemacht?"

„Zuerst gar nicht. Er geht immer früh in die Backstube. Aber als er nicht wie gewohnt um fünf zum Abendessen kam, war ich verunsichert. Ich nahm das Fahrrad und fuhr zur Bäckerei. Sie befindet sich in Muntelier, unten am See. Ich brauchte knapp zehn Minuten bis zum Laden. Die Verkäuferin, Frau Laurette, war ganz erstaunt, als ich mich nach meinem Mann erkundigte. Ob ich denn nichts wisse? Er habe angerufen. Er würde heute nicht zur Arbeit erscheinen. Auf meine Frage, was er denn als Grund angegeben habe, wusste Laurette keine Antwort. Jakob sei sehr kurz angebunden gewesen und habe gleich wieder aufgelegt. Dann beklagte sie sich. Der Lehrling sei völlig überfordert gewesen, und sie selbst hätte in der Backstube helfen müssen. Ich mochte mir das nicht anhören. Ich machte mir Sorgen um meinen Mann. Er hat noch nie versäumt, seiner Arbeit nachzugehen, ausser damals, nach dem Unfall, als der Arzt es ihm verbot." Sie schwieg zerknirscht, tupfte sich eine Träne ab und schneuzte sich.

„Frau Sägesser, was haben Sie Ihrem Mann in der Nacht erzählt?" Sie überlegte lange. Es machte den Anschein, als wolle sie nicht so recht mit der Sprache herausrücken.

„Ach, ich weiss nicht mehr so genau. Ich glaube, es war die Nacht, wo einer den anderen die Treppe hinunterstiess. Ich erzählte es meinem Mann auch nur, weil der eine aussah wie Architekt Stein. Wissen Sie, der hat uns vor ein paar Jahren Pläne für einen Geräteraum gezeichnet. Wir wollten die Backstube vergrössern. Aber mein Mann war nicht zufrieden. Er hat dann gegen ihn prozessiert und viel Geld verloren. Jakob schimpft jedes Mal, wenn ihn etwas an Stein erinnert – einen Gauner und Halsabschneider nennt er ihn."

„Frau Sägesser, bitte versuchen Sie sich ganz genau an das zu erinnern, was Sie gesehen haben. Ihre Beobachtungen sind für unsere Ermittlungen sehr wichtig."

Frau Sägesser stand auf und stellte sich ans Fenster. Sie sah hinaus und begann konzentriert zu erzählen.

„Ich stand am Fenster, so wie jetzt, einfach einen Stock höher, am Schlafzimmerfenster. Ich sah einen Mann aus dem Restaurant vis-à-vis treten. Er blieb oben am Absatz stehen und zündete sich eine Zigarette an. Irgendwie kam er mir bekannt vor. Ich erinnerte mich nicht sofort, wem er glich, erst als ich wieder im Bett lag, fiel es mir ein: Der Mann sah aus wie Architekt Stein. Er stand also da und rauchte. Es dauerte nicht lange, da ging die Restauranttür wieder auf. Ein zweiter Mann trat hinaus. Er war dick, hatte eine Glatze und wirkte ungepflegt. Das Hemd hing halb aus dem Hosenbund, und die Hose sah schmutzig aus. Es sah aus, als hätte er sich in die Hose gemacht. Widerlich. Er torkelte auf Stein zu. Ich sage jetzt Stein, ich weiss aber nicht sicher, ob er es war. Der Glatzköpfige war so besoffen, er konnte kaum aufrecht stehen. Eine Strassenlaterne beleuchtet den Eingang, darum konnte ich die zwei recht deutlich sehen. Als der Dicke sich am Geländer festhalten wollte, stiess ihn Stein die Treppe runter. Jedenfalls sah es von hier so aus. Dann spickte er seine Zigarette weg und sah zu, wie der andere die lange Treppe hinunterstürzte und regungslos liegen blieb. Ich stand ja am offenen Fenster und meinte, den Aufschlag des Kopfes zu hören." Sie fröstelte bei der Erinnerung. Frau Sägesser verschränkte die Arme und rieb sich die Oberarme. „Stein zündete sich in aller Ruhe eine neue Zigarette an. Er stieg langsam die Treppe hinunter, kletterte über den am Boden liegenden Mann und ging zu seinem Auto. Ich kenne die Marke nicht, aber mir fielen die Türen auf. Sie öffneten sich nach oben, sahen aus wie Flügel. Er fuhr rückwärts bis zur Treppe, beugte sich über den anderen und half ihm ins Auto. Dann fuhren sie weg. Grässlich."

„Frau Sägesser, hatten Sie wirklich den Eindruck, dass der gestürzte Mann noch am Leben war?" Anna hatte Mühe, das Entsetzen, das sie beschlich, zu unterdrücken. Wenn Känel noch gelebt hatte, als ihm Stein in den Wagen half, dann …

„Ja, ja, sicher lebte er noch. Er bewegte sich. Er brauchte viel Hilfe von seinem Freund … Oder Saufkumpan … Aber er stieg in das Auto ein. Warum fragen Sie?"

„Es ist sehr wichtig. Der Mann war also nicht zu Tode gestürzt. Wären Sie bereit, Ihre Beobachtungen zu Protokoll zu geben?"

„Ich weiss nicht so recht. Wissen Sie, das ist jetzt auch wieder einige Zeit her, und vielleicht bringe ich ja auch Sachen durcheinander. Ich habe es so in Erinnerung, aber ich war krank und … Nein, ich möchte bitte lieber nichts zu Protokoll geben", sagte sie entschuldigend.

„Schade. Vielleicht überlegen Sie es sich noch. Haben sich die beiden Männer gestritten? Haben Sie beobachtet, wie einer den anderen angriff?"

Frau Sägesser schüttelte energisch den Kopf. „Nein, es gab keine Schlägerei. Jedenfalls habe ich keine beobachtet."

Anna wechselte das Thema. „Können Sie sich vorstellen, wo Ihr Mann sein könnte?"

„Nein, ich weiss es nicht, und manchmal denke ich, ich will es auch gar nicht wissen", brach es aus Frau Sägesser heraus. „Mein Mann ist seit Jahren spielsüchtig, und das Geld reicht vorne und hinten nicht. Wir wohnen hier nur, weil wir das Haus billig mieten können. Jakob ist kaum zu Hause, durch seine Spielleidenschaft haben wir uns völlig auseinandergelebt. Ich hatte ihn eigentlich immer verlassen wollen, sobald die Kinder aus dem Gröbsten heraus sein würden. Jetzt bin ich immer noch bei ihm."

Sie schüttelte den Kopf, leicht resigniert und als ob sie sich selber nicht verstehen würde.

„Frau Sägesser, ich danke Ihnen für Ihr Vertrauen. Denken Sie bitte noch einmal darüber nach, ob Sie Ihre Beobachtung nicht schriftlich bestätigen wollen. Wir hoffen, Ihren Mann bald zu finden, damit Sie nicht mehr so im Unklaren sein müssen."

Kurze Zeit später verabschiedeten sich Anna und Basil. Erst im Auto erinnerte sich Anna wieder, was sie Frau Sägesser noch hatte fragen wollen: Weshalb sie wohl bei der Vermisstmeldung angegeben hat, ihr Mann habe keine besonderen Merkmale?

„Wenn das wirklich Stein und Känel waren: Weisst du, was das bedeutet? Dann hat Stein Känel in den Wald geschleppt, als dieser noch lebte." Anna sortierte die Gedanken im Kopf und vergass darüber ganz, den Wagen zu starten.

„Soll ich fahren?", fragte Basil, die Gelegenheit beim Schopf packend. Anna nickte erleichtert und stieg aus. Sie ging um den Wagen herum und setzte sich auf den frei gewordenen Beifahrersitz.

„Auf zu Stein?" fragte Basil. Anna nickte, und er startete den Motor.

„Was, wenn es ein kaltblütig geplanter Mord war, der nach Unfall aussehen sollte?"

Anna schüttelte den Kopf. War Stein kaltblütig? Traute sie ihm zu, einen verletzten Menschen zum Sterben in den Wald zu schleppen? Basil klopfte mit der flachen Hand rhythmisch auf das Steuerrad. Auch er war angespannt.

„Was könnte Stein für ein Motiv haben, eine solche Tat zu begehen?", dachte Anna laut und sah aus dem Seitenfenster. „Wenn ich nur einen Hinweis finden könnte. Ob Eifersucht im Spiel war?"

„Glaubst du, Känel hatte ein Verhältnis mit Karin Stein, und Udo Stein wusste davon?", fragte Basil.

„Ich glaube gar nichts. Fahren wir zu Stein und fragen ihn. Dann wissen wir es. Ich bin ja gespannt, was er uns dieses Mal erzählt. Zuerst will er kaum Kontakt zu Känel gehabt haben, und dann dieses Märchen vom gemeinsamen Sieg beim Wettbewerb zur Neugestaltung des Bahnhofplatzes. Ich frage mich, wie er das noch übertreffen will."

Anna schloss die Augen. Ihre Gedanken schweiften zurück zu Frau Sägesser. Weshalb wollte sie ihre Beobachtungen nicht zu Protokoll geben? Verheimlichte sie etwas? Wem konnte sie glauben? Ihr oder Stein? Am besten sie glaubte keinem von beiden.

Basil unterbrach sie in ihren Gedanken. „Auf jeden Fall hat Frau Sägesser nichts von einem Kampf gesagt, und Stein behauptete, Känel habe ihn angegriffen, worauf er sich gewehrt habe."

„Aber Frau Sägesser war sich nicht ganz sicher, ob es sich bei dem Mann wirklich um Stein handelte. Auch konnte sie nicht mit Sicherheit sagen, ob er den anderen gestossen hat oder dieser von sich aus gestolpert ist. Sie will ihre Beobachtung nicht zu Protokoll geben … Wir brauchen Beweise, und wir brauchen dringend ein Motiv."

Sie schwieg eine Weile.

„Fragen wir Stein, worüber sie wirklich gesprochen haben. Die Forderung einer Gewinnbeteiligung kann es ja nicht gewesen sein."

Zwei Koffer lagen auf dem grossen Bett, dem einzigen freistehenden Möbelstück im Raum. Udo Stein stand vor seinem Schrank, das unrasierte Kinn mit einer Hand reibend. Welche Kleider mussten mit? Nach welchen Kriterien sollte er die Wahl treffen? Er nahm den Anzug heraus, den ihm seine Mutter zur bestandenen Prüfung geschenkt hatte. Wie lange das her war. Inzwischen war viel passiert. Seine Mutter war letzten Herbst an Krebs gestorben. Er strich über den abgewetzten Stoff des Jackettärmels und hängte den Anzug zurück. So würde er nie rechtzeitig fertig. Er warf einen Blick aufs Bett. Sein Koffer war noch leer. Ronaldos Koffer dagegen war zum Bersten voll.

Ronaldo lief aufgeregt hin und her und verwarf immer wieder die Hände. Er hatte einen iPod im Bund seiner kurzen Hose stecken und hörte über die In-Ear-Kopfhörer ABBA. Daneben versuchte er, eine hellblaue Jacke in der Luft zu falten. Doch es gelang ihm nicht. Genervt warf er sie in den bereits überquellenden Koffer.

„Ich kann das nicht, du musst mir helfen. So werde ich nie fertig. Ich brauche mehr Platz. Kann ich nicht einige Kleidungsstücke bei dir reinlegen? Du scheinst ja nicht viel mitzunehmen." Er warf einen Blick in Steins Koffer und korrigierte sich. „Du scheinst ja gar nichts mitnehmen zu wollen." Ohne eine Antwort abzuwarten, trat Ronaldo zum Schrank, entnahm diesem einige T-Shirts in schrillen Farben und legte sie in Steins Koffer.

„Danke. Ich wusste es ja, mein Bär, du bist mein Retter. Ohne diese T-Shirts könnte ich niemals glücklich werden am neuen Ort."

Stein sah ihm zu. Wie liebte er diesen ungeschickten, schreckhaften, unschuldig-naiven Jüngling, der wie ein aufgescheuchtes Huhn zwischen Bett und Schrank hin- und hertrippelte und um Platz für seine T-Shirts feilschte. Noch nie hatte er einen Menschen gekannt, der so viele Facetten lebte. In den Nächten befriedigte dieser Junge seine heimlichsten sexuellen Wünsche, erahnte unausgesprochene Fantasien und gewährte ihm Momente absoluter Ekstase. Seit er Ronaldo begegnet war, gab es für ihn nur noch den Wunsch, mit ihm zusammen zu sein. Nun standen sie kurz vor dem Ziel ihrer Träume. Nichts würde ihn mehr zurückhalten können.

„Noldi, Liebling, beruhige dich. Wir haben es bald geschafft. Du brauchst doch nicht alles mitzunehmen, wir lassen uns den Rest einfach schicken."

„Aber ich brauche alle meine liebsten Sachen", sagte Ronaldo mit weinerlicher Stimme. „Sonst fühle ich mich nicht wohl." Stein nahm seinen Geliebten in die Arme und küsste ihn leidenschaftlich.

„Mein starker Schwan", säuselte Noldi und wollte Stein das Hemd aufknöpfen, als die Türglocke schrillte.

„Wer kann das sein?", fragte Stein ärgerlich. „Schau doch bitte schnell nach."

Nachdem im Büro niemand geöffnet hatte, entschieden Anna und Basil, Stein an seiner Privatadresse aufzusuchen. Das Anwesen lag direkt am See. Von der Strasse aus war das Haus nicht zu sehen. Eine gepflegte Hecke aus Eibe schützte vor neugierigen Blicken. Die Einfahrt zierte ein geschwungenes Gartentor aus Edelstahl, das halb offen stand. Anna und Basil liessen den Wagen vor der Einfahrt am Strassenrand stehen und gingen das letzte Stück zu Fuss. Von der Einfahrt bis zum Haus waren es gut zweihundert Meter. Ein alter Baumbestand spendete Schatten. Anna hatte noch nie einen so gepflegten Garten gesehen. Sie war beeindruckt. Der Bau war sehr modern und fügte sich raffiniert in die Landschaft ein.

Stein hatte dieses Haus selber entworfen und gebaut. Für seine Frau, wie er ihnen erklärt hatte. Der Grundriss war ein Rechteck. Die Form des Hauses war nicht spektakulär, sie erinnerte an eine grosse Streichholzschachtel. Die Fassade bestand aus getönten Scheiben, in welchen sich der Garten spiegelte. Aus Distanz waren weder Fenster noch Türen zu erkennen. Das Gebäude verschmolz mit der Landschaft. Basil blickte sich anerkennend um.

„Als Architekt scheint er wirklich gut zu sein."

Vor dem Haus stand Steins BMW. Daneben ein roter Ferrari und ein kleiner Smart. Anna folgte dem Kiesweg zum Haus. Erst wenige Meter vor dem Haus konnte sie die Haustür erkennen. Eine Klinke war nicht auszumachen. Basil klingelte. Es dauerte einige Minuten, bis sich die Tür öffnete.

„Alles elektronisch", flüsterte Basil beeindruckt, während sie zusahen, wie die Tür sich zuerst etwas nach innen bewegte, um dann seitwärts zu gleiten. Zu ihrem Erstaunen stand Ronaldo Jauch im Türrahmen. Zu einer kurzen, hellen Hose und einem weissen Netz-T-Shirt trug der Sekretär hellgrüne Flipflops. Seine Zehennägel waren lackiert. Von oben hörten sie die Stimme Steins.

„Wer ist an der Tür, Ronaldo?"

Der Sekretär hüstelte und antwortete mit gleichmütiger Stimme.

„Herr Stein, es sind die Kommissarin und der Herr, der sie immer begleitet."

„Denken Sie, wir dürfen eintreten?" Basil sah den Sekretär fragend an.

„Sicher, oh, sicher, bitte, kommen Sie herein." Höflich führte Ronaldo Jauch die beiden ins Entrée. Eine weisse Bodenvase mit einem Strauss grossblütiger gelber und roter Lilien schmückte die Eingangshalle. Sonst war der Raum leer.

„Warten Sie einen Augenblick, Herr Stein wird sofort zu Ihnen kommen." Anna war über sein Verhalten erstaunt. Wie wenig es zu seinem Outfit passte. Ob bei der Firma ‚Stein&Stein' im Sommer üblicherweise in leichter Bekleidung gearbeitet wurde?

Ronaldo Jauch eilte die Treppe hinauf. Anna sah ihm nach, wie er den oberen Stock erreichte. Er verschwand in einer geschwungenen Raumöffnung, die die ganze Raumbreite einnahm. Von dort führte eine Treppe auf die nächste Etage. Anna kam sich vor wie in einer übergrossen Bienenwabe. Der Innenausbau stand in krassem Gegensatz zur kubischen, schnörkellosen Architektur der Hausfassade. Damit hatte sie nicht gerechnet.

Sie blickte zu Basil, der mit halb offenem Mund seine Umgebung taxierte. „Sicher nicht ganz billig, dieses Haus zu unterhalten", sagte sie leise. Kurz darauf hörten sie wieder Schritte auf der Treppe, diesmal war es Stein selbst. Er trug einen Anzug mit Krawatte und hielt mehrere Dossiers in der Hand. Der ungepflegt wirkende Dreitagebart und die dunklen Augenringe wollten nicht zu seinem selbstsicheren Auftreten passen.

„Sie haben Glück, mich zu Hause anzutreffen", sagte er. „Ich bin auf dem Weg zu einer Baustelle. Wenn Sie sich kurz fassen würden, wäre das sehr freundlich."

„Guten Tag, Herr Stein", erwiderte Anna in betont ruhigem, freundlichen Ton. „Sie werden sich die Zeit nehmen müssen. Wir haben Ihre Aussagen überprüft, und Sie schulden uns einige Erklärungen. Wenn Sie sich weigern, uns hier und jetzt Auskunft zu geben, können wir die Angelegenheit auch wieder offiziell machen und Sie mit aufs Polizeirevier nehmen."

Stein schwieg und sah Anna mit zusammengekniffenen Augen an.

„Was für Erklärungen wollen Sie von mir?"

„Sie haben bei unserem letzten Gespräch behauptet, gemeinsam mit Herrn Känel den ersten Preis im Wettbewerb für die Neugestaltung des Bahnhofplatzes gewonnen zu haben. Wie unsere Recherchen ergaben, schaffte es Känels Projekt aber nicht einmal in die nähere Auswahl.

Somit kann auch Ihre Behauptung, Känel habe eine Gewinnbeteiligung gefordert, nicht wahr sein. Würden Sie dazu bitte Stellung nehmen?"

Stein, der sich bis zu diesem Moment sehr abweisend verhalten hatte, wurde plötzlich zuvorkommend. „Bitte, meine Herrschaften, kommen Sie mit in den Garten. Dann werde ich Ihnen den Sachverhalt erklären." Er drückte auf einen Knopf, und die Glasscheiben vor ihnen glitten auseinander. Sie traten in den Garten, während Stein seinen Sekretär rief.

„Ronaldo, bitte bringe uns eine Erfrischung."

„Sie brauchen Ihren Sekretär nicht zu bemühen. Ich will keine Erfrischung, sondern eine Erklärung." Annas Stimme klang distanziert und kühl. Sie blieb neben dem Steintisch stehen und sah auf Udo Stein hinunter, der sich bereits gesetzt hatte.

„Ich möchte mich dafür entschuldigen, dass ich Ihnen etwas Falsches erzählt habe." Stein erhob sich und lehnte sich Anna gegenüber an die Tischkante, die Hände in den Hosentaschen vergraben. „Es hatte einzig den Zweck, unschuldige Menschen zu schützen. Peter Känel brauchte Geld, und ich war nicht bereit, es ihm zu geben."

Anna glaubte ihm kein Wort. „Tischen Sie uns keine neuen Lügen auf, Herr Stein. Wir werden jede Ihrer Aussagen überprüfen. Erzählen Sie uns also die Wahrheit."

„Vor achtzehn Monaten kam Ruth Schildknecht nach Murten und übernahm die Buchhandlung im Städtchen. Als Architekten für die Renovation des Gebäudes engagierte sie Känel. Peter aber war leidenschaftlicher Spieler und verspielte das Geld von Frau Schildknecht, anstatt die Arbeiter zu bezahlen. Als sie Ende April dem Treiben auf die Schliche kam, wurde sie – zu Recht – wütend und wollte von Känel eine Stellungnahme. Dazu suchte sie ihn im Büro auf. Känel arbeitete für das Architekturbüro ‚Schwaber' in Ins. Da er jedoch besetzt war, sprach Frau Schildknecht in ihrer Entrüstung direkt mit Herrn Schwaber Senior. Hellhörig geworden, hat dieser sofort die Finanzen seines Büros untersuchen lassen. Und siehe da: Känel hatte auch bei ihm grosse Summen veruntreut. Peter bat mich, ihm aus der misslichen Lage zu helfen."

„Wieso fragte er ausgerechnet Sie? Sie hatten uns erklärt, kaum Kontakt mit ihm zu haben?", wollte Basil wissen.

„Ich weiss es nicht. Wir hatten wirklich kaum Kontakt. Vielleicht verbindet das gemeinsame Studium? Ich kann es Ihnen nicht sagen. Tatsache ist aber, er wollte meine Hilfe, und ich habe sie ihm verweigert."

„Herr Stein, hat Herr Känel Sie zu erpressen versucht?"

„Womit sollte er mich denn erpressen? Herr Kommissar, nur die Tatsache, dass mich jemand um Hilfe bittet, bedeutet nicht, dass ich erpressbar bin. Peter Känel hat mich gefragt, weil er hoffte, ich würde ihm das Geld vorschiessen. Er wird aber nicht nur mich gefragt haben."

Anna mischte sich wieder ein: „Wen genau wollten Sie mit den Falschaussagen schützen? Und vor was?"

„Das Architekturbüro in Ins und Frau Schildknecht", antwortete Stein.

„Ich verstehe nicht ganz worauf Sie hinaus wollen?" Anna und Basil sahen sich fragend an.

„Sie verstehen das nicht, weil Sie nicht in der Baubranche tätig sind. Wenn bekannt wird, dass das Architekturbüro in Ins Liquiditätsprobleme hat, weil Gelder veruntreut worden waren, wird es keine Aufträge mehr erhalten. Schlimmer noch: Alle Kreditoren werden umgehend die Schulden einfordern, und so würde das Büro in ernsthafte Schwierigkeiten geraten, im schlimmsten Fall sogar Konkurs gehen. Bei Frau Schildknecht ist die Situation ganz ähnlich, nur geht es bei ihr um kleinere Geldsummen."

„Ich verstehe nicht, weshalb Sie uns das nicht bereits bei

unserem letzten Gespräch sagen konnten? Ihre Begründung ist nicht glaubwürdig." Anna bedachte ihn mit einem skeptischen Blick.

„Frau Kommissarin, wenn Sie es wissen, dann geht es keine zwei Tage, bis die Presse davon Wind bekommt. Das wollte ich nicht riskieren." Anna machte einige Schritte in den Garten. Sie rief Stefan Hafner an und gab ihm mit unterdrückter Stimme Anweisungen. Dann hörten Basil und Stein sie laut sagen: „Gib mir sofort Bescheid, wenn du das überprüft hast. Ich warte."

Stein stand auf. „Es tut mir leid, ich habe zwei wichtige Termine. Wie Sie sehen, ist mein Lebensstil nicht ganz billig, und ich kann es mir nicht leisten, meine Arbeit zu vernachlässigen. Ich muss Sie nun bitten, zu gehen, damit ich mich vorbereiten kann."

„Herr Stein, ich werde genau dann gehen, wenn ich auf meine Fragen eine Antwort habe, und keine Minute früher. Hatte Herr Känel eine Beziehung mit Ihrer Frau?" Stein sah sie ehrlich überrascht an. Dann lachte er schallend.

„Wie kommen Sie auf so eine absurde Idee?"

„Die Idee scheint mir keineswegs so absurd, wie Sie mich glauben lassen wollen, Herr Stein", antwortete Anna. „Aus welchem anderen Grund sollte Herr Känel eine Fotografie Ihrer Frau in seiner Tasche haben, wenn nicht, weil er mit ihr liiert war?"

„Passen Sie auf, wie Sie über meine Frau reden. Karin war meine Frau. Auch wenn wir Probleme hatten, wusste sie sehr wohl, was sich gehört. Sie war keine billige Hure, die sich jedem Erstbesten hingab. Wie ich Ihnen bereits sagte, weiss ich nicht, wie Peter zu dieser Aufnahme kam, und es interessiert mich auch nicht. Es wird mir meine Frau nicht zurückbringen, wenn ich darauf eine Antwort habe. Frau Kommissarin, ich bin nicht verantwortlich für das, was andere Menschen mit sich herumtragen."

„Warum ging Ihre Frau mit Herrn Känel aufs Boot?"

„Frau Kommissarin, wir haben das doch bereits besprochen. Meine Frau und ich haben uns vorübergehend getrennt. Wen sie in der Zwischenzeit alles getroffen hat, weiss ich nicht. Und wie sie ihre Tage verbracht hat, auf wessen Boot, ist mir wirklich gleichgültig. Die einzigen Personen, die Ihnen darauf eine Antwort geben könnten, sind Karin oder Peter. Und beide sind leider dazu nicht mehr in der Lage. Ich will nicht unhöflich sein, aber ich muss Sie nun wirklich bitten, mich arbeiten zu lassen." Er drehte sich zum Haus.

„Ronaldo, wir fahren in drei Minuten. Nimm die Pläne von Haut le Château mit. Ich warte beim Wagen."

„Wieso nehmen wir ihn nicht fest?", fragte Basil Anna, als sie im Wagen sassen. „Es ist doch offensichtlich, dass das Verhältnis zwischen Stein und seinem Sekretär nicht nur geschäftlicher Art ist. Das wäre doch ein wunderbares Motiv, weshalb Stein seine Frau loswerden wollte."

„Und was dann? Selbst wenn das ein Motiv sein könnte: Wir haben keine Beweise. Auch die Aussage von Frau Sägesser steht auf wackeligen Füssen. Wir müssten ihn wieder laufen lassen. Aber wir werden ihn überwachen."

Anna rief die Polizeikommandantin an, erklärte ihr die Sachlage und bat darum, Udo Stein überwachen zu lassen. Barbara Moser bewilligte die Beschattung und bot an, die Überwachung zu organisieren. Dankbar nahm Anna an.

„Ich brauche auch einen Hausdurchsuchungsbefehl. Ich erhoffe mir, im Haus Beweise zu finden, um Stein des Mordes an seiner Frau und an Känel überführen zu können."

„Ich werde mit dem Richter sprechen", versprach Moser. Sie stand vor dem Einsatzplan. „Ich schicke Paul Egger als

Ersten zur Überwachung los. Einer der diensthabenden Beamten soll ihn begleiten. Morgen können dann Kommissar Hafner und die Praktikantin die Überwachung übernehmen."

„Herr Stein ist auf dem Weg nach Haut le Château", informierte Anna die Polizeikommandantin, „wir werden so lange an ihm dranbleiben, bis Paul auftaucht." Danach rief sie Marina auf ihrer Privatnummer an.

„Entschuldige die Störung, Marina. Könntest du bitte morgen früh als Erstes zwei Kopien aller Protokolle der Fälle Karin Stein und Peter Känel bereitlegen?

„Mach ich gerne. Brauchst du sonst noch etwas?" Anna verneinte und bedankte sich. Dann wandte sie sich an Basil. „Wir werden Stein so lange überwachen, bis Paul Egger uns ablöst. Ich werde die ganze Nacht auf Pikett bleiben. Bleib du bitte ebenfalls erreichbar. Vielleicht brauche ich dich heute Nacht noch." Als Paul Egger um halb sieben die Überwachung übernahm, fuhren Anna und Basil nach Hause.

Anna fütterte die Katze und ging dann in den Garten. Es war nur halb so gemütlich, wenn die Mädchen nicht da waren. Sie setzte sich an den Brunnen, schaute dem Wasserspiel zu und kraulte Kiras Kopf. Hannah musste am späten Nachmittag hier gewesen sein. Die Töpfe wiesen noch Wasserspuren auf, und es war Anna, als schwebe ein Hauch von Hannahs Duft um den Brunnen. Wie sehr ihr die Mädchen doch fehlten. Wie es Sofie und Georg wohl in Paris ging? Obwohl sie bereits mehr als zehn Mal angerufen hatte, blieb Georg ihr den Rückruf schuldig. Sie verstand einfach nicht, wie er so ignorant sein konnte. In diese Gedanken hinein schrillte plötzlich ihr Handy.

„Calvin?" Am anderen Ende hörte sie die Stimme von Theo Balmer, die, eingebettet in gedämpfte Musik und leises Stimmengewirr, nur schwer verständlich zu ihr durchdrang.

„Hey Anna", begrüsste sie Theo aufgeregt, „ich bin gerade im Kursaal in Bern. Wegen Recherchen für den Artikel über die Spielsucht. Ich will hier die Atmosphäre eines Spielcasinos erleben und die Spielenden beobachten. Und weisst du, wen ich da plötzlich an einem Tisch sitzen sehe? Diesen Sägesser! Er spielt Karten und ist völlig versunken in das Spiel, er nimmt nichts um sich herum wahr."

„Hab ich dich richtig verstanden: Sägesser? Der Bäckermeister?"

„Ja, du hast ganz richtig verstanden!", vernahm sie Theos undeutliche Stimme.

„Ich komme so schnell ich kann!", rief Anna ins Telefon und eilte mit Kira zurück ins Haus. „Falls Sägesser das Casino verlassen will, halte ihn zurück, oder folge ihm bitte. Du kannst mich übers Handy erreichen."

„Es tut mir leid, alter Mann. Der Dienst ruft. Ich muss ins Casino", sagte sie zu Finn, der vor dem Futternapf sass und sie mit gespitzten Ohren beobachtete.

Eine halbe Stunde später stellte Anna ihren Wagen auf dem Parkplatz des Casinos ab. Sie fuhr mit dem Lift in den angegebenen Stock. Im Gang empfing sie gedämpftes Licht. Dicke Teppiche schluckten die Geräusche ihrer Schritte. Menschen sassen vor Spielautomaten oder an Spieltischen und hatten nur Augen für ihr Spiel. Ein Hauch von Einsamkeit umgab sie. Wie viel Elend fand hier seinen Ursprung? Einige wenige gingen als Sieger nach Hause. Die anderen bezahlten einen hohen Preis für die kurze Hoffnung auf Glück. Offenbar war hier das Rauchen noch erlaubt. Rauchschwaden trieben durch die Luft. Vor den Fenstern hingen dicke Vorhänge und schirmten das Casino von der Aussenwelt ab.

An der Bar, links vom Eingang sass Theo Balmer und nippte an einem Martini. Er erkannte Anna und lächelte, als sie mit schnellen Schritten auf ihn zukam.

„Was für ein Zufall, nicht? Sägesser sitzt immer noch am gleichen Tisch. Er hat den Platz seit unserem Telefonat nicht verlassen." Theo deutete unauffällig zu einem der Blackjacktische hinüber.

„Warte kurz auf mich", sagte Anna und ging zur Information. Sie erkundigte sich nach dem Geschäftsführer und zeigte dem Portier ihren Ausweis. Der junge Mann, beeindruckt, eine Kommissarin zu Gesicht zu bekommen, verhielt sich, als wäre er der verkappte Held eines Hollywoodstreifens. Anna hätte es nicht gewundert, wenn er den Wänden entlanggeschlichen und die Officetür im Sturm erobert hätte.

Nach wenigen Minuten erschien der Geschäftsführer des Casinos, stellte sich vor und fragte, wie er behilflich sein könne. Anna erklärte den Sachverhalt, stellte Theo als ihren Assistenten vor und bat um einen Raum, in dem sie Herrn Sägesser verhören konnten. Der Geschäftsführer gab sich äusserst kooperativ. Ruhig führte er Anna zu einer Tür und öffnete sie.

„Ich kann Ihnen diesen Raum zur Verfügung stellen. Er hat keinen anderen Ausgang."

Anna bedankte sich und trat wieder zu Theo. „Wir werden Jakob Sägesser gleich hier im Casino verhören, in einem Raum dort hinten." Zusammen gingen sie auf Sägesser zu. Anna tippte dem Mann auf die Schulter und zeigte ihm ihren Ausweis.

„Wir müssen mit Ihnen sprechen, Herr Sägesser. Bitte

kommen Sie mit." Zu überrascht, um Widerstand zu leisten, stand Sägesser auf und folgte Anna in den anliegenden Raum. Theo hielt sich hinter ihm und schloss die Tür von innen, als alle drei eingetreten waren.

„Sind Sie Jakob Sägesser, Bäckermeister von Muntelier, und wohnen an der Rue Froment 120 in Murten?", fragte Anna.

„Ja, das ist richtig."

„Darf ich Ihren Ausweis sehen?" Jakob Sägesser suchte umständlich nach seinem Geldbeutel und klaubte einen Ausweis hervor.

„Ihre Frau hat sie vor einer Woche bei der Polizei als vermisst gemeldet. Können Sie mir sagen, wo Sie sich seither aufgehalten haben?" Sägesser zögerte, sah von einem zum anderen.

„Ich habe die ganze Zeit nur gespielt und dabei viel Geld verloren, und weil meine Frau bereits mehrmals gedroht hat, mich zu verlassen, wenn ich das Spielen nicht aufgebe", Jakob Sägesser hielt einen Moment inne, holte tief Luft und fuhr fort, „habe ich bei einem Freund übernachtet. Ich konnte ja nicht wissen, dass meine Frau zur Polizei geht und mich als vermisst meldet. Das ist nicht ihre Art." Jakob Sägesser schien zerknirscht.

„Herr Sägesser, es ist Ihre Sache, wo Sie Ihre Nächte verbringen. Aber sprechen Sie sich in Zukunft mit Ihrer Frau ab. Mich interessiert, was am Morgen passiert ist, nachdem Ihre Frau Ihnen von ihren Beobachtungen am Fenster erzählt hat."

Nachdem er Anna einen Augenblick irritiert angeschaut hatte, schien er zu verstehen und begann stockend zu erzählen: „Vor einigen Jahren hat mir der Pfuscher Stein das Leben zur Hölle gemacht. Ich verlor viel Geld, und Stein war an allem schuld. Das sollte er büssen. Seit ein paar Monaten habe ich auch noch Spielschulden, und als meine Frau erzählte, Stein habe soeben einen Saufkumpanen die Treppe hinuntergestossen, suchte ich dieses Monster auf und stellte die mir zustehende Forderung. Ich sagte, wenn er mir nicht fünfzigtausend Franken gebe, würde ich zur Polizei gehen."

„Und Herr Stein hat Ihnen das Geld anstandslos gegeben?", fragte Anna ungläubig.

„Ja, er sagte sofort, er gebe mir das Geld, aber ich dürfe mich nie wieder bei ihm blicken lassen. Sonst würde er mich umbringen.

„Können Sie beweisen, woher Sie das Geld haben?"

„Nein, er hat mir das Geld bar gegeben. Aus dem Safe in seinem Haus."

„Hat Sie jemand beobachtet? Gibt es Zeugen?"

„Ich glaube nicht. Ich habe ihn sehr früh am Morgen aufgesucht. Er war alleine zu Hause, hatte noch geschlafen. Eigentlich war ich auf dem Weg zur Arbeit. Es muss gegen halb fünf gewesen sein. Vielleicht auch ein bisschen früher, ich weiss es nicht mehr so genau. So früh ist kaum jemand unterwegs. Ich habe auf jeden Fall niemanden gesehen."

„Herr Sägesser, wenn Herr Stein Sie wegen Erpressung anzeigt, müssen Sie mit einer Freiheitsstrafe von bis zu fünf Jahren rechnen. Ist Ihnen das klar? Wenn Sie Glück haben, kommen Sie mit einer Geldbusse davon."

Sägesser stammelte, er habe das nicht gewusst.

„Ich werde Sie vorerst nach Hause gehen lassen. Aber bevor Sie gehen, werden Sie auch meinem Kollegen Balmer noch einige Fragen beantworten und dann das Protokoll unterschreiben, das ich in der Zwischenzeit anfertige. Sie werden in Kürze eine gerichtliche Vorladung bekommen, und ich empfehle Ihnen dringend, Ihre Spielsucht zu therapieren."

Anna nickte Theo zu. „Er gehört ganz dir."

Als Anna eine Stunde später den Raum wieder betrat, war Theo mit seinem Interview zu Spielsucht fertig. Anna liess Jakob Sägesser das Protokoll lesen und unterschreiben und nahm das verbleibende Geld als Beweis an sich. Sägesser hatte in der vergangenen Woche über zwanzigtausend Franken verspielt. Die restlichen knapp dreissigtausend trug er zusammen mit ein paar Kleidern in einer Sporttasche mit sich herum. Anna nahm das Geld und fragte den Geschäftsleiter, ob es in einem Safe des Casinos aufbewahrt werden könne, bis ein Beamter es in den nächsten Tagen abholen würde. Und so machte sich Jakob Sägesser ohne Geld auf den Heimweg.

„Es war sehr spannend, dir beim Arbeiten zuzuschauen. Vielleicht werde ich demnächst einen Artikel über den Berufsalltag einer Kommissarin schreiben. Würdest du mir dann Informationen liefern?

„Vielleicht. Wir werden sehen." Damit verabschiedete sich Anna und fuhr zurück nach Muntelier.

Freitag, 3. April
Pablo darf wieder raus. Sein Vater erlitt einen leichten Herzinfarkt
und ist nun im Spital. Er kann ihn nicht mehr überwachen. Pablo
kann tun und lassen, was er will. Er kam zu mir, wir haben uns in
ein Hotelzimmer eingeschlossen und alle Schweinereien nachgeholt,
von denen ich so lange nur träumen konnte. Um sechs Uhr früh habe
ich mich auf den Heimweg gemacht. Wäre lieber geblieben. Will aber
so kurz vor dem Triumph nichts riskieren.

Dienstag, 7. April
Urs lebt jetzt alleine. Seine Frau hat ihn verlassen. Er bat mich, mit
ihm zusammenzuleben, in seinem Haus am See. Ich habe abgelehnt.
Da ist er vor mir zusammengebrochen. War nur noch ein Schatten
seiner selbst. Da habe ich nachgegeben. Das hat auch sein Gutes. Ich
kenne jetzt seine wahre Identität.

Freitag, 10. April
Ich habe einem Maklerbüro in Murten den Auftrag gegeben, meine
Wohnung zu verkaufen. Es ist nicht der beste Moment, eine Wohnung
zu verkaufen, aber ich kann sie nicht mehr gebrauchen, wenn wir von
hier weggehen. Und das wird sehr bald der Fall sein.

Sonntag, 12. April
Pablo machte mir eine Szene, weil ich nun viel Zeit in diesem gros-
sen Haus am See verbringe und er mich nicht mehr besuchen kann.
Ich erklärte ihm am Telefon die Situation und hörte dabei nicht, wie
sich die Haustür öffnete. Zum Glück versteht Urs kein Spanisch. Er
wollte wissen, was los sei. Ich sagte ihm, auf der Hacienda seien
einige Tiere erkrankt - um einer Epidemie vorzubeugen, wollten sie die
Erlaubnis, die kranken Tiere zu töten. Ich hätte soeben die Erlaubnis
dazu gegeben. Er war stolz auf mich. Ich auch. Denn so gut lügen,
das ist eine Kunst.

Dienstag, 21. April
Habe Schwindelanfälle. Muss aufpassen, dass ich nicht hinfalle.
Plötzlich pocht es in meinen Schläfen, und dann dreht sich alles. Ob
ich Mutters Wahnsinn geerbt habe? Sind das erste Anzeichen, dass ich
am Durchdrehen bin? Lande ich womöglich in einer Irrenanstalt?

Freitag, 24. April
So luxuriös wie jetzt habe ich noch nie gelebt. Es lohnt sich, für so ein
Leben Grenzen zu überschreiten. Gestern Abend in der Badewanne
habe ich mich wieder einmal erkenntlich gezeigt. Das Spielchen war
selbst für mich eine Herausforderung. Die Gratwanderung zwischen
Lust und Angst, vermischt mit den verbalen Attacken zur Umsetzung
des Mordes. Ich tauchte ihn unter, während ich auf ihm ritt, und
jedes Mal, wenn ich ihn nach Luft schnappen liess, erklärte ich ihm,
wie viel auf dem Spiel steht. Er dürfe es nicht dem Killer überlassen.
Ich war erfolgreich, der Killer muss auf meine Anweisungen warten.
Nur dessen Name wollte er mir trotz meiner Anstrengungen nicht
verraten.

Dienstag, 28. April
Mein Kopf läuft Amok. Innen drin. Ist, als würde sich ein Teil von
mir selbstständig machen. Ich weiss nie ganz sicher, ob es wirklich
passiert oder nicht. Als schwanke der Boden, dann setzt mein Herz
aus, um kurz darauf wie wild zu schlagen. Ich schreie, doch keiner
hört mich. Wie denn auch. Ich höre mich ja selber nicht.

Sonntag, 31. Mai 2009

Als Anna am Sonntagmorgen erwachte, hörte sie, wie jemand in der Küche hantierte. Sie zog sich den Morgenmantel über und ging nach unten. Hannah war dabei, Frühstück zuzubereiten. Anna umarmte ihre Tochter.

„Hallo, mein Herzblatt. Du hast mir sehr gefehlt. Schön, bist du wieder da."

Hannah schlang ihre Arme um Annas Hals und küsste sie auf die Wange. „Ich bin auch froh, bin ich wieder da. Bea ist ja nett, aber auf Dauer ist es mir wohler, wenn ich mein eigens Zimmer habe. Weisst du, was, Mam? Ich habe jetzt Ferien. Acht lange Wochen, in denen ich nichts machen muss. Toll, was?"

„Ja, ich freue mich für dich. Hast du schon Pläne?"

Hannah goss Anna und sich selbst Kaffee ein und schüttelte den Kopf. „Nein, nicht direkt. Sicher werde ich viel Zeit im Garten verbringen. Vielleicht gehe ich einige Tage weg. Sobald ich mehr weiss, erzähle ich es dir. Wo ist eigentlich Sofie?"

„Immer noch mit Paps in Paris. Sie kommt heute Abend zurück." Anna nahm den Kaffe und die Brötchen und trat in den Garten. Hannah folgte ihr mit einem Tablett.

„Komm, Mam, wir setzen uns raus zum Brunnen. Das Geräusch des Wassers hat etwas sehr Beruhigendes."

Anna genoss diese Stunde mit Hannah. Am liebsten wäre sie nie wieder aufgestanden. Doch als Hannah eine Gartenschere holte, weil sie hier und dort etwas zurückschneiden wollte, gab sich die Mutter lachend einen Schubs und räumte das Frühstück weg. Sie zog sich an, und als sie sich von ihrer Tochter verabschiedete, war diese bereits ganz in die Welt der Pflanzen eingetaucht. Eine halbe Stunde später war Anna im Büro. Sie erzählte Basil von ihrem Ausflug ins Casino, von dem wirklich unglaublichen Zufall, dass Theo bei seinen Recherchen genau auf Sägesser gestossen war. „Da hat uns für einmal das Glück in die Hände gespielt, und das auch noch im Casino." Sie überreichte Basil eine Kopie des nächtlichen Protokolls, das er konzentriert las.

„Wenn sich Stein von Sägesser erpressen liess", meinte er schliesslich, „kommt das doch einem Geständnis gleich." Zufrieden lehnte er sich zurück. „Soll ich Moser um einen Haftbefehl bitten?" Doch Anna dämpfte seine Freude.

„Nein. Sägessers Aussage nützt uns nichts. Ausser, Stein bestätigt sie, und das wird er sicher nicht tun. Wir müssten beweisen können, dass er Sägesser das Geld gegeben hat, und das können wir nicht. Bei einer Anklage stünde Aussage gegen Aussage. Abgesehen davon, dass der renommierte Architekt Stein einen glaubwürdigeren Eindruck macht als der verschuldete Spieler Sägesser, fehlt uns das Motiv für die Tat. Stein wird uns in der Argumentation immer einen Schritt voraus sein. Oder hast du eine Idee, wieso Stein Känel hätte umbringen sollen? Nein? Dann gibt es auch keinen Grund, weshalb er Sägesser so viel Geld hätte geben sollen. Der Richter würde sagen, Sägesser belaste Stein, um sich für den verlorenen Rechtsstreit vor Jahren zu rächen. Nein Basil, wir haben nichts in der Hand, was eine Verhaftung rechtfertigen würde." Anna war gereizt. Sie hatte das Gefühl, der Fall gleite ihr aus der Hand.

„Vielleicht gibt es kein Motiv, weil es keinen Mord gibt", provozierte Basil seine Chefin. „Möglicherweise ist diese Idee von einem Mord nur in deinem Kopf existent. Vermutlich sind beide an einem Unfall gestorben, so wie es die Rechtsmedizin in den Berichten schreibt."

„Ja, du hast recht. Vielleicht war es wirklich ein Unfall. Vielleicht sehe ich Gespenster." Anna schwieg und starrte nachdenklich vor sich hin.

„Das glaubst du selber nicht." Basil, der seine Chefin nur

hatte aus der Reserve locken wollen, erschrak über ihre Reaktion. Er stand auf und ging neben Anna in die Hocke. „Wo ist denn dein Kampfgeist? Anna, du wirst doch an diesem Punkt der Ermittlungen nicht aufgeben?"

„Nein, natürlich nicht." Anna legte Basil beruhigend die Hand auf die Schulter und begann, die Berichte durchzublättern. Dann stellte sie sich vor die Pinwand.

Basil nahm den Faden wieder auf: „Was Udo Stein über Frau Schildknecht gesagt hat, war einmal mehr gelogen. Sie betreibt den Buchhandel seit über zehn Jahren und hat in dieser Zeit mehrere kleine Renovationsarbeiten machen lassen. Dazu hat sie jedoch keinen Architekten engagiert. Hingegen stimmt Steins Aussage über Känels finanzielle Situation. Dieser hat Gelder seines Arbeitgebers veruntreut. Das Architekturbüro hat nach Bekanntgabe von Peter Känels Tod Konkurs angemeldet. Die Veruntreuung belief sich auf mehrere Millionen Franken. Wenn ich mehrere Millionen Schulden hätte und in die Enge getrieben würde, ganz ehrlich, ich würde mir überlegen, wie ich meinem Leben ein Ende setzen könnte. Nur hat die Rechtsmedizin bei Känel nichts von einem möglichen Freitod geschrieben."

Anna, die schweigend vor der Pinwand gestanden hatte, ergriff das Telefon und wählte die Drei. Marina Roos meldete sich am anderen Ende.

„Guten Morgen, Marina, kannst du mir bitte die Protokolle bringen, um die ich dich gestern gebeten habe?" Sie hängte auf.

„Ich gebe dir recht, Basil", sagte sie. „Vermutlich würde ich mir das Leben nehmen, wenn ich so verschuldet wäre und andere durch mein Verhalten ins Unglück gestürzt hätte. Was ist wirklich passiert an jenem Abend? Wieso brachte Stein Känel in den Wald? Und warum erfindet er diese Geschichte mit Frau Schildknecht? Basil, wir haben irgendetwas übersehen. Nun werden wir danach suchen."

„Wonach denn?"

„Nach dem Motiv. Es muss ein Motiv geben."

„Also doch Mord", sagte Basil ergeben.

„Ich bestehe nicht darauf. Aber dann will ich eine plausible Erklärung, die die Theorie des Unfalls bekräftigt. Ich will die Fälle abschliessen können."

Marina erschien mit den verlangten Kopien. Anna bedankte sich, setzte sich Basil gegenüber auf den Stuhl, und beide vertieften sich in einen Stapel Protokolle. Die Zeit verging. Nur das Rascheln der Seiten unterbrach die Stille. Es wurde Mittag, und Anna schlug vor, etwas essen zu gehen, doch Basil nahm es nicht zur Kenntnis.

„Ich habs. Hier", sagte er stattdessen aufgeregt und tippte mit dem Finger auf eines der Protokolle. „Weisst du noch? Die Eltern Fässler standen unter Schock, und der Arzt wollte nicht, dass ich sie verhöre. Dann hat er doch eingewilligt. Die Befragung war am Freitagmorgen um neun. Stefan hat sie durchgeführt. Ich hatte einen Arzttermin mit Pia. Und offenbar haben wir diesen Bericht nicht aufmerksam genug durchgelesen. Er kommt mir sowieso unbekannt vor. Ich glaube, ich habe ihn noch gar nicht gelesen. Hier auf Seite vier, Abschnitt zwei." Er setzte sich kerzengerade auf und begann, laut zu lesen:

„Herr und Frau Fässler, ist in den letzen Wochen oder Monaten etwas Aussergewöhnliches geschehen?

Maria Fässler: Nein … Ausser vielleicht … Wir haben vor ein paar Wochen die Kinder hergebeten, mein Mann wollte sie über das Testament informieren. Karin hat ihn ausgelacht. Sie gab damit an, Udo habe sie vergoldet. Offensichtlich bestand er darauf, mit ihr eine Lebensversicherung abzuschliessen. Sie sprach von zehn Millionen Euro – Ich fragte sie, wieso die Summe so hoch angesetzt sei und weshalb eine fremde Währung gewählt wurde.

Josef Fässler: Sie konnte uns keinen plausiblen Grund angeben, sagte nur, Udo sei dies sehr wichtig gewesen. Jetzt kann er froh sein, nachdem sie ertrunken ist. So wird er wenigstens finanziell für den Verlust entschädigt."

Basil fuhr fort: „Hat Ihre Tochter erwähnt, bei welcher Versicherung sie den Vertrag abgeschlossen haben?

Maria Fässler: Ja, bei PJG-Versicherungen. Ich habe sie danach gefragt. Ich war neugierig, weil wir selber eine Lebensversicherung abgeschlossen haben. Vor fünfundzwanzig Jahren. Da wollte mein Mann uns sicher versorgt wissen, falls ihm etwas zustossen sollte. Wir haben damals PJG gewählt, weil es eine Berner Versicherung ist.

Stefah Hafner: Wissen sie, wer die begünstigte Person ist?

Josef Fässler: Nein, das hat sie nicht gesagt. Aber vermutlich waren sie gegenseitig begünstigt."

Anna hatte aufmerksam zugehört. „Wie konnten wir so ein wichtiges Indiz übersehen?" Sie nahm den Hörer und stellte erneut zu Marina durch. „Seit wann ist das Protokoll des Ehepaars Fässler fertig?"

„Ich habe es vor etwa einer halben Stunde zum Abtippen erhalten."

„Danke, Marina." Anna legte auf.

„Der Bericht wurde heute Morgen erst abgegeben. Wir haben ihn also beide noch nicht lesen können." Anna legte das Protokoll beiseite, nahm erneut das Telefon und wählte die Fünf.

„Guten Morgen, Rebekka. Kannst du Stefan bitte ausrichten, dass ich ihn sofort sehen möchte? Ich erwarte ihn in meinem Büro. Danke." Sie legte auf.

„Stefan hätte uns gestern mündlich über diese wichtigen Aussagen informieren müssen", ärgerte sich Basil.

Anna ging nicht auf seine Bemerkung ein. „Hatte ich dich nicht gebeten, Paul damit zu beauftragen?", fragte sie stattdessen etwas gereizt.

„Er war nicht da. Daher habe ich Stefan darum gebeten."

Es klopfte, Kommissar Hafner trat ein.

„Guten Morgen, Stefan. Ich würde gerne wissen, wann du die Eltern Fässler befragt hast?" Anna bat Stefan nicht, sich zu setzen.

„Das war gestern um neun Uhr morgens."

„Gab es wichtige Hinweise, die zur raschen Aufklärung beitragen können?"

Stefan wich Annas Blick aus. „Ich habe den Bericht Marina gegeben", sagte er ausweichend.

„Danach habe ich dich nicht gefragt. Gab es wichtige Hinweise, die zu einer raschen Aufklärung beitragen können?", wiederholte sie die Frage in kaltem Ton.

„Ja, die Eltern sprachen von einer Lebensversicherung, die abgeschlossen worden war."

„Darf ich wissen, weshalb du mich nicht sofort darüber informiert hast und lieber einen Tag verstreichen liessest?"

Stefan starrte Anna an. Wie konnte sie ihn vor Basil Klee auf diese Art zurechtweisen? Er kochte innerlich vor Wut. Anna wandte sich Basil zu.

„Könntest du bitte den Pikettdienst der PJG-Versicherung anrufen? Ich will unter allen Umständen sofort mit der verantwortlichen Person sprechen." Basil verliess das Büro, und Anna wandte sich wieder Stefan Hafner zu.

„Wann hattest du den Bericht fertig?", fragte sie ohne Umschweife.

„Ich habe ihn heute Morgen fertig geschrieben und dann Marina gebracht. Leider war ich gestern noch mit anderen Berichten beschäftigt."

„Du wirst für dein Verhalten zur Rechenschaft gezogen werden. Du hast wichtige Informationen wissentlich vierundzwanzig Stunden zurückgehalten. Die Konsequenzen wirst du verantworten müssen. Ich werde Polizeikommandantin Moser informieren." Anna stand auf. „Du und

Rebekka, ihr löst Paul jetzt ab. Er hat die ganze Nacht das Haus von Stein beschattet."

„Wir wollten gerade gehen, als du angerufen hast. Polizeikommandantin Moser hat uns gestern den Einsatzplan gegeben." An der Tür drehte sich Hafner noch einmal um. „Ich gebe dir einen gut gemeinten Rat. Ich habe den rechtsmedizinischen Bericht gelesen. Es gibt keinen Grund, weshalb der Fall nicht schon längst zu den Akten gelegt wurde. Es war in beiden Fällen ganz klar ein Unfall. Vielleicht solltest du dir eingestehen, mit deinem Verdacht eine falsche Fährte aufgenommen zu haben, anstatt mich so anzufahren, und dann auch noch vor Basil. Seit Tagen rennst du hinter einem Hirngespinst her und machst alle damit nervös." Mit diesen Worten liess Stefan Hafner die Tür hinter sich ins Schloss fallen.

Anna nahm den Bericht und las ihn durch. Kurz darauf kam Basil zurück. „Wir haben wieder Glück. Der verantwortliche Sachbearbeiter hat Pikett und ist im Büro. Er kann uns sofort empfangen."

Die beiden machten sich auf den Weg Richtung Ostring, wo die Versicherungsgesellschaft ihren Sitz hatte. Eine Viertelstunde später sassen sie im geräumigen Besprechungszimmer der Versicherungsgesellschaft PJG. Ihnen gegenüber sass Herr Baumann, Sachbearbeiter und Abteilungsleiter des Standortes Bern.

„Ja sicher, ich erinnere mich gut an Herrn und Frau Stein", antwortete er auf Annas Frage. „Es ist ja noch nicht lange her, seit die beiden bei uns eine Lebensversicherung abgeschlossen haben. Sie waren kurz vor Weihnachten hier und schenkten sich gegenseitig die Lebensversicherung. Der Vertrag wurde am 01.01.2009 rechtskräftig."

„Welche Bedingungen wurden dabei ausgehandelt?"

„Ein klassischer Versicherungsabschluss. Lebensversicherung auf zwei Leben. Begünstigt im Todesfall die Gegenpartei. Die Steins haben sowohl Krankheit als auch Unfalltod versichert. Bei Krankheit sollte die Gegenpartei eine Million Euro erhalten, im Falle eines Unfalltodes zehn Millionen Euro." Anna versuchte, sich diese Beträge vorzustellen. Aber zehn Millionen Euro lagen ausserhalb ihrer Vorstellungskraft. Ob der Verlust eines geliebten Menschen damit wettgemacht werden konnte?

„Ist es denn üblich, solche Bedingungen auszuhandeln?" Wie hoch würde sie sich versichern lassen, falls sie überhaupt eine Versicherung abschliessen würde? Sie hatte keine Ahnung. Das kam ganz darauf an, wie hoch die Prämie war. Ob sie nachfragen sollte, was Stein bezahlen musste?

„Ja, es wird oft beides versichert", antwortete Herr Baumann auf ihre Frage und griff nach den Papieren und sah sie durch. „Was bei diesem Vertrag speziell war, ist der Einschluss von Freitod. Falls eine der beiden Personen sich das Leben nimmt, ist die Versicherung gezwungen, die gleiche Summe zu bezahlen wie bei einem Unfalltod. Das ist nicht üblich und hatte einen grossen Einfluss auf die Prämie, die das Ehepaar bezahlen musste. Sie mussten sich einer psychologischen Abklärung unterziehen, und da beide als psychisch gesund befunden wurden, hat die Versicherungsgesellschaft diese Klausel akzeptiert. Nachdem wir vor ein paar Tagen den rechtsmedizinischen Befund erhalten hatten, überwiesen wir das Geld gestern auf das angegebene Konto bei der BEKB Ins." Basil und Anna warfen sich einen Blick zu.

„Auf wessen Namen lautet dieses Konto?"

Herr Baumann suchte in den Akten nach den Angaben. „Auf die Namen Udo Stein und Ronaldo Jauch", antwortete der Sachbearbeiter.

„Jetzt haben wir ihn!", sagte Anna erleichtert und stand auf. Basil schaute sie grinsend an: Er hatte richtig gelegen mit seiner Annahme, dass sich zwischen Stein und Jauch mehr abspielte als die übliche Chef-Angestellten-Beziehung. Endlich hatten sie das Motiv schwarz auf weiss; wenn Stein ein gemeinsames Bankkonto mit seinem Sekretär hatte, war dies mehr als nur verdächtig.

„Machen Sie uns bitte eine Kopie des Vertrages?"

„Das geht nicht, diese Verträge stehen unter Datenschutz. Ich darf die nicht herausgeben." Baumann schloss die Mappe und nahm sie vorsichtshalber unter den Arm. „Ich weiss gar nicht, ob ich nicht bereits zu viel gesagt habe. Das kann mich meinen Job kosten."

„Keine Angst, das wird es nicht. Ich werde mich mit Ihrem Chef in Verbindung setzen und die Erlaubnis einholen. Wir brauchen eine Kopie als Beweismaterial." Anna stand auf. So schnell brauchte sie den Beleg nicht. Jetzt hatte sie Wichtigeres zu tun, als sich mit einem Sachbearbeiter zu streiten.

„Sie haben uns sehr geholfen, vielen Dank. Wir werden uns wieder melden." Mit diesen Worten ging sie auf ihn zu und schüttelte ihm die Hand. Basil tat es ihr nach. Dann verliessen die beiden Kommissare mit schnellen Schritten den Konferenzraum und verschwanden im Treppenhaus.

Anna warf Basil die Autoschlüssel zu, öffnete für Kira den Kofferraum, setzte sich auf den Beifahrersitz und rief Stefan Hafner an.

„Wo ist Stein?", fragte sie ohne Umschweife.

„Wir haben ihn in Richtung Zürich verfolgt. Im Grauholz ist Ronaldo Jauch ausgestiegen und mit einem Taxi wieder in die entgegengesetzte Richtung gefahren. Wir verfolgen das Taxi mit Stein auf der A1, vermutlich gehts nach Zürich zum Flughafen."

„Verlier ihn nicht. Er darf nicht abfliegen. Ich rufe dich

wieder an." Sie wandte sich an Basil: „Fahr nach Murten zu Steins Anwesen, Ronaldo hat Stein verlassen und ist auf dem Weg zurück. Vermutlich zu Steins Haus. Nimm den kürzesten Weg." Sie war sich sicher, dass sich Ronaldo Jauch nur von Stein getrennt hatte, weil sie etwas vergessen hatten. Sie mussten den Sekretär also bei Steins Anwesen abpassen.

Basil fuhr durch das offene Tor. Das Anwesen wirkte verwaist. Diesen Eindruck erzeugte das Fehlen der Autos, die bei ihrem letzten Besuch vor dem Gebäude geparkt waren. Anna zweifelte plötzlich an ihrer Kombinationsfähigkeit. Was, wenn sie etwas übersehen hatte? Was, wenn sie zu spät kamen?

Basil parkte den Wagen rückwärts, um die Einfahrt des Anwesens im Blick zu haben und stellte den Motor ab. Dann sassen sie schweigend und warteten.

„Was kostet wohl der Unterhalt eines solchen Anwesens?", fragte Basil, nachdenklich aus dem Fenster schauend. „Der Park allein ist ja fast so gross wie die Siedlung, in der du wohnst. Wie reich muss Stein sein, um sich so ein Anwesen leisten zu können?"

Anna schaute sich um. Alles, was sie dabei verspürte, war Erleichterung, nicht die Verantwortung für all dies tragen zu müssen. Ihr kleines Haus und das bisschen Land bescherten ihr mehr als genug Arbeit.

„Der Besitz eines solchen Anwesens sagt nichts über die finanzielle Situation des Besitzers aus", erwiderte Anna. „Angenommen, er musste sich verschulden, um das Anwesen behalten zu können − und ich verwette einen Fingerhut voller Gold, er ist verschuldet −, so könnte das die Motivation gewesen sein, eine Lebensversicherung in dieser Höhe abzuschliessen. Ich mag gar nicht zu Ende denken, was das bedeuten würde. Hast du Recherchen gemacht betreffend seiner finanziellen Situation?

„Nein, aber ich werde mich umgehend darum kümmern. Wie kommst du auf so einen Gedanken?", fragte Basil etwas irritiert.

„Viele Menschen leben verschuldet, nur um vor anderen mit Besitz angeben zu können. Vielleicht gehört Stein auch zu dieser Spezies, die weit über ihren finanziellen Möglichkeiten lebt."

„Er hat sich als Architekt einen Namen gemacht und hat verschiedene Projekte am Laufen. Wieso sollte er sich da dieses Anwesen nicht leisten können?", fragte Basil.

„Denk an seine Frau. Die hat mit Geld nur so um sich geworfen. Das ist zumindest der Eindruck, den ich im Laufe der Ermittlungen bekommen habe. Weisst du, reich werden ist leichter als reich bleiben. Geld bleibt nur so lange bei dir, wie du achtsam damit umgehst. Weder das Haus noch Karins Lebenswandel sprechen dafür, dass die Steins ihr Budget im Griff hatten."

„Das stimmt so nicht", widersprach Basil. „Es ist viel schwieriger, reich zu werden, als reich zu bleiben. Wenn du reich bist, dann arbeitet das Geld selber und vermehrt sich. Da musst du dich ziemlich anstrengen, wenn du wieder arm werden willst. Wenn er genug Geld hat, kann er sich eine Frau wie Karin Stein locker leisten und dieses Anwesen auch."

„Kannst du den Druck nicht spüren? In jedem Kieselstein da draussen sitzt er. Es erdrückt dich regelrecht. Beide stammen aus armen Verhältnissen. Beide hatten die Vorstellung, dass Geld frei und glücklich macht. Und beide haben gemerkt: Dem ist nicht so. Denn ganz egal, wie viel Geld du hast, du musst in erster Linie dich selbst ertragen. Glück hat wenig mit Geld zu tun. Glück ist eine

Lebensphilosophie. Zufriedenheit hat mit persönlichem Wachstum zu tun, mit Freundschaften und Gesundheit. Es ist die Fähigkeit, die Situation, in der du dich befindest, zu akzeptieren und das Beste daraus zu machen. Das konnten die beiden nicht, als sie arm waren. Und später wohl auch nicht. Weisst du noch, wie Verena Fässler sagte, Karin schäme sich für ihre Herkunft? Diese Herkunft konnte sie nicht loswerden. Egal, wie viel Geld sie ausgab. Sie blieb Karin Fässler, Tochter armer Eltern. Sie hätte sich besser mit sich selber befasst als damit, das Geld ihres Mannes auszugeben. Glück lässt sich nicht kaufen."

Basil lachte. „Ja, du hast recht. Mein Vater sagte immer: ‚Lieber reich und gesund als arm und krank.'"

Kira begann zu winseln und wollte aus dem Wagenfenster springen. Anna setzte sich auf und sah sich um. „Pscht, kusch Kira." Die Hündin legte sich auf den Boden und spitzte die Ohren. Sie war in Alarmbereitschaft.

Am Tor hielt ein Taxi. Ronaldo Jauch stieg aus.

„Da kommt er. Nimm ihn fest." Anna war erleichtert, den Sekretär zu sehen. Ronaldo Jauch hetzte auf das Haus zu. Mit den Armen rudernd versuchte er, den Schritt zu beschleunigen. Er blickte weder nach rechts noch nach links, sondern richtete seine ganze Aufmerksamkeit auf sein Ziel, die Haustür. Basil stieg aus und stellte sich ihm in den Weg.

„Herr Jauch, bleiben Sie bitte stehen."

Ronaldo, der schon an Basil vorbeigetrippelt war, drehte sich erschrocken um. Die abrupte Drehung warf ihn aus dem Gleichgewicht. Basil packte ihn am Oberarm und richtete ihn auf.

Dankbar blickte ihn Ronaldo Jauch an. „Danke, Herr Kommissar, sehr freundlich. Ohne Sie wäre ich sicher hingefallen." Er bückte sich leicht und wischte sich über Oberschenkel und Knie. Es sah aus, als wolle er den Schmutz wegwischen, den er sich zugezogen hätte, wenn er gestürzt wäre. Er kicherte nervös.

„Sie dürfen mich jetzt loslassen. Ich stehe wieder sicher auf meinen Beinen." Er versuchte, sich von Basils Griff zu befreien. Dabei schaute er sich suchend um. „Sie müssen mich jetzt wirklich loslassen. Ich habe meine Toilettentasche im Haus liegen lassen und muss sie holen. Wenn ich mich nicht beeile, wird Herr Stein sich ärgern. Zudem habe ich meine Kontaktlinsen in der Tasche, und auf die bin ich sehr angewiesen. Bitte, Herr Kommissar, lassen sie mich los."

„Es tut mir leid, Herr Jauch. Aber Sie können jetzt nicht zurück zu Herrn Stein. Sie müssen mit uns auf den Polizeiposten kommen. Wir haben ein paar Fragen an Sie." Basil packte Herrn Jauch noch entschiedener am Arm und führte ihn auf den Wagen zu. „Bitte steigen Sie ein."

Zuerst sah es so aus, als wolle Ronaldo sich widersetzen. Dann erschien es ihm offenbar ratsamer, der Aufforderung des Kommissars Folge zu leisten. Er setzte sich auf den Rücksitz und blickte direkt in Kiras Augen.

„Oh mein Gott, da ist eine Bestie im Auto!", rief er und wollte wieder hinausklettern.

„Kira, kusch!", befahl Basil, worauf sich der Hund auf seinem Platz im Heck hinlegte. „Keine Angst, das ist keine Bestie, das ist Polizeihündin Kira. Solange Sie nicht versuchen, wegzurennen, bleibt sie brav dort hinten."

Ronaldo Jauch setzte sich steif hin und schloss die Augen. Sein Kopf schmerzte. Wo war nur sein starker, geliebter Schwan. Sicher würde er gleich um die Ecke kommen und ihn aus dieser misslichen Lage befreien.

Sie fuhren schweigend zur Polizeidienststelle. Basil geleitete Ronaldo in den Verhörraum. Er sollte das Verhör führen, weil Jauch sich bei ihm bestimmt gesprächiger anstellen würde als bei Anna. Anna brachte unterdessen

Kira zu Marina ins Büro, da Hunde im Verhörraum nicht zugelassen waren.

„Marina, organisiere für mich bitte gleich zwei Termine für morgen. Einen mit dem Filialenchef der BEKB Ins und einen mit dem Chef der PJG-Versicherung im Beisein des Sachbearbeiters Baumann. Falls sie keine Zeit haben, sag ihnen, es gehe um die zehn Millionen Euro, die an Herrn Stein überwiesen wurden. Die Bank soll vorsichtshalber das Konto von Stein sperren, das übrigens auch auf ‚Jauch' lautet. Heute wirst du wohl niemanden erreichen, aber versuche es bitte trotzdem. Man kann nie wissen."

Anna entschied, Moser gleich über das Verhör zu informieren. Auf der Treppe klingelte ihr Handy. Stefan Hafner war am Apparat. „Anna, wir haben Stein verloren. Er muss im Grauholz das Taxi verlassen haben, als der Fahrer tankte. Das Taxi hat in Niederbipp die Autobahn verlassen, und der Fahrer ist eingekehrt. Aber er hatte keinen Fahrgast mehr."

„Sch…!!", entfuhr es Anna. „Das darf nicht wahr sein, wie kann ein erwachsener Mann einfach so verschwinden? Wo seid ihr jetzt?"

„In Niederbipp."

„Verhört den Fahrer, und kommt dann umgehend zurück – und Stefan, ich will den Bericht noch heute auf meinem Schreibtisch! Habe ich mich klar ausgedrückt?"

Anna hängte auf, ohne eine Antwort abzuwarten. Sie schäumte innerlich vor Wut. Wie konnte das passieren? Stefan war kein Anfänger. Zuerst hielt er wichtige Informationen fast vierundzwanzit Stunden lang zurück, und jetzt entwischte ihm Stein. Wollte er ihr dermassen schaden? Wie konnte ein erwachsener Mann an einer

Tankstelle das Auto verlassen, ohne gesehen zu werden? Sie würde den Antrag stellen, Stefan Hafner versetzen zu lassen. Gleich morgen würde sie sich der Sache annehmen. Sie holte tief Luft und klopfte an Polizeikommandantin Mosers Tür.

„Guten Morgen, Frau Moser. Wir haben Ronaldo Jauch im Verhörzimmer. Basil wird ihn gleich vernehmen. Wollen Sie dabei sein?"

„Nein, das ist nicht nötig."

„Stefan hat eben angerufen. Sie haben Stein verloren. Er muss beim Tanken das Auto unbemerkt verlassen haben. Erst als der Taxifahrer in Niederbipp anhielt, realisierten sie, dass er keinen Fahrgast mehr bei sich hatte. Vermutlich ist Stein auf dem Weg zum Flughafen, aber wir wissen es nicht mit Sicherheit."

Moser hatte den Kopf zurückgeworfen und sah Anna mit halb geschlossenen Augenlidern und hochgezogenen Augenbrauen an. Ein eindrucksvoller Blick, der Anna wohl einschüchtern sollte, seine Wirkung aber vollends verfehlte. Anna kniff die Augen zusammen und erwiderte den Blick ihrer Chefin.

„Haben Sie Anweisungen an mich?", fragte sie, ohne ihre Augen zu senken. Moser erhob sich, schob ihre Brille zurück auf die Nase und kam hinter dem Pult hervor.

„Ich schlage vor, ihr lasst Herrn Jauch so schnell wie möglich gehen, damit er euch zu Stein führt." Anna nickte zustimmend. Sie ging in Marinas Büro.

„Marina, kannst du der Flughafenpolizei Zürich die Personalien und ein aktuelles Bild von Stein durchgeben. Sie sollen nach ihm fahnden. Mit grosser Wahrscheinlichkeit wird er versuchen, von dort abzufliegen." Nachdem sie sich vergewissert hatte, dass Marina sich sofort darum kümmerte, bedankte sie sich und machte sich auf den Weg zum Verhörraum.

Basil erwartete sie bereits. Er hatte alles Notwendige vorbereitet, das Tonband stand in der Mitte des Tisches, ebenso eine Karaffe mit Wasser. Anna blieb unter der Tür stehen und gab ihm ein Zeichen, herauszukommen.

„Stein konnte entkommen. Er hat im Grauholz das Taxi verlassen. Stefan und Rebekka haben es erst in Niederbipp bemerkt. Weiss der Kuckuck, wo er jetzt ist. Wir sind auf Herrn Jauch angewiesen. Er muss uns zu Stein führen. Es bleibt uns nicht viel Zeit. Stein wird ohne seinen Sekretär abfliegen, wenn dieser nicht rechtzeitig bei ihm ist. Daher schlage ich vor, du machst jetzt eine möglichst kurze Version des Verhörs."

Sie drehte sich zur Tür und nahm den Griff in die Hand, öffnete jedoch nicht sofort.

„Finde vor allem heraus, wohin die beiden wollen. Alles andere ist im Moment unwichtig. Wenn wir das Reiseziel kennen, können wir Stein finden." Sie drückte den Griff hinunter und liess ihrem Partner den Vortritt.

Basil setzte sich Jauch gegenüber, stellte das Tonbandgerät ein und nannte Datum, Uhrzeit und die Namen der Anwesenden. Anna setzte sich neben Basil.

„Herr Jauch, Sie sagten, Sie hätten Ihre Toilettentasche vergessen. Wozu brauchen Sie Ihre Toilettentasche?"

Jauch, der kerzengerade im Stuhl sass, seufzte und rollte mit den Fingern den Saum des T-Shirts auf.

„Ach, wissen Sie, ich brauche einfach meine Tuben und Fläschchen, mein Haarentfernungsschaum, meine Nagelutensilien und natürlich meine Kontaktlinsen." Er winkte mit der Hand ab. „Ach, Sie wissen schon." Basil nickte, ganz der verständnisvolle Mann, der wusste, was mann unbedingt an Toilettenartikel bei sich haben musste.

„Herr Jauch, wohin wollten Sie denn mit Ihrer Toilettentasche gehen?"

Jauch blickte nach unten und strich sich gedankenverloren eine Falte aus dem Stoff des Hosenbeins.

„Wir sind auf dem Weg in die Ferien ans Meer. Herr Stein und ich wollen uns etwas von den Anstrengungen der letzten Wochen erholen." Er drehte seine Hand, streckte die Finger und inspizierte die Fingernägel. Dann sah er den Kommissar direkt an. „Wir freuen uns ja so darauf." Jauch lächelte in seliger Vorfreude, rutschte auf dem Stuhl nach vorne und klatschte die Fingerspitzen seiner Hände zusammen. Dann stand er auf, schaute von einem zum anderen und tänzelte zur Tür. „So, jetzt muss ich aber gehen, Herr Stein wartet sicher angespannt auf meine Rückkehr."

„Herr Jauch, bitte kommen Sie zurück, und setzen Sie sich wieder hin. Wir sind noch nicht fertig." Mit einer ungeduldigen Geste drehte sich der Sekretär um, tänzelte auf seinen Platz zurück und setzte sich auf die äusserste Kannte des Stuhles.

„Was ist denn noch?" Gereizt trommelte er mit den Fingern auf die Tischplatte.

„Herr Stein darf das Land nicht verlassen. Das wissen Sie doch?", fragte Basil.

„Ja, ich weiss", sagte Ronaldo beruhigend. „Wir werden das Land auch nicht verlassen. Was für ein absurder Gedanke. Verlassen, das ist so endgültig. Wir gehen nur in die Ferien. Ein bisschen Sonne, Meer und Ruhe. In vierzehn Tagen sind wir zurück."

„Herr Jauch, Sie können in die Ferien gehen, wann immer Sie wollen. Herr Stein muss aber in der Schweiz bleiben", widersprach Basil.

„Ich werde es Herrn Stein ausrichten", sagte Ronaldo. „Ich weiss aber nicht, wie er darauf reagieren wird. Wir haben uns wirklich auf die Ferien gefreut." Jauch schaute auf die Uhr. „Wenn ich jetzt nicht gehe, verpasse ich den Flug."

„Sicher, Herr Jauch, Sie dürfen gleich los, verraten sie mir nur noch, wohin sie in die Ferien fliegen?"

„Nach Mexiko!", trällerte Jauch fröhlich, öffnete die Tür und verschwand.

„Folgen wir ihm mit dem Dienstwagen, damit wir notfalls das Blaulicht einschalten können", sagte Anna, und Basil nahm im Vorbeigehen die Wagenschlüssel vom Brett. Sie rannten über den Parkplatz, stiegen ein, und Basil lenkte den Dienstwagen geschickt auf die Hauptstrasse. Etwas weiter vorne winkte Ronaldo einem Taxi und stieg ein.

„Oh, nein. Ich habe Kira vergessen! Die wartet in Marinas Büro auf mich. Was mache ich jetzt?" Verärgert über sich selbst wählte Anna Marinas Nummer. Unterdessen folgte Basil dem Taxi durch den Nachmittagsverkehr, in sicherem Abstand, immer mit zwei, drei Autos dazwischen. Der Sekretär sollte nicht bemerken, dass er verfolgt wurde. Basil schlängelte den Wagen gekonnt durch den zunehmenden Verkehr, überfuhr zwei Rotlichter und missachtete einen Rechtsvortritt.

Ronaldo hatte den Streifenwagen längst bemerkt, der seinem Taxi folgte. Er hatte es auch nicht anders erwartet. Er lächelte vor sich hin, nahm sein Handy aus der Tasche und wählte eine Nummer. Am anderen Ende meldete sich eine Männerstimme.

„Mein Starker, mein Liebster, mein Goldbär. Ich bin auf dem Weg zu dir. In zwanzig Minuten bin ich da. Ist alles in Ordnung?" Und nach einer Weile sagte er: „Gut, dann geht ja alles nach Plan."

Er lehnte sich zurück. Die Toilettentasche zu vergessen, war ein genialer Schachzug gewesen. Blöd, lag das dumme Ding jetzt immer noch in Steins Haus. Jetzt musste er aufpassen, seinen Zeitplan einzuhalten, und musste die Tasche eben lassen, wo sie war. Das war aber nicht weiter tragisch. Er würde längst ausser Landes sein, wenn die Tasche gefunden würde, sofern sich überhaupt jemand dafür interessierte und sie suchte. Trotzdem wäre es ihm lieber gewesen, wenn er sie dabei gehabt hätte. Ronaldo warf einen Blick zurück. Der Streifenwagen war gefährlich weit weg. Und den wunderbaren Showdown sollten die Kommissare doch wenigstens mitkriegen.

„Chauffeur, bitte fahren Sie nicht zu schnell. Sie wollen doch nicht den Streifenwagen abhängen, der uns verfolgt? Er soll an uns dranbleiben können. Also fahren Sie nicht zu schnell." Alles musste man selber organisieren. Nicht einmal auf diese Kommissare war Verlass. Wenn die Polizei nur eine Ahnung hätte, wie raffiniert er war. Aber die sahen in ihm nur einen naiven, ahnungslosen, schwulen Sekretär. Naja, so musste es auch sein, damit sein Plan aufging. Zufrieden lehnte er sich zurück und sonnte sich in seiner Genialität. Die Zeit würde auf alle Fälle reichen. Seine Rolle im Verhör hatte er wirklich perfekt gespielt. Es war wahrlich eine Glanzleistung gewesen. Eigentlich hätte er Schauspieler werden sollen. Er wäre bestimmt berühmt geworden. Es musste ein erhabenes Gefühl sein, wenn Tausende von Menschen jubeln, weil man hervorragend gespielt hat. Er war noch jung. Vielleicht würde er später einmal aus Spass in einem Film mitmachen. Geld genug hatte er ja jetzt, um sich irgendwo einkaufen zu können. Der Sekretär beugte sich nach vorne zum Fahrer.

„Fahren Sie da vorne rechts in die Seitengasse. Das ist eine Abkürzung. So gewinnen wir einige Minuten. Vorne an der Kreuzung ist oft Stau." Der Taxifahrer bremste und bog rechts ab. Ronaldo lehnte sich wieder zurück. Er hatte gehört, es gebe das perfekte Verbrechen nicht. Man sagte, jeder Verbrecher mache einen Fehler. Nun, er würde diese Regel brechen. Dann war er halt der Erste, dem das perfekte Verbrechen gelang. Er schloss die Augen und dachte an die zehn Millionen Euro, die auf dem gemeinsamen Konto warteten und über die er bald frei verfügen konnte. Als Erstes würde er Udos Bankkarte sperren lassen, dann die Hacienda renovieren und so einrichten, wie es ihm gefiel. Er schielte über die Schulter und überprüfte, ob er immer noch verfolgt wurde. Bereits passierte das Taxi den Haupteingang des Flughafens Belp. Ronaldo sah auf die Uhr. Perfekter hätte das Timing nicht sein können. Er bezahlte den Chauffeur und lief den kurzen Weg zum Schalter. Da er erst gestern eingecheckt hatte, erkannte ihn die Flight Attendant sofort.

„Bitte beeilen Sie sich, Herr Jauch, Sie sind sehr spät. Der Flug kann nicht länger warten." Ronaldo folgte ihr durch den Sicherheitscheck.

Am Gate wartete ein Mann. Als er Ronaldo kommen sah, stürzte er ihm entgegen. Der Mann war fast einen Kopf grösser als Ronaldo, doppelt so breit und durchtrainiert. Bei jeder Bewegung sah man das Spiel der Muskeln unter dem engen Hemd. Es war halb geöffnet und liess eine braun gebrannte, stark behaarte Brust sehen. Wie Ronaldo trug auch er eine kurze Hose. Seine Beine waren noch behaarter als seine Brust. Die Sandalen passten farblich perfekt zum beigen Gurt.

„Finalmente, mi favorito!" Pablo küsste Ronaldo leidenschaftlich auf den Mund, nahm ihn am Arm, und gemeinsam verschwanden sie durch die Tür.

Basil hielt den Streifenwagen mit quietschenden Bremsen. Sie stiegen aus und rannten ins Gebäude. Durch die Fensterscheibe sahen sie, wie Ronaldo Jauch und ein fremder Mann Hand in Hand das Flugzeug bestiegen, dessen Düsen bereits liefen. Die Treppe wurde entfernt, das Flugzeug rollte auf die Startpiste. Wenige Minuten später war das Flugzeug in der Luft.

„Spinne ich, oder was war das eben? Das war nicht Stein! Mit wem ist Ronaldo Jauch in die Maschine gestiegen? Was genau wird hier gespielt?" Anna fluchte laut. Sie drehte sich um und ging zum einzigen Check-in-Schalter, der bedient war. Sie legte ihren Ausweis auf die Theke.

„Ich hätte gerne die Passagierliste der eben gestarteten Maschine und die Zieldestination sowie alle Anschlussdestinationen. Und rufen Sie die Flughafenpolizei." Anna war verwirrt. Warum war der Sekretär nicht zu Stein zurückgegangen? Was hatte das zu bedeuten? Konnte sie noch damit rechnen, Stein im Flughafen Zürich zu fassen? Anna informierte die beiden Männer der Flughafenpolizei Belp, die hinzugeeilt waren, und mit ihrer Hilfe wurde wenig später das Fahndungsfoto mit den genauen Daten von Udo Stein an alle Flughäfen und Grenzübergänge gefaxt. Danach blieb Anna und Basil nichts anderes übrig, als zu warten. Sie setzten sich in die kleine Pizzeria. Anna wurde immer nervöser. Ein Bein wippte ununterbrochen, während sie bereits den dritten Zahnstocher zerkaute.

„Wenn ich Raucherin wäre, hätte ich jetzt sicher bereits ein Päckchen geraucht ", sagte sie zu Basil.

„Nein, das hättest du nicht. Inzwischen ist überall Rauchverbot. Du wärst sauschlecht gelaunt, weil dir das Nikotin fehlen würde", belehrte er sie prompt.

„Was hat dieser Ronaldo für eine Rolle gespielt? Sein Flugzeug wird in München landen. Wir können ihn dort nicht verhaften lassen, wenn Stein keine Anzeige gegen ihn erstattet. Ich hoffe, wir werden ihn rechtzeitig davon überzeugen können. Kannst du bitte abklären, wann der Anschlussflug München–Acapulco startet?"

Basil stand auf und ging hinüber zum Check-in-Schalter, wo das Bodenpersonal zusammenstand und schwatzte. Eine der jungen Frauen suchte auf seine Bitte in ihrem Computer nach der gewünschten Auskunft. Nach wenigen Minuten hatte Basil die Information, die er wollte, und gab sie an Anna weiter: „Der Flug München–Acapulco geht erst um zweiundzwanzig Uhr. Wir haben genügend Zeit."

Stein hatte viel Zeit, um nachzudenken. Hätte Ronaldo diese verzwickte Toilettentasche nicht liegen lassen, sie würden inzwischen in der Maschine sitzen und nach Acapulco fliegen. Alle Versuche, Ronaldo zurückzuhalten, waren vergebens gewesen. Stein hatte intensiv auf ihn eingeredet, er dürfe auf keinen Fall den Flug verpassen. „Noldi", hatte er gefleht, „wenn du jetzt zurückfährst, riskierst du, von dieser Kommissarin festgenommen zu werden. Die haben in der Zwischenzeit sicher herausgefunden, was für eine Lüge ich ihnen aufgetischt habe. Noldi, bitte, ich flehe dich an, bleib bei mir!" Aber sein geliebter Ronaldo liess sich einfach nicht belehren und stieg um, in ein anderes Taxi, das ihn noch einmal an den Murtensee fahren sollte.

Stein hatte aus Sicherheitsgründen ebenfalls das Taxi gewechselt, nachdem er im Grauholz eine Weile lang auf der Toilette gewartet hatte. Das hatte er extra dorthin bestellt. Den ersten Taxifahrer hatte er angewiesen, noch bis Rothrist zu fahren und dann erst umzukehren. Dann war er direkt weiter nach Kloten zum Flughafen gefahren. Er fuhr den ganzen Weg im Taxi, weil ihm die öffentlichen Verkehrsmittel zu gefährlich waren. Im Falle einer Fahndung wäre es im Zug ein Leichtes gewesen, ihn ausfindig zu machen. Dieses Risiko wollte er nicht eingehen.

Nachdem es immer später wurde und Ronaldo nicht auftauchte, wandelte sich seine Sorge in Wut. Sollte Ronaldo sehen, wo er blieb, er selbst würde auf jeden Fall mit der Maschine fliegen. Er hatte gar keine andere Wahl. Alles, was er besass und wofür er lebte, war Ronaldos Liebe und ihre gemeinsame Zukunft und die Hacienda in Acapulco. Wo blieb der Junge nur? Das Geld der Lebensversicherung war auf ihr Konto bei der Banco Nacional S.N.C. Acapulco, Mexico, weitergeleitet worden. Er hatte alles aufs Spiel gesetzt für seinen heiss geliebten Sekretär. Was war geschehen? So lange brauchte doch niemand, um vom Grauholz an den Murtensee zu fahren und zurück. Stein wurde mit jeder Minute nervöser. Um sich abzulenken, schlenderte er zum Kiosk hinüber und sah sich die Auslagen an. Deshalb bemerkte er auch nicht die Flughafenpolizisten, die sich suchend im Restaurant umsahen und immer wieder in ein Funkgerät sprachen.

Sobald er in Mexiko war, hoffentlich gemeinsam mit Ronaldo, grübelte Stein weiter, würde das angenehme Leben beginnen. Er erlaubte sich einen letzten sentimentalen Gedanken an Karin, während er sich zum Einchecken anstellte. Sie war schuld an dieser Entwicklung. Er hatte sie gemocht. Genau genommen hatte er Karin, soweit ihm das möglich war, sogar geliebt. Sexuell hatte sie ihn nicht angezogen, aber sie war ein liebenswerter Mensch gewesen. Ihr Arrangement hatte beiden gedient und über mehrere Jahre funktioniert. Er hatte sie geheiratet, weil er eine Frau brauchte, mit der er repräsentieren konnte. Das gehörte nun einmal zu einer Karriere, so, wie sie ihm vorgeschwebt war. Ihr war seine Karriere ebenfalls wichtig gewesen, sie hatte ihn auf allen Ebenen unterstützt. Dafür hatte er sie in dem Luxus leben lassen, den sie sich immer gewünscht hatte. Auch wenn sie sich damit verschuldeten. Sie war punkto Luxus masslos gewesen. Aber auch ein sehr begabtes Pendant: Wann immer er einflussreiche Leute eingeladen hatte, hatte sie sich von ihrer charmantesten Seite gezeigt. So hatte sie seine potenziellen und bestehenden Geschäftspartner alle um den kleinen Finger gewickelt. Wenn er ehrlich sein wollte, verdankte er ihr den Abschluss der meisten Verträge. Er war nicht sicher, ob er ohne sie ebenso erfolgreich gewesen wäre. Eigentlich hatten sie sich wunderbar ergänzt. Wenn er nicht Ronaldo kennengelernt hätte, wäre er heute wohl immer noch mit ihr zusammen. Dann erinnerte er sich an die Szene, die sie ihm gemacht hatte, bevor sie ihn verliess. Nein, das stimmte nicht. Die Trennung hatte nichts mit Ronaldo zu tun. Sie wollte ihn verlassen, weil er keine Kinder wollte. Sie war einsam, unglücklich und hatte ihn aufs Übelste beschimpft. Er sei ein lausiger Liebhaber, hatte sie ihm ins Gesicht geschrien, sie würde ihn so oft es ginge betrügen. Sie sei mit fast jedem seiner Geschäftspartner im Bett gewesen, hatte sie ihm in ihrem Zorn gestanden, und er habe seine Aufträge nur bekommen, weil sie die Beine breit gemacht habe. Es war ihm egal gewesen, dass sie ihn als Liebhaber abwertete. Er wollte gar keine Frauen befriedigen. Aber ihre Untreue war unverzeihlich. Er selbst war ihr nie treu gewesen. Er hatte sich in der ganzen Zeit ihrer Ehe mit verschiedenen Männern getroffen. Doch das war etwas anderes. Als er Ronaldo kennengelernt hatte, hatte sich alles schlagartig geändert. Während er sich bis zu diesem Zeitpunkt als Gefangener im eigenen Käfig gefühlt hatte und keinen Ausweg sah, zeigte ihm mit Ronaldo endlich einer, wie er sich aus seinen Fesseln befreien konnte. Karins Tod war der Preis, den er für das Glück mit diesem Jungen hatte bezahlen müssen. Es war ein hoher Preis, aber er war nicht zu hoch. Er liebte Ronaldo, der in ihm ein ungeahntes Potenzial an Leidenschaft weckte, das alle Grenzen sprengte. Wo blieb Noldi nur?

Als Stein an die Reihe kam, schaute er sich ein letztes Mal um. Ronaldo war nicht zu sehen. ‚Nun denn', dachte er, ‚fliege ich halt ohne ihn. Ich muss hier weg, das weiss der Junge. Er wird mir folgen, davon bin ich überzeugt.' Er gab der Flight Attendent seinen Pass und die Codenummer seines Flugtickets.

„Da muss ein Missverständnis vorliegen", sagte die junge Frau: „Flug KJD 4857 nach München mit Anschluss Acapulco fliegt ab Belp, nicht ab Zürich." Udo Stein wurde kreidenbleich und starrte sie entsetzt an.

„Das kann nicht sein", flüsterte er. „Das kann nicht sein." Schlagartig wurde ihm bewusst, dass er von Ronaldo ausgetrickst worden war. Er lachte laut auf. Wie ein Irrer schlug er mit der Faust auf den Tresen, der Speichel lief aus seinem Mund. Er nahm die Flughafenpolizisten kaum wahr, die die Handschellen um seine Gelenke zuklicken liessen. Ein Arzt gab ihm eine Beruhigungsspritze, und bald sass er, erstarrt im Schock, in der Verzweiflung und der ohnmächtigen Wut, im Helikopter, der nach Belp flog. Sein Kopf war leer, und so sehr er sich auch bemühte, er schaffte es nicht, auch nur einen klaren Gedanken zu fassen. Auch sein Herz war leer, die Welt zusammengebrochen und mit ihr der selbstsichere und erfolgreiche Architekt.

Nach seiner Ankunft in Belp wurde Stein, der nicht vernehmungsfähig war, direkt in die Klinik Waldau gebracht, wo sich Ärzte um ihn kümmerten. Anna und Basil mussten unverrichteter Dinge zurück nach Bern.

Georg sass im Zimmer des Hotels „Concorde Montparnasse" und starrte auf sein Handy. Es war kurz vor sieben, draussen wurde es bereits dunkel. Gleich würde er den

Anruf seiner Exfrau entgegennehmen müssen. Noch länger konnte er das Gespräch nicht hinausschieben. Ihm graute davor. Wie konnte Sofie ihn in so eine missliche Lage bringen. Das würde er ihr nicht so schnell verzeihen.

Er schenkte sich einen weiteren Whisky ein. Dann stellte er sich ans Fenster und schaute dem Treiben auf der Strasse zu. Irgendwo da draussen war seine Tochter mit seinem Geld und machte sich ein schönes Leben, und er musste das alleine ausbaden.

Als das Telefon erneut klingelte, hatte er entschieden.

„Ah, hallo Anna. Wie geht es dir?", fragte er mit etwas schwerer Zunge. Erst jetzt merkte er, dass er mehr getrunken hatte, als er eigentlich gewollt hatte.

„Danke, gut. Und dir? Hast du getrunken? Wie geht es Sofie? Ich versuche dich schon seit Tagen zu erreichen."

„Uns geht es gut. Tut mir leid, wir waren im Kino, und ich habe das Natel abgestellt und vergessen, es wieder aufzustarten. Nein, natürlich habe ich nicht getrunken, ich habe gerade gedöst."

„Gut, kann ich bitte mit Sofie sprechen?"

„Nein, das geht nicht. Sie ist gerade unter der Dusche. Wir gehen heute Abend ins Theater. Ach ja, das habe ich dir ganz vergessen zu sagen: Wir sind noch in Paris. Sofie wollte unbedingt das Musical ,Notre Dame De Paris' sehen, und ich bekam nur noch Tickets für heute Abend. Ich kann dir nicht sagen, wann wir wieder zu Hause sind. Vermutlich am Dienstag, vielleicht auch erst am Mittwoch. Du hörst von uns. Tut mir leid, aber ich muss mich jetzt beeilen. Tschüss!"

Damit hängte Georg auf und goss sich Whisky nach.

Montag, 1. Juni 2009

Im Büro angekommen, rief Anna ihr Team zusammen. Sie informierte über die Geschehnisse des Vortages und besprach das weitere Vorgehen. Moser hatte noch am Sonntag Richter Beaumont angerufen und um die Genehmigung für einen Hausdurchsuchungsbefehl gebeten. So stand diesem nichts im Weg, und Anna machte sich mit ihrem Team auf den Weg zu Steins Anwesen. Die Spurensicherung wartete bereits.

Basil öffnete das schwere Eisentor, trat in den Garten und ging zur Haustüre. Sie brauchten eine Weile, um sich mit der Einteilung der Räume vertraut zu machen. Sie warteten, bis die Spurensicherung die Räume freigaben, und begannen, das Haus und den Umschwung systematisch zu durchsuchen.

„Ich will auf jeden Fall diese Toilettentasche, die Ronaldo Jauch hier holen wollte. Ich will wissen, warum sie ihm so wichtig war", sagte Anna und verschwand mit Basil im oberen Stock.

Erst kurz vor Mittag fand Paul Egger die Tasche hinter einer losen Fliese im Bad. Er brachte sie Anna, die im Schlafzimmer die Schränke durchsuchte. Sie setzte sich aufs Bett. Basil, der in der Nähe war, setzte sich zu ihr. Sie untersuchten den Inhalt der Tasche und leerten die vielen Fläschchen und Tuben neben sich aufs Bett. Basil roch an den verschiedenen Flüssigkeiten, studierte die Etiketten und untersuchte jeden einzelnen Gegenstand, der sich in der Toilettentasche befand, während Anna sich der Tasche annahm – und den Zwischenboden entdeckte. Er musste nachträglich eingenäht worden sein. Den Klettverschluss konnte man von Auge nicht erkennen. Anna musste eine Nagelfeile zu Hilfe nehmen, um ihn am Rand lösen und nach oben ziehen zu können.

„Das ist keine Laienarbeit, da muss ein Profi am Werk gewesen sein. Vermutlich hat Jauch diese Tasche speziell anfertigen lassen, sowas kauft man nicht von der Stange."
Das Buch, das sie unter dem Doppelboden hervorzog, war genauso gross wie die Grundfläche der Tasche.
„Ja, scheint eine massgeschneiderte Toilettentasche zu sein", meinte Basil, der sie betrachtete, nachdem Anna sie zur Seite gelegt hatte. Sie hielt das Buch in den Händen und öffnete es. Es war allem Anschein nach das Tagebuch von Ronaldo Jauch. Zufrieden blätterte sie in den Seiten. Das Tagebuch war beinahe voll. Der erste Eintrag stammte vom 1. Juni 2008, der letzte vom 31. Mai 2009. Das war vor zwei Tagen. Anna schlug da auf, wo das fixierte rote Buchzeichenband eingelegt war und las vor:
„Freitag, 1. Mai
Seit meinem letzten Eintrag habe ich ihm jede Form von Sex vorenthalten. Ich habe ihm erklärt, solange er Geheimnisse vor mir habe, sei unsere Vertrauensebene nicht intakt, und dann könne ich auch keinen Sex mit ihm haben. Jetzt hat er mich eingeweiht. Der Auftragskiller heisst Peter. Peter Känel, Architekt. Hat enorme Schulden. Ein Studienkollege von Urs. Urs ist gar nicht Bauingenieur, sondern Architekt und heisst Udo. Udo Stein. Ich fahre jeden Tag mit ihm in sein Büro und arbeite dort als sein Sekretär. Ein bisschen stolz bin ich schon, für einen so berühmten Architekten arbeiten zu können, aber ich lasse ihn das nicht merken. Im Gegenteil. Ich nutze die Zeit für meine Pläne. Jetzt habe ich die Möglichkeit, ihn täglich vierundzwanzig Stunden zu manipulieren. Das wird anstrengend sein, aber mich dafür sicherer und schneller an mein Ziel führen.
Udo hat Peter versprochen, seine Schulden zu übernehmen, wenn er dafür Karin umbringt. So ein Schwachsinn. Selbstverständlich wird er nichts dergleichen tun. Wir

müssen diesen Säufer erledigen. Kein Risiko. Gar keins. Sogar Udo hat das eingesehen. Ich hoffe, er hält sich nun strikte an meine Anweisungen und baut keinen Mist. Meine Liebe zu Pablo gibt mir die nötige Kraft, das durchzustehen. Ach Pablo, ich vermisse dich!

Samstag, 2. Mai

Udo hat Geburtstag. Wir sind auf einer Party gewesen und haben bis in die Morgenstunden gefeiert. Er war sehr ausgelassen, wie schon lange nicht mehr. Am Abend im Bett habe ich ihm mitten im Liebesspiel gesagt, ich hätte Peter grünes Licht gegeben und gesagt, dass er den Mord kommendes Wochenende durchführen solle. Udo war danach in zweierlei Hinsicht erleichtert.

Freitag, 15. Mai

Vierzehn Tage lang habe ich nichts geschrieben. Hatte viel zu tun. Musste meine Wohnung verkaufen. Habe nicht so viel dafür bekommen, wie ich wollte, aber ich habe keine Zeit mehr, auf einen guten Deal zu warten. Ärgere mich, dass es mir nicht früher in den Sinn gekommen ist. Habe das Geld direkt auf unsere Bank in Mexiko überweisen lassen. Jetzt hält mich hier gar nichts mehr.

Freitag, 22. Mai

Habe zwei Tage bei Pablo verbracht. Urs war auf einer Messe in Antwerpen. Die Polizei ist aufgekreuzt, will ihn sprechen. Ob sie Karins Leiche gefunden haben?

Samstag, 23. Mai

Udo kam ganz aufgelöst nach Hause. Ich habe richtig vermutet. Sie haben Karins Leiche gefunden. Die Polizei schnüffelt. Es sind richtig schmierige Schnüffler, erst glücklich, wenn sie einen Schuldigen haben. Ich muss aufpassen, dass Udo nicht den Kopf verliert. Er hat wirklich keine guten Nerven. Dieser Känel hat Scheisse gebaut. Das Erkennungsfoto war noch in seinem Jackett. Wieso hat er es nicht sofort vernichtet, wie ich es ihm befohlen habe? Doch Udo war nicht schlecht. Er hat sich gut aus der Affäre gezogen. Scheint begabter zu sein im Lügen, als ich angenommen habe. Zum Glück hat diese Kommissarin eine lange Leitung. Sie wittert etwas, aber hat keine Anhaltspunkte, um die Verdachtsmomente richtig interpretieren zu können. Dank meiner genialen Planung wird sie das Spiel nie durchschauen. Dieser junge Kommissar wäre auch ein leckeres Häppchen …

Sonntag, 24. Mai

Udo hat mir gesagt, er habe uns bei der BEKB Ins ein gemeinsames Konto eröffnet. Sobald die Versicherung das Geld überweise, könne ich genau wie er darüber verfügen. Ich weiss nicht, ob das eine gute Idee ist. Wenn die Polizei davon erfährt, macht uns das in ihren Augen verdächtig. Ich muss morgen mit Udo reden. Es reicht vollends, wenn das Konto in Mexiko auf beide Namen läuft. Mein Gott, ist das anstrengend, wenn ich nicht alles kontrolliere, passiert ein Missgeschick nach dem anderen.

Montag, 25. Mai

Udo hat mir versprochen, das Konto aufzulösen und ein neues nur auf seinen Namen zu eröffnen. Ich hoffe, er erledigt das sofort. Vielleicht sollte ich mich selber darum kümmern. Aber ich habe auch so genug zu tun. Er hat mich beauftragt, Flugtickets zu buchen. Ich solle mich diesbezüglich um alles kümmern. Er wolle einen Direktflug: Zürich-Acapulco. Ich habe es ihm versprochen. Ein Direktflug für ihn wird das bestimmt, die Frage ist nur, wohin …

Mittwoch, 27. Mai

Die Lebensversicherung hat das Geld auf das Konto in Ins überwiesen. Natürlich hat er vergessen, das Konto aufzulösen. Depp! Ich hoffe nur, dass uns keine Schwierigkeiten daraus erwachsen. Das Geld wurde inzwischen nach Mexico überwiesen. Die Bank hat die Anweisung, sobald mehr als zweitausend Franken auf dem Konto sind, den Überschuss auf unser gemeinsames Konto in Mexiko zu überweisen. Die Hacienda ist gekauft, der Kaufvertrag ist in meinem Gepäck … Und dieses ist bereits auf dem Weg nach Mexiko. Ich habe es vorsichtshalber aufgegeben, als ich mich um die Flugtickets kümmerte. Jetzt steht unserem Traum nichts mehr im Weg. Unserem Traum, geliebter Pablo.

Samstag, 30. Mai

Es ist so weit. Die Tage in der Schweiz sind gezählt. Bin schwer am überlegen, wie ich Udo auf dem Weg nach Zürich verlassen kann ohne Verdacht zu wecken. Es wird mir schon etwas einfallen. Ich habe Pablo die beiden Erstklasstickets ab Belp über München nach Acapulco gegeben. Er fährt mit seinem Roller nach Belp. Dann merkt sein Padre nichts.

Ich werde dich jetzt in meiner Toilettentasche verstecken und erst wieder hervornehmen, wenn ich in Acapulco bin. Auf eine gute gemeinsame Reise – mein treuer Weggefährte. Beim ersten Sonnenuntergang, den ich von der Hacienda aus geniessen werde, hole ich dich aus dem Versteck und teile dir die Abenteuer der Reise mit."

Als Anna fertig war, sagte Basil: „Du hattest recht, Anna. Karin Stein und Peter Känel wurden ermordet." Doch Anna freute sich nicht darüber. Sie ärgerte sich vielmehr über sich selbst.

„Es ist mir nicht in den Sinn gekommen, Ronaldo Jauch zu verdächtigen. Das Verhältnis zwischen Ronaldo und Stein lag auf der Hand. Wieso habe ich dich nicht ernster genommen und diese Spur verfolgt? … Ich war zu sehr auf Stein fixiert und auf diese Lügen, die er uns aufgetischt hat. Das muss mich blind gemacht haben."

„Im Nachhinein ist es immer einfacher, eins und eins zusammenzuzählen," meinte Basil. „Ronaldo hat seine

Rolle ausserordentlich überzeugend gespielt. Mach dir keine Vorwürfe."

„Gehen wir zurück ins Präsidium. Such bitte Paul, und sag ihm, er solle die Leitung der Hausdurchsuchung übernehmen und sich bei mir melden, wenn sie abgeschlossen ist. Sag ihm, wir nehmen das Tagebuch mit. Er soll es im Protokoll vermerken."

Sie erhob sich und verstaute das Tagebuch in ihrer Tasche. Kurz darauf verliessen sie Steins Anwesen. Basil setzte sich ans Steuer.

Im Präsidium bat Anna Marina, zwei Kopien des Buches anzufertigen, und ging dann zu Polizeikommandantin Barbara Moser. Sie informierte ihre Vorgesetzte über den Inhalt des Tagebuches. „Sie müssen Interpol einschalten. Ronaldo Jauch hat den Mord an Karin Stein und Peter Känel angestiftet. Mit dem Tagebuch haben wir sein schriftliches Geständnis. Ich habe erst die letzten Einträge gelesen. Sie reichen vollends für eine Anklage. Marina ist dabei, das Buch zu kopieren, damit ich es in Ruhe durchlesen kann. Wer weiss, was sonst noch darin steht. Sobald es kopiert ist, bringt Marina es Ihnen."

„Ich gratuliere Ihnen zur gelungenen Aufklärung; Sie haben hervorragende Arbeit geleistet. Sobald ich Ihren Abschlussbericht habe, werde ich mit Interpol in Kontakt treten. Anna, schliessen Sie den Fall ab, und nehmen Sie sich ein paar Tage frei. Sie haben es verdient." Moser stand auf und reichte Anna die Hand.

„Wie geht es eigentlich Ihrer Tochter?"

„Danke, wir sind dabei, das Problem in den Griff zu bekommen. Zurzeit ist sie mit ihrem Vater in Paris. Ich erwarte sie morgen zurück."

In Annas Büro war Basil bereits in eine Kopie vertieft. Sie setzte sich ihm gegenüber und nahm die zweite Kopie.

Kurz vor fünf, Anna hatte das Tagebuch soeben fertig gelesen und war dabei, Notizen zu machen, klopfte Paul und meldete, die Hausdurchsuchung sei abgeschlossen. Marina würde den Bericht bringen, sobald sie ihn fertig abgetippt habe.

Anna bedankte sich. Sie nahm das Diktafon und hielt die wichtigsten Fakten des Tagebuches fest. Basil setzte sich an den Computer und verfasste den Abschlussbericht.

Als Anna in die Siedlung einfuhr, war sie froh, zu Hause zu sein. Sie war müde und freute sich auf ein erholsames Bad und einen gemütlichen Abend mit Hannah.

Sie wollte noch Ilona anrufen und ihr vom erfolgreichen Abschluss der beiden Fälle erzählen. Sicher würde es sie interessieren, wie und warum Karin hatte sterben müssen. Noch während sie auf den Parkplatz zu fuhr, nahm sie ihr Handy in die Hand. Dann bremste sie scharf ab. Jemand hatte die Frechheit besessen, seinen Wagen auf ihren Parkplatz zu stellen. Das hatte ihr gerade noch gefehlt. Als sie genauer hinsah, erkannte sie den Wagen ihres Ex. Wieso war er jetzt schon zurück? Wollten sie nicht erst morgen oder am Mittwoch kommen? Anna stellte den Wagen an den Strassenrand und stieg aus. Sie öffnete die Hecktür, und Kira sprang heraus. Nebeneinander gingen sie zum Haus. Ihre Schritte verlangsamten sich. Etwas stimmte nicht. Sie spürte es. Sie stieg die wenigen Stufen zur Eingangstür hoch und öffnete sie.

Georg sass zusammengesunken auf dem Sofa. Als er sie kommen hörte, blickte er auf. Ihre Augen trafen sich für den Bruchteil einer Sekunde. Dann senkte er den Blick. Es traf Anna wie ein Faustschlag ins Herz. Wo war Sofie? Was war mit ihrer Tochter? Sie hätte schreien können.

Stattdessen flüsterte sie kaum verständlich: „Was ist passiert? … Georg? … Wo ist Sofie?"

Hannah kam weinend auf sie zu. „Mam, du findest sie doch. Oder? Bitte, bitte, sag mir, dass du sie findest." Mit diesen Worten warf sie sich der Mutter an den Hals. Anna war sich nicht sicher, wer sich an wem festhielt. Aber wenn da nicht Hannah gewesen wäre, sie hätte den Boden unter den Füssen verloren.

Epilog

Etwas ausserhalb von Acapulco, auf der Hacienda „Villa del Cuyo", feierten die Homosexuellen der näheren und weiteren Umgebung seit der Ankunft der neuen Besitzer jedes Wochenende eine grosse Party. Die Bediensteten waren damit beschäftigt, das Buffet aufzutragen und die Lichter anzuzünden. Auf der grossen Treppe zur Südterrasse standen Hand in Hand die beiden Gastgeber und Besitzer dieses paradiesischen Stückchens Erde. In der Ferne sahen sie das erste Auto die Abbiegung zu ihrem Haus nehmen.

„Te quiero", sagte der ältere der beiden Männer und sah den jüngeren zärtlich an. Ronaldo gab Pablo einen Kuss.

„Komm, du musst dich schnell umziehen, unsere ersten Gäste scheinen sehr ungeduldig zu sein. Es ist doch erst halb zehn." Während er Pablo nachblickte, der in die oberen Privatgemächer verschwand, nahm er ein Glas Champagner vom Tablett des vorbeieilenden Dieners und schlenderte gemächlich Richtung Hauptportal. Er seufzte glücklich. Wieder ein Wochenende voller Festlichkeiten. So und nicht anders musste sich das Leben anfühlen …

Einige Minuten später klingelte es am Hauptportal. Ronaldo überreichte dem Diener sein leeres Champagnerglas und öffnete die Tür. Zwei uniformierte Männer standen davor und hielten ihm einen Ausweis unter die Nase. „Ronaldo Jauch?"

Liebe Leserin, lieber Leser

Mit dem Lesen des Krimis haben Sie Einblick in mein Leben erhalten. Sicher waren Sie mit meinen Entscheidungen nicht immer zufrieden und hätten mir gerne Ratschläge gegeben, wie ich meine Töchter erziehen oder meinen Ex-Mann in die Schranken weisen sollte. Vielleicht mögen Sie mir auch Anregungen geben, die meine Arbeit als Kommissarin betreffen?
Dann haben Sie jetzt die Gelegenheit, mir Ihre Meinung und Ihre Tipps über meine Mailadresse mitzuteilen:
anna.calvin@kriminalroman.ch
Wenn ich die Zeit finde, kann es durchaus sein, dass ich Ihnen zurückschreibe. Ich freue mich auf jeden Fall, von Ihnen zu lesen.

Liebe Grüsse
Anna Calvin

Sehr geehrte Leserin, sehr geehrter Leser

Sie haben sich Zeit genommen und gelesen, wie unser erster Fall „Murtensee" gelöst wurde. Waren Sie mit meinen Entscheidungen nicht immer einverstanden? Hätten Sie an meiner Stelle anders gehandelt? Möchten Sie mir Ihre Meinung mitteilen?
Ich biete Ihnen die Gelegenheit, mit mir über folgende Mailadresse in Kontakt zu treten:
basil.klee@kriminalroman.ch

Mit freundlichen Grüssen
Basil Klee

Hey

Ich mag es nicht, wenn mir immer die gleichen klein-
karierten Ratschläge auf die Nase gebunden werden. Hast
du andere, kreativere? Dann schreibe mir doch unter
sofie.calvin@kriminalroman.ch.

Tschüüsss
Sofie

Liebe Gleichgesinnte

Sie ist nicht einfach, meine Rolle als geschiedener Ehemann und Vater. Immer werde ich geholt, wenn es Probleme gibt. Und am Ende wird mir die Schuld zugewiesen.
Habt Ihr diesbezüglich Erfahrungen? Wie geht Ihr damit
um? Ein paar aufmunternde Worte von Euch würden mir
guttun. Hier meine Kontaktadresse:
georg.calvin@kriminalroman.ch

Auf bald!
Georg Calvin

Hallo ihr da draussen!

Das mit meiner Schwester ist echt Scheisse. Was soll ich
tun? Mam heult die ganze Zeit, und Paps ist echt keine
Anlaufstelle für mich.
Ist da draussen jemand, der mich versteht? Nicht dass ich
viel Zeit hätte, zurückzuschreiben ... Der Garten ... Ihr versteht. Aber ein paar Brieffreunde... Hmmm, wär echt cool.
Meine Mailadresse steht unten.
hannah.calvin@kriminalroman.ch.

Muss giessen gehen .... Also, bis dann ...
Hannah